Wie wir für die Freiheit kämpften
Von stillen Heldinnen und Helden in Südafrika

Rommel Roberts

Wie wir für die Freiheit kämpften

Von stillen Heldinnen und Helden in Südafrika

LOKWORT

LOKWORT im Internet
www.lokwort.ch

Redaktionelle Leitung und Lektorat: Karl Johannes Rechsteiner
Übersetzung aus dem südafrikanischen Englisch: Christina Stiefel
Gestaltung: arsnova, Horw
Druck: CPI – Clausen & Bosse, Leck

ISBN 978-3-906786-52-0

Inhalt

Roumel
You have persevered
God bless you
+Desmond
25.10.2013

Geleitwort von Desmond Tutu

Wenn die Geschichte uns berührt

Dieses Buch erzählt Geschichten über einfache Menschen. Die meisten von ihnen sind Frauen. Rommel Roberts erzählt von der tatkräftigen Rolle, die diese einfachen Menschen gespielt haben. Wie durch ein Fenster schauen wir auf Portraits von Personen, die durch ihren Glauben und ihre Handlungen entscheidende Veränderungen bewirkt haben. Es sind unerhörte Geschichten von mutigen, aber meist stillen Helden, deren Repräsentant ich sein durfte und als deren Stellvertreter ich den Friedensnobelpreis erhielt. Bisher hat die Welt diese Menschen leider nicht kennengelernt, in deren Namen ich gesprochen und gepredigt habe. Gott sei Dank erzählt Rommel Roberts jetzt manche dieser Geschichten. Und wir können endlich einigen dieser unbekannten Heldinnen und Helden Namen und sogar Gesichter zuordnen.

Rommel Roberts arbeitete in jener Zeit für mich als Entwicklungsbeauftragter, als ich gerade zum neuen Generalsekretär des Südafrikanischen Kirchenrates ernannt worden war – in den späten 70er-Jahren, als Steve Biko ermordet und viele andere Gräueltaten begangen wurden. Rommel koordinierte die Anstrengungen von vielen Organisationen und Freiwilligen im Kampf gegen die Passgesetze und die Aktionen gegen die Vertreibungen.

Jeden Tag wurden in den illegalen Camps die unstabilen Plastikunterkünfte von der Polizei zerstört, die schwarze Mütter errichtet hatten, weil sie ihren Eheschwur ernst nahmen. Sie waren gezwungen auf durchnässten Matratzen zu sitzen, ihre Haushaltswaren um die Füße verstreut, wimmernde Babys auf ihrem Schoß, im kalten Winterregen des Kaps. Jeden Tag führte die Polizei die rücksichtslosen Zerstörungen durch. Welches abscheuliche Verbrechen hatten diese Frauen begangen, dass sie auf diese Art und Weise wie Kriminelle gehetzt wurden? Sie wollten doch nur mit ihren Ehemännern zusammen sein, den Vätern ihrer Kinder.

Sie wollten doch nur ein anständiges und stabiles Familienleben. Unglücklicherweise war es in ihrem Geburtsland eine kriminelle Straftat, mit ihren Ehemännern und den Vätern ihrer Kinder zusammenzuleben. Schwarzes Familienleben wurde untergraben – nicht zufällig, sondern durch absichtliche Regierungspolitik. Es war Teil des Preises, den menschliche Wesen, Gottes Kinder, für die Apartheid zahlen mussten. Ein unannehmbarer Preis.

Gegen diese unmenschlichen Verhältnisse protestierte ich zum Beispiel bei einer Rede in Crossroads, die Rommel Roberts organisiert hatte. Crossroads wurde zum Begriff für den Kampf der Menschen gegen die Vertreibungen und das System der Passgesetze, die gewaltsam durchgesetzt worden waren.

Die herrschenden Zustände schufen auch Situationen, wo sich die Gemeinschaften selbst zerfleischten. Mit gezielten Morden wurden Führungspersonen und zufällig ausgewählte Frauen oder Männer gelyncht und mit Reifen um den Hals durch einen aufgehetzten Mob verbrannt. Ich arbeitete im Western Cape mit Rommel zusammen, um diesem Verhalten ein Ende zu setzen. Rommel organisierte eine Reihe von geheimen Treffen mit den Führern der verschiedenen Fraktionen. Unsere Strategie hatte Erfolg dank engagierten friedfertigen Aktionen, wo junge Leute, Freiwillige und Kirchenleute unter großer persönlicher Gefahr eingriffen, um der Gewalt ein Ende zu setzen.

Diese Geschichten sind nicht nur authentisch, sondern geben auch einen Einblick in das Leben und den Kampf der vielen unbekannten Helden, die mithalfen, den Weg zu unserer neuen Demokratie zu bahnen. Sie haben mir den Rücken gestärkt, wenn ich internationale Erklärungen abgab und bei Kampagnen gegen die Apartheid auftrat. Nach 20 Jahren Demokratie vermitteln die bisher unbekannten Befreiungsgeschichten in diesem Buch wichtige Einsichten – sie haben mich tief berührt.

Manche fundamentalen Werte der Helden in diesem Buch scheinen heute durch andere Kräfte ersetzt worden zu sein. Beispiele von schnellem Reichtum korrumpieren unsere Jugend und schüren falsche Erwartungen. Opferbereitschaft ist ein Fremdwort geworden, Korruption eine Plage. Glücklicherweise ist noch Zeit für Korrekturen. Die Menschen in unserem Land sind tolerant und geduldig. Sie suchen ernsthaft nach Veränderungen, damit unsere junge Demokratie weiterwachsen kann, wie es sich die Heldinnen und Helden dieser Geschichten erhofft haben. Ich bin dankbar, dass mich Rommel Roberts mit seinem Buch daran erinnert.

Rommel, danke für Deine Beharrlichkeit – Gott schütze Dich!

Desmond Tutu, im November 2013

Desmond Tutu war anglikanischer Erzbischof von Kapstadt. 1984 erhielt er für sein friedliches Engagement gegen die Apartheid den Friedensnobelpreis.

Eine Kindheit als »Kaffir«

Mein Vater war weiß, während meine Mutter als »Indisch« oder »Asiatisch« klassifiziert wurde, wie die Begriffe in jenen Tagen lauteten. Ich wuchs in einer Stadt im Nordwesten von Südafrika auf, nah an der Grenze zu Botswana. Früher hieß sie Mahikeng, heute trägt sie wieder diesen Namen. Dazwischen jedoch nannten sie die *Buren* Mafeking. Sie nahmen ein Wort aus der Sprache der *Tswana:* Mafekeng, der Platz der Steine. Um es sich besser merken zu können, verwandelten sie das keng in einen King und nannten die Stadt eben Mafeking. Im Jahr 1899 kämpften die Buren hier gegen die britischen Streitkräfte für ihre Unabhängigkeit. 217 Tage belagerten sie die Stadt. Hier bin ich aufgewachsen. Hier, wo die berühmte »Belagerung von Mafeking« stattgefunden hat – außer an Sonntagen, wenn die beiden Seiten eine Pause machten für das Kricketspiel. Der britische Oberst Robert Baden Powell war Anführer der Briten. Seine damaligen Erfahrungen flossen später in die weltweite Pfadfinder-Bewegung ein, die er begründet hat.

Als ich ein Kind war, trug die Stadt noch immer die Merkmale ihrer britischen kolonialen Vergangenheit, mit eleganten öffentlichen Gebäuden, einem ordentlich und schön gestalteten Marktplatz und einer sehr disziplinierten Polizei, die vollständig aus Männern aus Botswana bestand. Sie trugen eine faszinierende Uniform aus Kniestrümpfen, Khakishorts und dreieckigen Jägerhüten. Obwohl die Stadt in Südafrika lag, war sie die Hauptstadt von Botswana, zu dieser Zeit noch ein britisches Protektorat.

Gegen Ende der 50er- und zu Beginn der 60er-Jahre begann Mafeking die schmerzlichen Auswirkungen der *Apartheid* zu spüren. Plötzlich wurde uns unsere Rassenzugehörigkeit bewusst gemacht. Als Kinder hatten wir nie darüber nachgedacht. Wir spielten über alle Rassenschranken hinweg fröhlich miteinander, ohne Gedanken daran zu verschwenden, dass wir uns im Aussehen leicht unterschieden. Allmählich aber wurden wir gezwungen, uns der Rasse bewusst zu werden, unseren Platz in der Hackordnung zu verstehen. Es hatte ein gewisses Maß an Apartheid schon während der Kolonialherrschaft der Briten gegeben – die Schilder »Nicht-Weiße« und »Nur für Weiße« waren immer da gewesen, deshalb sind es sicher nicht die *Afrikaaner*, die die Rassentrennung erfunden haben. Sie haben sie nur perfektioniert.

Vor unseren Augen vollzog sich ein schneller Zerfall des normalen Lebens. Ich erinnere mich, wie weiße Kinder in unsere Straße kamen und mit Boet Fouche und seinen kleinen Brüdern und seiner Schwester Santa dagegen protestierten, weiterhin mit diesen »Kaffirs«, »Hotnots« und *»Koelies«* zu spielen, wie diese abwertenden Ausdrücke für schwarze Afrikaner, Farbige und Inder waren. Die Apartheid führte sogar innerhalb unserer Familie zu besonderen Spannungen. Auch bei uns mit dem weißen Vater und der so genannt farbigen Mutter. Das war wahrscheinlich der Grund, weshalb mein Vater die meiste Zeit seines Lebens im benachbarten Botswana verbrachte, wo er sich frei bewegen konnte und zusammen sein konnte, mit wem er wollte.

Für viele Farbige schuf die Vorstellung »weiß ist besser« eine schmerzliche Lage. Ganze Familien wurden gespalten, je nach der Schattierung ihrer Hautfarbe und der Eigenschaft ihrer Haare. Einige trauten sich nicht einmal mehr, auf der Straße Verwandte zu grüßen. Weiß zu sein bedeutete, zur privilegierten Kaste zu gehören. Auf irgendeine Weise farbig zu sein bedeutete, in die Kategorie der Benachteiligung, der Frustration und der strikten physischen Trennung zu gehören. Selbst die Namen für Wohngebiete trugen ein Kennzeichen der Rassenzugehörigkeit: Weiße wohnten in Suburbs, in Vororten – Schwarze wohnten in Locations oder *Townships*. So ist auch der Name der bekanntesten Township von Johannesburg entstanden: Soweto ist eigentlich die Kurzform des ursprünglichen Namens »South Western Township«, ein Ort, der speziell für Schwarze geschaffen wurde, die in den Minen arbeiteten.

1950 wurden die Volksgruppen per Gesetz voneinander getrennt. Als der *Group Areas Act* sich in Mafeking auswirkte, zerbrachen ganze Stadtteile wie De Kocks Building, ein Komplex, in dem verschiedene Rassen lebten. Die Gebäude wurden zerstört und die Menschen gezwungen, in Townships weitab vom Stadtzentrum zu ziehen. Wie Lichtenberg, unsere Nachbarstadt, wurde Mafeking über Nacht zu einem weißen Gebiet. Es gab eine Ausgangssperre um neun Uhr abends, wenn die Glocke am Marktplatz schlug und alle Schwarzen aus der Stadt fort und in ihren Locations sein mussten. Man konnte tatsächlich das Trampeln der Füße auf der Straße hören, wenn die Leute in den Minuten bis neun Uhr rannten, um das Zentrum zu verlassen.

In dieser Zeit bin ich aufgewachsen. In der Erwachsenenwelt entfaltete sich eine schmerzliche menschliche Dynamik, worauf wir uns als Kinder vorbereiten mussten. Ich erinnere mich, wie ich Opfer verschiedenster Angriffe wegen meiner Rasse wurde. Das ging von einer Ohrfeige bis dazu, getreten und grün und blau geschlagen zu werden, ohne Möglichkeit auf Rechtsschutz.

Die ungeschlachten weißen Kerle pflegten mit Schrotgewehren auf uns zu schießen, wobei mindestens einer meiner Freunde ein Auge verlor. Natürlich waren wir auch keine Schwächlinge und übten mit kreativen Einfällen Vergeltung. Unsere selbstgemachten Schleudern verursachten fast genauso viele Schäden wie ihre Schrotflinten. Wir suchten uns ein schönes, Y-förmiges Stück Zweig aus, nahmen zwei Streifen Gummi, die wir aus einem Fahrradschlauch geschnitten hatten, und befestigten daran eine kleine Ledertasche, die aus der dünnen Zunge alter Schuhe geschnitten war. Da hinein legten wir eine harte Unterlegscheibe aus Blei, die zum Dachdecken benutzt wurde. Da die meisten unserer Eltern in der Baubranche tätig waren, hatten wir genügend Unterlegscheiben. Sie gaben wunderbare Geschosse ab und produzierten ausgezeichnete, genaue Resultate.

Mit den geschickt gefertigten Schleudern zogen wir in die Schlacht mit den weißen Kindern der Stadt und lernten, wie wir eine Schwäche des Feindes ausnutzen konnten. Sie brauchten Zeit, ihre Schrotflinten nachzuladen. Wir ertrugen also die ersten Schüsse ihrer Schrotflinten, und während sie zum Nachladen daran herumfummelten, stürmten wir los und schossen mit unseren Schleudern. Da sie nicht schnell genug nachladen konnten, nahmen sie Reißaus und flohen – eine gute Übung im Zielschießen.

Ironischerweise tauchten viele dieser Typen dann oft an unserer Haustür auf, wo sie weinend ihre Schnittwunden und Schrammen meiner Mutter zeigten, die im Umkreis die einzige Krankenschwester war. Ich konnte natürlich meine Schadenfreude nicht verbergen.

Ein Typ, den wir abgrundtief hassten, war ein riesiger Kerl namens Kalfie. Ich war schon viele Male Opfer seiner Attacken gewesen auf dem Weg in die Stadt, wenn ich für meine Mutter einkaufen ging. Wir rächten uns jedoch immer – wir versteckten uns in Hecken und bombardierten ihn mit Unterlegscheiben aus geringer Distanz, wenn er vorbeilief. Er schrie dann und rannte davon. Bis er schließlich mit Verstärkung zurückkam, waren wir längst weg.

Vor diesem Hintergrund von Verhöhnungen und Feindseligkeit wegen unserer Rasse hatte ich das Glück, mit zwei wunderbaren Frauen zusammen zu sein, deren Einfluss während meiner prägenden Jahre nicht hoch genug eingeschätzt werden kann. Die eine war Schwester Mary Baptist, die Schulleiterin der kleinen katholischen Grundschule, die ich besuchte. Die andere war meine Mutter, Maureen Roberts, oder Nurse Roberts, wie sie genannt wurde.

Sister Mary Baptist und ihre Wunder

Mary O'Neal war schon eine ältere Dame, als ich in die Schule kam. Sie kleidete sich von Kopf bis Fuß in Schwarz außer einem Stück weißen Stoffs, der ihr Gesicht einrahmte und bis zu den Schultern herunterhing. Für uns Kinder war sie zunächst eine imposante und Furcht einflößende Figur. Aber diese Furcht verwandelte sich bald in tiefen Respekt und in Liebe, da wir spürten, wie sehr sie uns mochte. Schwester Mary Baptist von den Barmherzigen Schwestern war die Schulleiterin meiner Grundschule St. Francis Xavier.

Von Anfang an war ich absolut fasziniert von ihr. Ich fragte mich oft, wie sie lebte, da sie anders war als wir gewöhnlichen Leute – sie schien nie auf die Toilette zu gehen oder irgendetwas zu essen oder zu trinken. Wenn sie gerührt war oder sich über etwas ärgerte, benutzte sie merkwürdige Ausdrücke. »Oh, Jesus, Maria und Joseph«, sagte sie dann, »wirst du das jemals lernen, Kind?« Oder: »Herr, gib mir Kraft!«, wenn sie frustriert war. Wenn ein Kind mit blutender Nase oder aufgeschlagenem Schienbein zu ihr kam, meinte sie: »Oh, Gott schütze mich! Was ist dir passiert, Kind?«

In der Geschichte der Kirche heißt es, durch die Äußerung solcher Sätze würde die Zahl der Tage verringert, die man im Fegefeuer verbringen müsse. Das sei der Ort, an den wir alle nach dem Tod gelangen, um gereinigt zu werden. Schwester Baptist erzählte uns viel über den Himmel, das Fegefeuer und die Hölle. Wir alle fürchteten die Hölle, und ich erinnere mich, dass ich das Gefühl hatte, das Fegefeuer auch nicht besonders zu mögen. Aber wenn es ein Thema gab, das unsere vielen Unterrichtsstunden mit der guten Schwester zusammenfasste, war es das Thema Gebet, Gottesfurcht und das Gebot, unseren Nächsten zu lieben.

Viele Male mussten wir ihr bestimmte Gebete nachsprechen, während sie hinter einem abgetrennten Teil des Raumes beschäftigt war. Wir hörten dann ihre klare Stimme und gehorchten: »Nun, Kinder, sprecht mir nach«, und wir stimmten ein langatmiges lateinisches Gebet an, von dessen Bedeutung wir nicht die leiseste Ahnung hatten. Wir konnten das Ende des Gebets kaum erwarten, da nach dem

Beten die wunderbarsten, anschaulich ausgeschmückten Geschichten kamen. Ich bedaure oft, dass Kinder heute kaum eine Geschichten erzählende Großmutter kennen, die einen staunen lässt und tiefe moralische Lehren vermittelt. Kein Fernsehen kann einem jemals schenken, was Schwester Baptists Geschichten uns gegeben haben.

Manchmal erzählte sie Geschichten aus dem Leben der Heiligen, manchmal biblische Geschichten und ein anderes Mal einfach Geschichten über menschliche Schicksale, und alle mit einer Moral. Ich erinnere mich ganz genau an eine dieser Geschichten: Ein kleiner Junge bemerkte, wie hässlich und verkrüppelt die Hände seiner Mutter waren. Seine Freunde hatten ihre hässlichen Hände ebenfalls gesehen und hänselten ihn damit bis zu einem Punkt, wo er es nicht mehr ertrug, von ihr angefasst zu werden. Eines Tages fragte er: »Mutter, warum sind deine Hände so hässlich?« Seine Mutter schaute in seine fragenden Augen und erzählte: »Als du klein warst, mein Sohn, spielten du und deine Schwester gerne in einem alten Karton. Eines Tages ging ich eine Nachbarin besuchen und ließ euch beide fröhlich spielend zurück. Ohne dass ich es wusste, habt ihr den Karton mit Papierschnitzeln gefüllt, habt Streichhölzer gefunden und seid hineingeklettert. Irgendwie haben du und deine Schwester das Papier angezündet, und ihr konntet nicht mehr herauskommen. Ich hörte eure Schreie und rannte herbei. Als ich bei euch ankam, stand der Karton in Flammen, ihr beide habt geschrien und angefangen zu brennen. Ich konnte nur noch an meine geliebten Kinder denken und dass ich alles in meiner Macht Stehende tun musste, um euch aus den Flammen zu retten. Ich packte deine kleine Schwester und versuchte gleichzeitig dich zu packen und die Flammen an deinem Körper zu löschen. Dabei, mein lieber Sohn, brannten meine Hände. Du hattest auch ein paar Brandwunden, aber deine verheilten schön, da sie nicht zu tief waren. Deshalb sind meine Hände so geworden, wie sie heute sind.« Der kleine Junge war davon überwältigt, was seine Mutter für ihn getan hatte. Er nahm ihre beiden Hände, küsste sie und rief aus: »Dies sind die schönsten Hände der Welt!«

Schwester Baptist wurde beim Erzählen öfters durch eine bedürftige Person unterbrochen, die Aufmerksamkeit forderte. Sie war wie eine Großmutter für die ganze Gemeinde und mit den Nöten und Problemen jeder Familie vertraut. Sie hatte ein enges Netzwerk von Leuten, die sie um Hilfe bitten konnte. Dazu gehörte auch meine Mutter, die Krankenschwester Maureen Roberts.

Schon bevor ich in die Schule kam, begleitete ich oft meine Mutter zu Schwester Baptist, die ihr die genaueren Umstände über den Gesundheitszustand einer verzweifelten Person schilderte und meine Mutter bat, die Familie zu besuchen. Es spielte keine Rolle, ob die Familie weiß war oder schwarz, ob es Christen waren oder Muslime; sie kümmerte sich um alle.

»Nurse Roberts«, sagte sie dann, »hier ist diese arme unglückliche Seele, deren Kinder alle so krank sind. Kannst du etwas tun, um ihnen zu helfen?« Keiner lehnte jemals einen Hilferuf der guten Schwester ab. Meine Mutter und ich machten uns zu Fuß auf den Weg, oft meilenweit, um die Familie zu finden und für medizinische Betreuung zu sorgen.

Schwester Baptist hatte einen sagenhaften Ruf, der bis zu den Tagen der Belagerung von Mafeking zurückging. Die Älteren kannten sie als »Ouma Pap«, als Oma Maisbrei. Sie war zu diesem Namen gekommen, als sie im Jahr 1900, während die Stadt von den Buren belagert war, von Haus zu Haus ging und die Familien aufsuchte, die am meisten Not litten. An sie hatte sie Essen verteilt, das sie gerade auftreiben konnte, in der Regel Brei aus Maismehl.

Nun, als ältere Frau, fuhr sie immer noch in einem schwarzen Pferdewagen herum, um die Kranken und Armen zu besuchen. Schon bevor ich in die Schule kam, bettelte ich weinend darum, mit ihr in dem Wagen fahren zu dürfen. Schließlich gab sie nach und erlaubte mir, sie zu begleiten, da ich ja Nurse Roberts Sohn war. Und so kam es, dass ich mehr als einmal das Privileg hatte, sie auf diesen kleinen Fahrten in die Townships zu begleiten, wo die meisten Armen wohnten.

Während wir fuhren, zog sie ihren Rosenkranz hervor und sagte: »Nun sprich mir nach: Heilige Maria, voll der Gnade, der Herr ist mit Dir …« Sie erklärte mir, wie ich die Finger über die Rosenkranzperlen bewegen musste, um jedes Gebet abzuzählen. Wir gingen eine unendliche Liste von Namen, Heiligen und Litaneien durch und wiederholten nach jedem Namen eines Heiligen: »Bitte für uns.« Immer wenn ich dachte, wir seien am Ende des Gebets, ging es nochmals weiter. All das hatte für mich nicht viel Sinn; ich konnte noch nicht einmal richtig zählen, aber ich habe immer getan, was von mir verlangt wurde, und lernte sogar die lateinischen Antworten perfekt. »Santa Maria«, sagte sie, und »Ora pro nobis«, antwortete ich, und eine neue Runde von Gebeten folgte.

Sobald wir im ersten der vielen Townships ankamen, erkundigte sich Schwester Baptist nach dem Befinden der Familie, fragte nach den Kindern und erinnerte die Eltern daran, dass sie diese Person am Sonntag nicht in der Messe gesehen hatte oder dass jene Person eine Katechismusstunde versäumt hatte. So jung ich auch war, konnte ich doch schließlich verstehen, warum dauernd so viele Leute an unserer Tür um Hilfe baten; sie waren alle von Schwester Baptist hergeschickt worden. »Komm zu mir«, sagte sie, »und ich schreibe dir einen Zettel; damit kannst du zu Nurse Roberts gehen. Kopf hoch, sie ist eine gute Frau. Was habe ich da … oh, ein paar Süßigkeiten für die Kleinen.«

Eines Tages schenkte mir Schwester Baptist einen wunderschönen Rosenkranz aus blauen Perlen und mit einem schönen Kreuz daran. Den zeigte ich eifrig meiner Mutter und meinen Brüdern und forderte sie auf, sich neben mir am Bett hinzuknien und mit mir zu beten. Ich haspelte die Perlen ab und rasselte die Gebete in derselben unendlichen Weise herunter, wie ich es gelernt hatte, bis meinen Brüdern die Knie weh taten und sie mich baten aufzuhören.

Meine Mutter Maureen, Nurse Roberts, hatte eine erstaunliche Beziehung zu Schwester Baptist, obwohl sie selbst in jener Zeit nicht katholisch war. Unser Haus lag nahe der Schule, gerade um die Ecke. Meine Mutter ging immer dorthin, um zu sehen, wer Hilfe brauchte, aber auch, wie ich später erfuhr, um sich an der Schulter von Schwester Baptist auszuweinen. Meine Mutter muss ein Meer von Tränen geweint haben, sowohl wegen ihres eigenen Kummers als auch wegen des Leids und der Last der vielen Menschen, deren Sorgen sie auf sich nahm. Über die Jahre hinweg entwickelte sich eine tiefe Verbundenheit zwischen diesen beiden Frauen, die auf mich den größten Einfluss hatten.

Schwester Baptist machte meine Mutter mit den Wundern »Unserer Lieben Frau« und der Bedeutung dieser Verehrung bekannt. Nun, eigentlich ist es egal, was man bezüglich Maria glaubt und ob sie die Mutter Gottes ist oder nicht. Unbestreitbar ist die Liebe meiner Mutter und ihre glühende religiöse Verehrung von Maria und das erstaunliche Ergebnis. Meine Mutter konnte mit wenigen Ressourcen einer großen Zahl von Menschen helfen – das ist an sich schon ein Wunder. Andauernd standen eine Reihe von misshandelten Frauen, von vernachlässigten Kindern und betrunkenen Vätern vor unserer Tür. Armut und Verzweiflung begegnete uns in all ihren Erscheinungsweisen und jedem Einzelnen wurde durch meine Mutter geholfen, an Körper und Seele. Dabei stützte sie sich immer auf ihre liebe Freundin, die Gottesmutter Maria.

Mary Baptist starb, als ich erst neun Jahre alt war, aber ihr Einfluss reichte weit über die wenigen Jahre hinaus, die ich sie gekannt hatte. Ihre Beerdigung war ein riesiger Anlass. Zusammen mit vielen Freunden und Brüdern marschierten wir in den Pfadfinderuniformen stolz durch die Straßen von Mafeking zum Friedhof, wo ihr Grab bis heute liegt. Ihre Beerdigung war die erste Gelegenheit, wo Nicht-Weiße die Erlaubnis erhielten, durch die Stadt zu marschieren, samt Blasmusik und Tambourmajoren. Ich erinnere mich an den Stolz, mit dem wir marschierten, an das Gefühl, diesen Buren endlich zu zeigen, dass wir genauso gut marschieren konnten wie ihre Kadetten. So verursachte Schwester Baptist sogar in ihrem Tod einen Wandel des Status quo und brachte Freunde, verschiedene religiöse Gruppierungen und Feinde für einen kurzen halben Tag zusammen.

Obschon die Gemeindearbeit weitergeführt wurde, war der Tod von Schwester Mary Baptist für uns eine Tragödie. Wir mussten nicht nur mit dem Gefühl des Verlusts fertigwerden, sondern mit völliger Richtungslosigkeit. Die spirituelle Führungsfigur war nicht mehr da. So müssen sich die Apostel gefühlt haben in jenen ersten Tagen nach Christi Tod. Auch nach dem Tod von Mahatma Gandhi haben dessen Gefolgsleute, die Gemeinden, das Land dasselbe empfunden. Es herrschte tiefe Trauer darüber, dass sie, die unsere Herzen und Seelen berührt hatte, für immer von uns gegangen war.

In den Jahren nach ihrem Tod entwickelte sich in mir ein starker missionarischer Eifer. Er kam aus tiefstem Herzen und erfüllte mich gänzlich. Ich empfand eine solche Liebe für Schwester Mary Baptist, dass ich einige Jahre lang einen weiten Weg gelaufen bin, um die Messe um sechs Uhr morgens zu besuchen, bevor ich schließlich katholisch wurde. Was für eine Freude war es dann einige Jahre später, das Privileg zu erhalten, in jener kleinen Klosterkapelle die Messe zu lesen. Das Band, das mich mit Schwester Mary Baptist verband, und der gemeinsame Einfluss von ihr und meiner Mutter gaben mir sicherlich die besten Startchancen fürs Leben. Für meine Mutter, Nurse Roberts, war Schwester Baptist Mutter, Freundin, Gefährtin, Trösterin, Unterstützerin, Mitkämpferin gegen Armut und überhaupt alles, was eine Frau sich in einer Freundin wünschen kann.

Ich sollte später erfahren, dass diese Freundschaft lange über Schwester Mary Baptists Tod hinaus fortdauerte. Schwester Mary Baptist unterstützte meine Mutter, bis diese selbst auf dem Totenbett lag. Bei all den Herausforderungen und Schwierigkeiten, mit denen sie konfrontiert war, hätte sie es, nach ihren eigenen Worten, niemals geschafft ohne ihre liebe Freundin Schwester Baptist und ihre andere liebe Freundin, die Jungfrau Maria. Wie sehr empfand ich später Scham und Abscheu mir selbst gegenüber, als ich mit meiner hochgestochenen Theologie daherkam, die ich im Studium zum Priester aufgeschnappt hatte – meinen philosophischen Zweifeln und dem Gebrauch der klassischen Logik, die die einfache Art der Religion dieser Frauen fast ins Lächerliche zog. Meine ganze Theologie und mein Bibelstudium konnten mich nicht die einfachen Wahrheiten lehren, die meine Mutter mich gelehrt hatte, sowie die erstaunlichen Auswirkungen von Liebe und Anerkennung auf die menschliche Psyche. Angesichts meiner theologischen Weisheiten lächelte meine Mutter Maureen immer nur und rief mir ein paar fundamentale Wahrheiten ins Gedächtnis, ohne jemals sarkastisch oder ärgerlich zu reagieren.

Maureen Roberts, »daai koeli meid«

Der Tod von Schwester Mary Baptist bedeutete nicht das Ende ihres Einflusses. In Maureen Roberts hatte sie eine wunderbare Dienerin, die ihr Erbe in ihrem Geiste fortsetzte. Maureen, die normalerweise wie eine Löwin auftrat, wurde zum Lamm, wenn sie mit Mary Baptist zu tun hatte, die für sie Mentorin, eine moderne Heilige und eine fast gottähnliche Person war. Ich sollte noch herausfinden, wie eng sie wirklich mit diesem lieben und wunderbaren Menschen verbunden war. Maureen war ihre Gehilfin, insbesondere als Schwester Baptist älter wurde und weniger beweglich war – jeder Fall ging gleich an Sister Roberts, wie Mary Baptist sie nannte.

Schwester Maureen Roberts war die inoffizielle Krankenschwester vor Ort für die ganze Gegend um Mafeking. Sie war als sehr junge Frau aus Durban gekommen – meinem umherziehenden Vater gefolgt, der eine Art Abenteurer war und allen möglichen Träumen nachhing. Er war kaum zu Hause, immer unterwegs, wo er in entlegenen Ecken des Kontinents irgendwelchen Träumen von großen Entwicklungen in Afrika nachjagte.

Maureen stand als einzige Person mit medizinischen Kenntnissen den Nicht-Weißen zur Verfügung, den Schwarzen und Farbigen. Es gab zwei weiße Ärzte in der Stadt, die nur weiße Patienten behandelten, aber niemals Arztbesuche bei schwarzen Patienten machten. Das kleine örtliche Krankenhaus war ebenfalls nur für Weiße bestimmt. Nur in extremen Ausnahmefällen wurden Nicht-Weiße behandelt. Die meisten verwies man an Krankenhäuser im benachbarten Lichtenberg.

Ich war Teil einer großen Familie, obwohl wir in Wahrheit das Gefühl hatten, dass Maureen die Mutter von weit mehr als acht Kindern war. Die ganze Gemeinde wurde zu ihrer Familie, für die sie sorgte. Wie oft warteten wir Kinder auf ihre Schritte, nachdem sie den ganzen Tag fort gewesen war und sich um die Nöte einer krisengeschüttelten Familie gekümmert hatte. Als einzige medizinisch geschulte Person für Nicht-Weiße begleitete meine Mutter praktisch jede Geburt von schwarzen und farbigen Kindern in Mafeking –

und jedes Einzelne von ihnen landete später zur weiteren Behandlung an unserer Haustür. Dazu kamen all die anderen Probleme einer Gemeinde: Messerstechereien, medizinische Grundversorgung, Gesundheitsprobleme der Familien, Probleme der Älteren, etc. – Maureen war viele Jahre lang die Klinik, die Sozialarbeiterin und die unbezahlte Dienstmagd der Stadt.

Unzählige Male sah ich, wie sie einem betrunkenen Ehemann, den sie nach einer Rauferei verbinden musste, Vorhaltungen machte. Ich hörte, wie sie den vielen Müttern, die sich nicht richtig um ihre Kinder kümmerten, ins Gewissen redete. Und ich lauschte, wie sie mit den Ehemännern sprach, die ihre Frauen schlugen. Nurse Roberts war die Einzige in der Stadt, welche die Freiheit hatte, den Leuten zu sagen, wo es lang ging.

Im Alter von neun Jahren wurde ich eines Tages von der Polizei verhaftet und verprügelt, weil ich das »Nur für Weiße«-Schild in einem Park missachtet hatte. Als Nurse Roberts davon hörte, stürzte sie in die Polizeiwache und hielt den Polizisten eine solch heftige Standpauke, dass sie kein Wort mehr hervorbrachten. Selbst der bullige Sergeant, der mich geschlagen hatte, ließ den Kopf hängen. Wie stolz war ich an diesem Tag, ihr Sohn zu sein – sie war meine Fürsprecherin. Die einzige Person, der sie sich beugte, war Schwester Baptist.

Ein unvergessliches Bild gab Maureen Roberts ab, wenn sie mit ihrer großen schwarzen Arzttasche bei einem Fußballspiel zu einem gestürzten Spieler über das Feld eilte, wobei ihr klassischer weißer Schleier hinter ihr herwehte. Das waren Zeiten, wo wir als Kinder sehr stolz waren, dass sie in der Gemeinde so bekannt war und als Institution galt. Für eine Weile vergaßen wir dann, dass dieses Bild eine Kehrseite hatte: Das endlose Warten auf die Heimkehr unserer lieben Mutter, auf das Gefühl der Sicherheit, wenn wir mit ihr zusammen waren.

Interessant ist, dass die Armen im weißen Teil der Gemeinde ebenfalls begannen zu Nurse Roberts zu kommen, trotz ihrer rassistischen Ansichten. Nurse Roberts' Ruf war der einer hochqualifizierten medizinischen Fachkraft, die alle Arten medizinischer

Versorgung ausüben konnte, weit über das hinaus, was offiziell erlaubt war. Die armen Weißen sprachen von ihr als »daai koeli meid«, das Kuli-Mädchen, und viele Freunde wunderten sich, dass Maureen sich mit diesen lästigen Leuten abgab, die rassistisch und aggressiv waren. Die Antwort meiner Mutter war immer: »Als ich mein Gelübde leistete, versprach ich allen zu dienen, die medizinische Hilfe brauchen. Der Herr half allen, Armen und Reichen gleichermaßen, einschließlich seiner Feinde, und ich muss dasselbe tun.«

Einige Zeit wohnten wir am Rande des schwarzen Townships Ramosadi Stad. Später zogen wir in den indischen Sektor der Stadt, da dies günstiger war für die Behandlung der Leute. Maureen sprach oft von ihren Füßen als »Taxi Gottes«, und dieses Transportmittel brachte sie überall hin, selbst wenn sie den ganzen Tag und die halbe Nacht brauchte, um ihre Arbeit zu tun. Die Lebensweise meiner Mutter hatte natürlich direkte Auswirkungen auf uns Kinder. Nicht alle gefielen uns damals. Zu teilen, was wir hatten, war der Grundsatz. Wenn jemand an unsere Tür kam, gaben wir etwas. Oft hatten wir nicht genug zu essen, geschweige denn, um mit jemandem zu teilen, aber oft sollten wir gerade das tun – bis zum Punkt, wo es weh tat. Ich erinnere mich, dass manchmal ein Hungriger an unsere Tür klopfte und nach Nurse Roberts fragte. Einer von uns schlüpfte dann hinaus und sagte, Nurse Roberts sei nicht daheim, ob sie später wiederkommen könnten. Das gab uns anderen die Chance, unseren Brei oder was wir gerade als Essen zur Verfügung hatten, zu verschlingen, bevor man uns anhielt, etwas abzugeben. Als meine Mutter unsere Taktik herausfand, war sie recht ungehalten und machte uns Vorwürfe.

Maureen lehrte uns inmitten von Schwierigkeiten zu überleben. Wir konnten alle bereits in frühem Alter kochen. Ich begann mit etwa fünf Jahren. Alle meine kulinarischen Fähigkeiten sind direkt Maureen zuzuschreiben, die uns immer gerne alles zeigte.

Wir lernten den Wert von Recycling kennen und sammelten Metall, Knochen und Flaschen und verkauften sie, was viel zum Haushaltseinkommen beitrug und uns ein Gefühl der Wertschätzung und Anerkennung vermittelte. Wenn unsere Bemühungen einen guten

Erlös ergaben, überraschten wir Maureen mit einem einfachen köstlichen Essen und einer Packung Zigaretten. Das Erstaunliche war, dass uns oft wunderbare Großzügigkeit zuteil wurde, wenn wir zum Metzger oder in verschiedenen Lebensmittelläden einkaufen gingen. Der Besitzer erkannte uns als Nurse Roberts' Kinder und steckte uns Brot, ein paar Würste oder Fleischstücke zu oder verschiedene andere Dinge, so dass wir oft mit mehr nach Hause kamen, als wir bezahlt hatten. Ein großer Luxus war es, frühmorgens zur Bäckerei zu gehen und ein frisches Brot zu holen. Die Bäcker kannten uns alle und gaben uns Butter und den einen oder anderen Laib Brot zusätzlich – das war purer Luxus, schmelzende Butter auf warmem Brot! Auf diese Weise hatten wir als Kinder von Nurse Roberts auch Vorteile. Sie entschädigten uns für jene Momente, in denen wir immer noch Hunger hatten, weil wir unser Essen teilen mussten.

Die Jahre, die ich mit meiner Mutter verbrachte, waren begrenzt – mit dreizehn ging ich schon von zu Hause weg und zur High School in Kapstadt. Aber die letzten Jahre der Grundschule sind voller Erinnerungen, die mein Leben lang bleiben werden. Früher hatte ich kaum eine Vorstellung von dem, was wirklich vor sich ging bei den zahlreichen Geburten, die meine Mutter versorgte. Manchmal erzählte sie ihre Erlebnisse, wenn sie spät nachts nach Hause kam. Ich erinnere mich, wie sie darüber klagte, dass eine arme Mutter so unterernährt war, dass sie kaum ihr Baby stillen konnte. Maureen machte es zu ihrer Aufgabe, Milch für diese Frau zu finden. Oft wandte sie sich an Schwester Baptist. Als diese gestorben war, lastete diese Bürde schwer auf den Schultern meiner Mutter.

Allmählich begannen wohlhabende Geschäftsleute der indischen und muslimischen Gemeinden Maureen zu unterstützen; sie akzeptierten eine Notiz von Nurse Roberts, einem armen unglücklichen Patienten auf eigene Rechnung Lebensmittel zu geben, die später bezahlt würden. Wenn dann meine Mutter bezahlen wollte, lehnten sie ab – sie hatten Maureen schließlich als ihre eigene *Florence Nightingale* akzeptiert.

Meine Mutter konnte sich an jeden wenden, wenn Hilfe gebraucht wurde. Sie tat es sehr sanft, drängte niemanden, fragte nur. Ich erinnere mich, wie sie mit einem Ladenbesitzer redete, der nicht die liebenswürdigste Person war, recht missmutig und knauserig stöhnte und murrte – aber am Ende schmolz er immer dahin und gab die wenigen Dinge, die erbeten worden waren. Eine von Schwester Baptists Geschichten ist sehr passend dazu: Eine Nonne der Poor Clares, des Ordens der Clarissinnen, ging in ein Wirtshaus und wollte Geld für die Armen sammeln. Einer der Männer, die an der Bar tranken, spuckte ihr ins Gesicht. Als Reaktion sagte sie: »Das, mein Herr, war für mich, nun, was haben Sie für die Armen?«

So wie Maureens guter Ruf wuchs, vergrößerte sich auch ihr Netzwerk von Freunden, verschiedenen Stützpunkten oder »Wasserlöchern«. Hier konnten wir sie als Kinder bei einer ihrer Pflichten als Krankenschwester bestimmt finden. Wenn es nicht Mrs. Desai war, war es Mrs. Marie oder einige andere, die in der Stadt oder den Locations verstreut waren, je nachdem, wo ihre letzte medizinische Wirkungsstätte gewesen war. Fast alle von Maureens Kindern nutzten in späteren Jahren solche soziale Netze für ihre jeweiligen Tätigkeiten.

Einige Male wurde ich aufgefordert, meine Mutter auf ihrem Gang in die Townships zu begleiten wegen ihrer schweren schwarzen Tasche und den zusätzlichen kleinen Päckchen, die sie zuweilen mitnahm. Diese Exkursionen gaben mir eine viel tiefere Einsicht in das, was tatsächlich bei den Runden meiner Mutter geschah. Damals gab es noch keine Straßenlaternen in den Townships und die Entfernungen waren beträchtlich; sie lief manchmal bis zu zehn Kilometer weit. Ich kann mich an extreme Müdigkeit während des Laufens erinnern, wo ich eine Menge Zeug zu tragen hatte und mich fragte, wann der Weg endlich zu Ende wäre. Auch an die unglaubliche Dunkelheit, wo wir nicht einmal unsere Füße sehen konnten, geschweige denn den gewundenen Pfad, dem wir durch offenes Feld und steiniges Terrain zu folgen versuchten. Manchmal war die Natur freundlich zu uns und schickte uns etwas Licht durch den Mond. Ich erkannte plötzlich, dass meine Mutter dies täglich erlebte. Wie kam sie damit zurecht? Ich hatte Angst vor der Dunkelheit. Ich entdeckte, dass meine Mutter die Angst und die Einsamkeit bewältigte, indem sie andauernd betete und manchmal auch Schwester Baptist um Fürsprache bat. Sie ermutigte mich, dasselbe zu tun.

Auf einem dieser Wege begleitete ich sie zu einer Patientin, die gebären sollte, was sich verzögert hatte und ihr unheimliche Schmerzen bereitete. Ich weiß noch, dass meine Mutter äußerst besorgt war, genau wie die Frau. Meine Mutter bat mich, einen kleinen Gaskocher anzuzünden, damit sie Wasser kochen konnte, dann sollte ich draußen warten. Die Frau mühte sich ab, aber das Baby wollte nicht kommen. Schließlich sagte meine Mutter, sie müsse versuchen, einen Arzt zu holen. Ich schlief von Zeit zu Zeit ein, während ich auf sie wartete, denn der nächste Arzt war einige Kilometer entfernt. Als sie schließlich zurückkam, konnte ich sehen, dass sie sehr verstört war und geweint hatte. Etwas war schrecklich schief gelaufen. Der weiße Arzt in der Stadt hatte sich geweigert, Hilfe zu leisten, obwohl Maureen ihm den Ernst der Lage erklärt hatte. Sie ging in die Hütte und versuchte der verzweifelten Frau zu erklären, dass ihr Baby in der falschen Lage sei und dass sein Rücken den Ausgang blockiere. Dann begann sie fieberhaft zu beten.

Während sie unter Tränen um Stärke und eine Lösung rang, flehte sie inständig Schwester Baptist und die Jungfrau Maria um Hilfe an. Nach einer gewissen Zeit wurde sie ruhig und schien zu horchen. Plötzlich erhob sie sich von ihren Knien und wandte sich wieder der recht stattlich gebauten Frau zu. Irgendwie gelang es ihr, die Frau vom Bett hochzuheben und sie dann plötzlich mit einiger Kraft fallen zu lassen. Eine Weile lang geschah nichts. Dann beugte sie sich über die Frau und sprach kurz darauf ein Dankgebet. Damals erkannte ich nicht, dass ich gerade Zeuge eines kleinen Wunders war. Irgendwie hatte das Baby seine Lage verändert und kam kurz darauf auf natürlichem Weg auf die Welt.

Es wurde mir klar, dass meine Mutter mit so vielen unmöglichen Situationen konfrontiert war, dass sie, um diese überhaupt zu meistern, dauernd in ihren Gedanken und ihrem Herzen mit Gott und seinen verschiedenen Dienerinnen, Schwester Baptist und anderen, in Verbindung sein musste. Als sie älter wurde, verließen wir Kinder das Haus und ließen uns in den verschiedensten Ecken der Welt nieder. Die einzige Verbindung war diese erstaunliche Art des Glaubens und des Gebets. So war es ihr möglich, mit mir im Gefängnis zu kommunizieren und zu wissen, dass ich frei war, bevor ich selbst es überhaupt wusste – dank ihrer guten Freundin unter den Verstorbenen, Schwester Baptist.

Da ich viele Jahre lang von zu Hause weg war und meine Mutter nur gelegentlich besuchte, konnte ich ihr ganzes segensreiches Wirken nicht miterleben, genau wie viele meiner Geschwister, die entweder im Exil oder in verschiedenen Menschenrechtsgruppen aktiv waren. Dies machte meiner Mutter große Sorgen, aber sie erreichte schließlich ein Stadium von stoischem Glauben und sagte einmal zu mir: »Sohn, ich mache mir keine Sorgen mehr, ich gebe euch alle in Gottes Hand.«

Maureen war ungefähr 69 Jahre alt, als sie Schmerzen in der Brust bekam und ein Arzt sagte, sie müsse unverzüglich das Rauchen aufgeben, da dies sonst schwerwiegende Folgen hätte. »Aber, Doktor, ich habe so lange 40 Stück am Tag geraucht. Wie kann ich da aufhören?«, wollte sie wissen. »Ich habe keine Ahnung, Nurse Roberts, aber Sie werden einen Weg finden«, antwortete der Arzt. Ich besuchte sie an Ostern nach diesem Vorfall. Zu meiner Überraschung hatte sie vollständig mit dem Rauchen aufgehört. »Wie um alles in der Welt hast du denn das geschafft, Mom?«, fragte ich. »Ich betete zu Schwester Baptist«, sagte sie. »Nachdem ich ein paar Tage gebetet hatte, wurde mir immer schlecht und ich musste mich übergeben, wenn ich anfing zu rauchen. Nichts konnte diese Anfälle stoppen, bis ich aufhörte, mir Zigaretten in den Mund zu stecken. Da habe ich endgültig aufgehört. Ich hatte kein Verlangen mehr und auch keine Nebenwirkungen. Ich weiß, wie schwer es ist aufzuhören, da ich es schon einmal versucht und nur ein paar Stunden durchgehalten habe. Irgendwie hat es geklappt, und ich kann Schwester Baptist nur danken.«

Maureen hat uns das Ausmaß ihrer Schmerzen nie gezeigt und behandelte wie gewohnt ihre Patienten. Wir entdeckten erst, wie weit der Krebs schon fortgeschritten war, als wir Brüder sie schließlich überredeten, zur Behandlung nach Kapstadt zu gehen. Alan, mein Bruder, hatte einen Freund, der Arzt am Groote Schuur Hospital war. Ich brachte sie schließlich dazu, ein Flugzeug zu nehmen – ihr erster und letzter Flug, den sie immer als eine Himmels-Erfahrung im Gedächtnis behielt.

Die Diagnose war erschreckend, und wir erkannten, dass wir unsere Mutter nicht mehr lange haben sollten. Ich erinnere mich, wie ich mit ihr in einem Restaurant in Kapstadt zu Mittag ass und sie mich mit diesen wunderbaren dunklen Augen anschaute und mir zu verstehen gab, dass sie sterben würde.

Wie sehr liebte ich diese Frau, unsere Mutter. Ich sprach für uns alle, als ich sagte: »Mom, du hast es verdient auszuruhen. Du wirst immer zu uns gehören, und wir wissen, dass du dich um uns kümmerst, so wie Schwester Baptist sich all die Jahre um dich gekümmert hat. Ich weiß, dass du dir über einige von uns Sorgen machst, aber sei beruhigt, wir werden zurechtkommen. Wir lieben dich und danken dir sehr für alles, was du für uns getan hast, was du uns gelehrt hast, auch wenn wir es zu der Zeit nicht immer verstanden oder geschätzt haben. Leider hatten wir nie genug Zeit, dir mehr Anerkennung zu geben, aber du wirst durch uns weiterleben, da dein Geist tief in uns allen verankert ist.«

Ich machte mit Maureen eine Tour durch Kapstadt und zeigte ihr die High School, in die wir alle gegangen waren, und die Orte, wo wir gewohnt hatten, den Weg, den wir jeden Morgen in die Schule und nachmittags nach Hause gelaufen waren. Auf diese Weise kam sie schließlich noch mit jenem Teil des Lebens ihrer Kinder in Berührung, den sie nie gekannt hatte, der aber Gegenstand so vieler ihrer Gebete gewesen war. Maureen starb kurz danach. Sogar auf ihrem Totenbett gab meine Mutter andern Patienten noch Ratschläge.

Kann man jemals den Einfluss einer Mutter richtig einschätzen? Ich kann einfach nur Gott danken, dass ich das Privileg hatte, diese wunderbare Frau zu kennen und von ihr zu lernen. Die Demut, die Einfachheit und Hilfsbereitschaft meiner Mutter gingen weit über ihren direkten Einfluss auf uns hinaus. Für mich war sie immer ein Licht in der Finsternis und eine Stimme des gesunden Menschenverstandes in vielen Stürmen des Lebens.

Uncle Bob und das Kloster

Onkel Bobs wirklicher Name war Sir Robert St. George. Ich lernte diesen liebenswerten alten Mann kennen während meines Aufenthalts im Theologischen Institut des Klosters St. Joseph in KwaZulu-Natal. Die wenigen Jahre, die ich in den späten 1960er- und frühen 1970er-Jahren dort verbrachte, waren intensiv und wunderbar.

Uncle Bob war ein Mann, über den man niemals etwas Persönliches erfuhr – er neigte dazu, seine Vergangenheit für sich zu behalten. Als junger Mann hatte er bei seinem religiösen Orden, den Brüdern von Maria Immaculata, ein einfaches Gelübde der Armut und des Gehorsams gegenüber Gott geleistet und führte ein einfaches Leben als Laienbruder. In seinem Orden konnte man wählen, ob man Priester mit allen höheren Weihen werden oder Laienbruder bleiben wollte, bereit, alles zu tun, was gefordert wurde, sei es Unterrichten oder einfache körperliche Arbeit. Uncle Bob hatte ein Leben der Einfachheit gewählt.

Vor diesem Schritt hatte Bob als Soldat im Zweiten Weltkrieg die brutale Seite des Lebens gesehen; er hatte in der Achten Armee in Nordafrika und Europa gedient. Gelegentlich sprach er ein wenig über seine Erfahrungen im Krieg. Wenn er in Fahrt kam, begann er tatsächlich zu erzählen. Er konnte sich hervorragend ausdrücken trotz seines Sprachfehlers, eines deutlichen Lispelns. Es waren der eigenwillige Blickwinkel und die persönlichen Beobachtungen, die seine Geschichten zu etwas Besonderem machten.

Einmal schilderte er uns die Zeit in den Schützengräben, als sein Bataillon einen Zermürbungskrieg geführt und viele Tage lang unter Belagerung oder Bombardement gestanden hatte. Es gab nur wenige Bewegungsmöglichkeiten. Lebensmittel waren knapp. Er und seine Kameraden schätzten den kleinen Luxus einer Tasse Tee. Sie brühten dieselben wenigen Teeblätter immer wieder auf, bis »alles, was wir schließlich tranken, der pure Gedanke an Tee war«.

Man brauchte etwas Mut, um Uncle Bob nahezukommen, da sein Verhalten sehr schroff, kurz angebunden und streng sachlich war. Seine Sicht des Lebens war stark durch den Krieg und die Weltwirtschaftskrise bestimmt. Das waren Jahre größter Entbehrungen gewesen, Geld war kostbar und Verschwendung die größte Sünde. Er machte uns ständig Vorhaltungen wegen unseres luxuriösen Lebens, das wir seiner Ansicht nach führten – besonders wir jungen Hunde, die nichts von wirklicher Mühsal wussten.

Tausende von Diskussionen führten wir über religiöses Leben und die Art und Weise, wie wir leben sollten. Uncle Bob hörte unseren ernsthaften Diskussionen ungeduldig zu und schloss dann mit der Bemerkung »All dieses Gerede! Immer nur die Betonung dessen, was ihr braucht und was ihr wollt! Wovon ich nichts höre, ist, arm zu sein, nichts zu besitzen. Ihr kümmert euch alle zu sehr um euch selbst!«

Bei St. Joseph lieferte eine schöne Farm die Milch und erwirtschaftete Geldmittel für das Kloster. Sie wurde von einem erfahrenen Bruder mit landwirtschaftlicher Ausbildung geleitet. Er führte die Farm unter wissenschaftlichen Gesichtspunkten. Oft habe ich miterlebt, wie er und Uncle Bob über die Frage aneinander gerieten, was wirklich notwendig sei. »All diese neumodische Ausrüstung«, das war nach Bob völlige Geldverschwendung. Alles sollte einfach und unkompliziert gemacht werden, indem man nichts als seinen Kopf und seine Hände benutzte. Ich verstand seinen Standpunkt. Aber ich muss zugeben, dass ich, nachdem ich 500 Kühe von Hand gemolken hatte, mit rauen und roten Händen, die meinem Kopf nicht mehr gehorchen wollten, auch den Wert der eher einfachen technischen Gerätschaften sah, die Uncle Bob als unnötig abtat!

Was mich an Uncle Bob am meisten beeindruckte, war die Einfachheit seines Lebens und sein schlichtes Pflichtbewusstsein. Er stand extrem früh auf und absolvierte seine Gebete; dabei trug er eine schwarze Soutane wie wir alle. Er war vor Morgengrauen in der Kapelle und betete still, dann ging er auf der Farm seinen Geschäften nach und erschien schließlich, wenn wir beim Frühstück saßen, und hatte schon die Arbeit eines halben Tages verrichtet. Für ihn bestand das Frühstück aus einem einfachen Teller Cerealien mit Früchten und einem Becher Kaffee, wonach er sich gleich wieder an die Arbeit machte. Ein guter Zeitpunkt für ein Gespräch mit ihm war am Abend, wenn er ein wenig Zeit zu haben schien vor seiner letzten Meditation und dem Zubettgehen.

Nachdem ich einmal seinen Tagesablauf verstanden hatte, fand ich es leicht, ihm zu folgen und Augenblicke zu finden, wo er abgelenkt werden konnte, um ein wenig zu reden. Er schien ein schlechtes Gewissen zu haben, wenn man miteinander schwatzte, und erinnerte mich dann schroff daran, dass Arbeit zu tun sei. Irgendwie fühlte ich mich zu seiner geradlinigen und einfachen Art hingezogen; er zeigte immer diese ruhige Präsenz und erledigte seine Arbeit. Nie dachte er an sich selbst.

Eines Tages saßen wir gerade in einer Vorlesung, da erschien Uncle Bob plötzlich in der Tür mit einem gequälten Ausdruck im Gesicht und einem schmutzigen Lappen um seine Hand. »Kann mich jemand zum Arzt bringen? Die Säge hat mir alle Finger abgeschnitten. Es war mein Fehler.« Das sagte er mit monotoner Stimme, ohne Dramatik, sachlich, als ob es etwas wäre, was jedem von Gottes Geschöpfen alle Tage in der einen oder anderen Art geschehen könnte. Wir waren schockiert und stürzten uns auf ihn um zu helfen, was den lieben Uncle Bob ziemlich nervte, wo er doch nur wollte, dass ihn jemand zum Arzt fuhr, damit seine Finger wieder angenäht werden könnten – doch nicht dieses Getue und dieses Theater.

Dieser Mann machte einen großen Eindruck auf die Gemeinschaft. Nichts war ihm zu viel, wenn man ihn um Hilfe bat. Er war sehr hilfsbereit, als ich mein erstes wirkliches Projekt unternahm, nämlich Mittel aufzutreiben, um weitere Klassenzimmer an unserer Dorfschule anzubauen. Ich hatte wenig Erfahrung mit Bauen, und obwohl alle meine Freiwilligen aus dem nahe gelegenen kleinen Ort Hilton voller Enthusiasmus waren, hatten wir doch sehr geringe praktische Fachkenntnisse. Die Mauern, die wir bauten, waren völlig schief. Uncle Bob schaute sich unser Werk an und schüttelte verzweifelt den Kopf. »Das Problem mit euch Jungen und mit dem, was ihr hier lernt, ist, dass ihr keine Ahnung habt, wie ihr überleben könnt!« Er erklärte uns, was wir niederreißen mussten. Danach begannen wir von neuem, jetzt unter seiner strengen Aufsicht. Am Ende erzielten wir ein ansehnliches Ergebnis.

Trotz seiner Schroffheit war Uncle Bob von erstaunlicher Sensibilität gegenüber allen in seinem Umfeld. Oft war er in der Kapelle anzutreffen, wo er für alle möglichen Leute betete. Eine Person erhielt durch Uncle Bob eine ganz spezielle Hilfe. Bei uns lebte Father Dufait, ein alter Missionar, jünger als Uncle Bob, aber mit dem Gehabe einer alten Person. Vor vielen Jahren war er aus der Bretagne in Frankreich gekommen, konnte Zulu sprechen wie ein Einheimischer und war extrem konservativ. Als einziger Bruder las er die Messe auf Latein, was mir gefiel; oft war ich der Einzige, der seine Messe besuchte.

Über die Jahre war Father Dufait sonderbar geworden. Er zog sich zurück und verbrachte seine Tage damit, die Bibel in extrem kleiner Handschrift neu zu schreiben. Jeden Tag erklärte er, wie beschäftigt er sei und was für eine schwierige Aufgabe er damit habe, alle Details genau zu erfassen. »Stellt euch das vor«, sagte er dann. Wenn er gelegentlich nach Stunden eifriger, nutzloser Arbeit auftauchte, suchte er sich einen bedauernswerten jungen Bruder aus, um ihm zu berichten, was er am Vormittag geschrieben hatte. Er fügte dann noch die verschiedensten Geschichtslektionen hinzu, die seine spezielle Sicht der Dinge veranschaulichen sollten. Als Folge davon versuchten die meisten von uns, ihn so gut es ging zu meiden. Wir grüßten ihn zwar höflich, eilten dann aber so schnell wie möglich in die entgegengesetzte Richtung.

Das zog sich über Jahre hin, bis Father Dufait eines Morgens wie üblich erschien, diesmal völlig klar. Es war in diesen Stunden eine Freude mit ihm zu reden. Auch während der nächsten Tage erwies sich seine Normalität als real. Er hörte auf, sich in seinem Zimmer abzusondern. Seine Arbeit an der Bibel schien sich in der Ferne zu verlieren, und bei Unterhaltungen forderte er nicht mehr so viel Aufmerksamkeit. Wir waren erstaunt und fragten uns, wie das geschehen war. Der Prior beschloss, nachzuforschen: »Father Dufait, es ist schön zu sehen, dass Sie wieder zu unseren Mahlzeiten kommen und sich am Gemeinschaftsleben beteiligen. Das ist wunderbar. Bitte sagen Sie uns, wie diese Verwandlung geschehen ist – es ist für uns wie ein Wunder!« Father Dufait schaute weg, ein wenig verlegen, aber erfreut und dankbar.

»Nun, Father Prior, Uncle Bob führte ein langes Gespräch mit mir und half mir, meinen Irrtum einzusehen. Nachdem ich über seine Worte nachgedacht hatte, beschloss ich, mich zu ändern und mich mehr an dieser Gemeinschaft zu beteiligen.« Der Prior war überrascht, da viele Leute jahrelang versucht hatten, mit Father Dufait zu reden. Er fragte sich, wie Uncle Bob gelungen war, was wir anderen mit all unseren psychologischen Kenntnissen nicht fertiggebracht hatten. Er bat Uncle Bob ihm das Geheimnis zu verraten. »Ich wusste«, sagte Uncle Bob, »dass es Father Dufait nicht erlaubt war, in die Nähe des Schranks mit den alkoholischen Getränken zu kommen. Vor einiger Zeit ging ich in den Aufenthaltsraum und erwischte ihn, wie er den Kopf in den Schrank gesteckt hatte und nach etwas zu trinken suchte. Ich war so wütend, dass ich ihm einen Tritt in den Hintern versetzte. Das ist alles.« Mit dieser einfachen Erklärung stapfte er davon, um sein Gemüsebeet zu hacken. Dabei trug er seine einzigen Schuhe – harte Stiefel mit Metallkappen, von denen jeder etwa ein Kilo wog. Er erzählte uns nie, was genau er zu Father Dufait gesagt hatte. Aber was es auch gewesen sein mag, die Kombination von Tritt und Worten hatte ihre Wirkung getan.

Ich verließ das Kloster schließlich, besuchte es jedoch regelmäßig. Letzthin hatte ich das Glück, Uncle Bob zu sehen, kurz bevor er starb. Ich hatte bei diesen Besuchen die Gewohnheit, auf den kleinen Friedhof zu gehen, um der alten Freunde zu gedenken, die dort ruhten, und ein Gebet zu sprechen. Bei dieser Gelegenheit fand ich zu meinem Erstaunen Uncle Bob, wie er still unter einem Baum saß nahe bei einem Grab, das frisch ausgehoben worden war. Ich hatte schon erfahren, dass Uncle Bob, der nun fast taub war, dabei war, seinen Frieden mit Gott zu machen und sich auf seinen Heimgang in die Ewigkeit vorzubereiten. Als ich mich ihm von hinten näherte, hörte ich, wie er etwas vor sich hin murmelte. Etwas schockiert hörte ich ihn sagen: »Der Bastard hat mir meinen Platz weggenommen.« Ich machte mich bemerkbar, Uncle Bob schaute auf und fixierte mich mit seinem einen guten Auge. »Was ist das Problem, Uncle Bob?«, fragte ich. »Sie haben ein neues Grab ausgehoben genau an dem Fleck, den ich für meine letzte Ruhestätte geplant hatte«, erwiderte Uncle Bob. Ich legte ihm sanft die Hand auf die Schulter und versicherte ihm, dass er in jedem Fall hier immer noch mit allen seinen Kameraden zusammen sein würde und dass der genaue Ort keine Rolle spiele vor Gott – wir würden sowieso alle eins werden. Bei meinem letzten Besuch im Kloster ging ich wie gewöhnlich auch bei Uncle Bob vorbei. Er hat doch noch eine schöne letzte Ruhestätte gefunden.

Unterwegs

Im Land herumreisen und Netzwerke aufbauen – das war meine Aufgabe, als ich 1978 den neuen Generalsekretär des südafrikanischen Kirchenrats (South African Council of Churches) kennenlernte, den noch relativ unbekannten anglikanischen Bischof Desmond Tutu. Ich wurde sein Entwicklungsbeauftragter fürs ganze Land, mit Sitz in Kapstadt. Zwar war ich für verschiedene Entwicklungsprojekte verantwortlich. Besonders prägend aber waren Themen wie die Zwangsräumungen von Siedlungen und die Vertreibung von Zehntausenden von Menschen im eigenen Land.

Weihnachten 1977 hatte ich in Europa verbracht – meine allererste Auslandsreise nach den anstrengenden Ereignissen in *Modderdam*, wo die Häuser von 10.000 Familien zerstört worden waren und ich Monate lang wie ein Besessener gearbeitet hatte, oft tagelang ohne Schlaf. Ich kehrte aus Europa voller Elan nach Südafrika zurück und war immer unterwegs. Ich betreute ökonomische Projekte an verschiedenen Stellen im Land, führte ausländische Besucher herum, übermittelte Nachrichten oder Geld an Familien von Mitkämpfern und Leute im Exil und baute ein Netz von Freunden und Unterstützern auf. Ich fuhr mit einem Pick-up, in dem ich eine Schaumstoffmatratze und eine Kühltasche mit verschiedenen Köstlichkeiten für ein *Braai* (Grillfest) unterwegs transportierte. Meine Kochausrüstung war mit dabei, natürlich auch jene wichtigen Gewürze, ohne die ich nie reise. In der Tat hatte ich auch auf meine Europareise an Weihnachten meine Gewürze mitgenommen, um bei Gelegenheit für Freunde zu kochen.

Als ich gerade auf einer jener wunderbaren Zugfahrten durch Deutschland war, stürzten sich drei Zollbeamte wie Raubvögel auf mich. Leider passte mein Aussehen mit langen Haaren und Bart ziemlich genau auf die damals verhassten Anführer der Baader-Meinhof-Bande und andere verdächtige Typen. Solche Beamte kontrollierten mich gewöhnlich eine Zeit lang, wobei sie dicke Akten mit Fotos durchgingen, denn ich konnte durchaus für einen Terroristen oder Anarchisten jener Zeit gehalten werden.

Diese Zollbeamten machten mir unmissverständlich klar, dass sie mich sorgfältig beobachteten. Sie blätterten in einem Ordner mit Fotos und starrten mich bei bestimmten Bildern immer intensiv an. Schließlich, etwas frustriert, dass kein Foto auf mich gepasst hatte, begannen sie, mein dürftiges Gepäck zu durchsuchen. So stießen sie dann auch bis zu meinen kostbaren Gewürzen vor. Wie im Film »Die Hüterin der Gewürze« (Mistress of Spices) taten diese ihren Dienst. Die Beamten stürzten sich auf die kleinen Päckchen mit Gewürzen in meiner Tasche. »Ha!«, riefen sie, »Drogen, ja?« Sie ignorierten mein Nein und begannen die Päckchen eins nach dem anderen zu öffnen. Schlimmer noch, einer der Beamten beschloss, seinen eigenen Drogentest zu machen und steckte seine Nase tief in das schärfste rote Gewürzpulver und schnüffelte daran. Mit Schrecken beobachtete ich das, denn ich wusste, dass jeden Augenblick eine Art Explosion folgen würde, und so kam es: Aus dem armen Kerl brach es heraus wie aus einem Vulkan, scharfes rotes Chilipulver verstreute sich auf uns alle. Die Gewürze hatten ihre Aufgabe erfüllt, denn danach war die Durchsuchung beendet.

Meistens konnte ich jedoch auf meinem Weg durch Europa kochen, und ich tat dies auch gern, während ich durch Südafrika reiste. Bei jeder Zwischenstation gab es jemanden, der mich willkommen hieß. Die Leute wussten, dass ich die eine oder andere gute Geschichte erzählen und, vor allem, ein gutes Essen kochen konnte. Father Claerhout, der eine Missionsstation in Thaba Nchu in der Nähe von Bloemfontein leitete, hatte gewöhnlich selbst auch die eine oder andere Geschichte parat und einen wunderbaren Sinn für Humor. Er war Maler, der seine Bilder verkaufte, um seine Missionsstation zu unterhalten. Er lud mich immer großzügig ein, seine Sammlung guter Weine durchzuschauen, die ihm von Bewunderern geschenkt worden waren, und ich muss zugeben, dass ich einige exquisite und teure Marinaden aus seinen erlesenen alten Weinen gemacht habe.

Beim nächsten Besuch trug Father Claerhout ein Pflaster am Kopf. Er erklärte, dass er ausgeraubt worden sei. Die Diebe hätten jedoch keinen Sinn für gute Kunst gehabt! Sie hätten seine teuersten Gemälde links liegen gelassen. Stattdessen hätten sie sich über den

Fernseher und den Schrank mit den alkoholischen Getränken hergemacht. Nachdem sie alles geplündert hatten und auf dem Weg zur Tür waren, rief er ihnen nach: »Hey, ihr könnt mich so nicht zurücklassen! Was soll ich denn nach diesem Schock trinken, wenn ihr meinen ganzen Alkohol mitnehmt?« Die Diebe waren über diese spitzbübische Bemerkung so erstaunt, dass sie ihm eine Flasche Whisky zurückgaben …

Ich habe es genossen, herumzureisen, Nachrichten zu übermitteln, Strategien zu entwickeln und Menschen zu helfen, welche ungerechte Gesetze umgingen, besonders Wehrdienstverweigerern, die aus Gewissensgründen den Dienst in der Armee ablehnten. Auf einer dieser Reisen besuchte ich Father Chris Langefeldt, einen früheren Kollegen und Freund. Er hatte Interesse an der Kampagne gegen die Zwangsräumungen gezeigt und war der Ansicht, dass die Kirche in dieser Sache aktiver werden sollte. Ich holte ihn ab, und wir fuhren zusammen zurück nach Kapstadt. Es war eine schöne Fahrt. Wir unterhielten uns so gut, dass ich kaum merkte, dass wir 1.500 Kilometer zurücklegten.

In Kapstadt wohnte ich in einem kleinen Hinterzimmer. Seine Tür führte direkt in den Garten von engen Freunden und Unterstützern, Professor Michael Whisson und seiner Frau Adrienne Whisson, einer Freiwilligen und bedeutenden Frau in der Bewegung von *Black Sash* (schwarze Schärpe), einer Bürgerrechtsorganisation von weißen Frauen gegen die Apartheid. Die beiden hatten zwei reizende Kinder, David und Becky. Das kleine Mädchen hatte die Gewohnheit, früh am Morgen in mein Zimmer zu platzen, wenn Mom und Dad noch fest schliefen und eine Vierjährige nichts Besseres zu tun hatte als einen Dummen wie mich zu finden, den sie plagen konnte. Sie vollführte dann ein paar Trampolinsprünge auf meinem Bauch, nur um mich in Form zu halten und sicher zu gehen, dass sie meine vollste Aufmerksamkeit hatte. Nichts entging diesen wunderbaren großen Mandelaugen. Immer beobachtete sie alles genau und hatte immer eine Bemerkung oder eine Frage parat. Mein Gartenzimmerchen war zu klein, als dass ich etwas darin hätte verstauen können, deshalb lagerten alle möglichen Papiere mit heiklem Material auf dem geräumigen Dachboden der Whissons, was natürlich von Becky scharf beobachtet worden war.

Ich stellte meinen Reisebegleiter Chris der Familie vor. Wir genossen gemeinsam mit den Whissons ein üppiges Abendessen. Das lebhafte Gespräch ging bis spät in die Nacht. In unseren Stockbetten in meinem kleinen Zimmer redete ich mit Chris noch weiter.

Früh am Morgen wachte ich auf und erblickte einige Männer im Garten, zusammen mit meiner Gastgeberin Adrienne, die offenbar kaum Zeit gehabt hatte, sich richtig anzuziehen. Mit groben Befehlen und lautem Klopfen kündigten sie ihre Ankunft an meiner Tür an. Dies war nun die berüchtigte Sicherheitspolizei, die wir alle fürchteten und nie persönlich zu treffen hofften. Armer Chris, er war gerade in Kapstadt angekommen und erhielt einen solch ungehobelten Empfang. Die Polizisten begannen, mein ganzes Zimmer zu durchsuchen, sie leerten alle Reisetaschen aus, drehten die Taschen der Kleidungsstücke um und kontrollierten das Auto. Sie stellten Chris detaillierte Fragen, woher und wie genau er mich kenne, wobei der arme Chris blass und ganz benommen aussah. Vorbei war es mit unseren geplanten gemeinsamen Wochen, mit unserer Erforschung der Befreiungstheologie und anderer Gebiete, über die wir so gerne diskutierten.

So früh am Morgen war natürlich auch die kleine Becky hellwach, da dies ja ihre beste Zeit des Tages war. Sie sah allem mit großen Augen zu und wollte eifrig etwas sagen, als diese Kerle verzweifelt nach etwas suchten. »Ich weiß! Ich weiß ...!«, rief sie und wollte ihre Hilfe anbieten und herausplatzen, dass sie im Dachgeschoss des Haupthauses suchen sollten. Adrienne griff schnell ein, da ihr die Gefahr bewusst war. »Zurück ins Bett, Becky! Komm sofort her!« Die Kleine widersprach: »Aber Mom, ich weiß, wo ...« Gott sei Dank waren die Sicherheitsleute zu sehr abgelenkt, um dies wirklich wahrzunehmen. Becky wurde schnell fortgetragen, wobei sie um sich trat und ihr Missfallen äußerst deutlich zeigte. Der Augenblick der Gefahr war vorüber. Nachdem ich Chris noch ein paar Anweisungen gegeben hatte, wurde ich von zwei bulligen Polizisten zum Polizeiauto geführt und schnellstens weggebracht.

Die Fahrt vom Haus in Mowbray zum Stadtzentrum war traumatisch. Der Weg, den ich unzählige Male in etwa zehn Minuten zurückgelegt hatte, dauerte ewig. Wir fuhren über den De Waal Drive, von dem aus man einen ersten Blick auf den Hafen und den herrlichen Schwung der Bucht werfen kann. Die Durchsuchung hatte mehrere Stunden gedauert. Es war mitten am Vormittag an einem schönen hellen sonnigen Tag. Ich fühlte mich wie ein Sterbender, der das letzte Stück Schönheit in sich aufnimmt, das er noch erhaschen kann. Ich schaute mit neuen Augen und mit einem Gefühl absoluter Bewunderung auf jede flüchtige Szene. Jeden Anblick kostete ich aus und bewahrte ihn in meinem Herzen. Schließlich erreichten wir das Hauptgebäude der Sicherheitspolizei an der Caledon-Straße in Kapstadt. Ich wurde durch mehrere Türen mit eisernen Gittern geführt, die sich öffneten und dann mit dem Ton von Endgültigkeit krachend hinter mir zufielen.

Freiheit finden im Gefängnis

Sobald sie mit mir allein war, ließ die Sicherheitspolizei ihr formelles, geschäftsmäßiges Verhalten fallen und wurde informell und aggressiv. Das Ganze war ein langes und bedrohliches Szenario. Zuerst ließen sie mich in einem kahlen Raum warten, stundenlang allein, ohne Essen, Trinken und menschlichen Kontakt. Ich sollte erst einmal schmoren. Meine Beschwerlichkeiten waren ziemlich gering im Vergleich zu den Leiden von Menschen wie *Steve Biko* oder anderen. Meine Geschichte handelt in Wirklichkeit von einer persönlichen Reise durch diese Erfahrung. Mir wurden in diesem Gefängnis die Techniken und Methoden der Sicherheitspolizei und ihre Auswirkungen anschaulich gezeigt. Die größte Wirkung ist diejenige auf die Psyche. Alles ist darauf ausgerichtet, den Willen zu brechen. Verschiedenste Arten von Druck werden ausgeübt, wobei Gewalt das letzte Mittel ist.

Der Schrecklichste unter den Polizisten hieß »Spyker« van Wyk. Sein Spitzname Spyker bedeutet Nagel, was sein hartes, rücksichtsloses Gehabe gut beschreibt. Er war der Fluch aller unglücklichen Gefangenen, die zufällig in seine Klauen gerieten. Er war bekannt als Killer und ich war in den Klauen dieser Bestie gelandet. Spyker hatte ein missgestaltetes Auge, was ihm ein Furcht einflößendes Aussehen verlieh und offenbar sein wunder Punkt war. Dies steigerte noch sein Bedürfnis nach Rache an der Menschheit.

Ich bemitleidete mich angesichts dieser Umstände und spürte, wie ich vor nackter Angst zitterte. Spyker hatte die Gewohnheit, während der Verhöre damit anzugeben, dass er gewisse Leute verschwinden lassen könne. Und er prahlte damit, was er mit Timol gemacht hatte, einem Gefangenen, der seine »Aufmerksamkeiten« nicht überlebt hatte. Timol hatte offiziell Selbstmord verübt, eine beliebte Erklärung, wenn Gefangene in der Zelle starben. Ein Suizid aber war das sicher nicht gewesen, denn die Polizisten berichteten angeberisch von all den Maßnahmen, die man angewandt hatte, um den armen Menschen zu zerstören. Timol muss unglaubliche Schmerzen erlitten haben durch scharfe Instrumente, deren Anwendung sich Spyker und sein Helfershelfer Van Avenbagh rühmten. Sollte dies auch mein Schicksal werden?

Doch in meinem Fall entsprachen die verschiedenen Aktivitäten, derer ich aufgrund der Terroristengesetze angeklagt war, nicht im Entferntesten der Realität. Denn Gewalt hat in meinem gesamten Tun niemals eine Rolle gespielt und wird, so Gott will, auch niemals eine Rolle spielen. Mir wurde klar, dass ich nicht hoffen konnte, die Sicherheitspolizei davon zu überzeugen. Schlimmer war, dass sie eine Menge Beweismaterial vorbrachten, gesammelt an den unwahrscheinlichsten Stellen. Sie verfügten zum Beispiel über Papiere, die ich per Kurier aus Holland bekommen und persönlich dem niederländischen Botschafter übergeben hatte. Die Kopien zeigten deutlich, dass eine Kooperation zwischen den Sicherheitsdiensten der verschiedenen Länder stattgefunden hatte. Die Aussagen von Regierungen gegen die Apartheid waren offensichtlich nur Lippenbekenntnisse. Das wahre Ausmaß der Unterstützung der südafrikanischen Regierung durch die CIA bei ihren Angriffen auf Angola ist ja inzwischen zum Teil bekannt geworden. Und auch etliche europäische Geheimdienste waren mit dem weißen Regime in Südafrika bekanntlich gut Freund.

So musste ich erkennen, dass ich in ernster Gefahr steckte. Bestenfalls musste ich mit einer langen Haft auf der Gefängnisinsel *Robben Island* und schlimmstenfalls mit dem Tod rechnen. Meine Befürchtung war, dass viele Mitstreiter nicht wussten, was sie erwartete, und wie sehr auch sie gefährdet waren. Ach, hätte ich doch den Freunden Informationen zukommen lassen können, um sie zu warnen! Doch es gab keinen Weg, da ich vollständig von normalen menschlichen Kontakten abgeschnitten war. Ich befand mich allein in meiner Zelle, zumeist in völliger Dunkelheit.

Die Verhöre waren für mich der schlimmste Alptraum, da sie sowohl auf den Körper als auch auf die Psyche abzielten. Mehrere Sicherheitspolizisten arbeiteten zusammen. Jeder spielte eine andere Rolle: der gute Polizist, der böse Polizist, der schlimme Polizist, der Psycho-Polizist im weißen Kittel etc. Sie prahlten dauernd mit ihrer Tüchtigkeit als Verhörspezialisten und damit, wen sie in der Vergangenheit schon überführt und fertiggemacht hätten. Der Alptraum hörte nach den Sitzungen nicht auf, sondern wurde noch stärker, wenn ich allein in der Zelle saß. Ich sollte weichgekocht werden.

In meiner Zelle konnte ich kaum etwas sehen wegen der Dunkelheit. Trotzdem erkannte ich Kratzer und Blutspuren an den Wänden. Das erzeugte natürlich noch weiteren Stress und psychische Instabilität. Das Alleinsein verstärkte die Ängste. Nun verstand ich, warum jemand Selbstmord begeht. Diese Umstände können zu einem Zustand von Verzweiflung und Hoffnungslosigkeit führen. Oder sie können extreme Wut hervorrufen, die wiederum bösartige Reaktionen der Sicherheitsleute provoziert, was bis zum Tod führen kann. Genau das schien mit Steve Biko passiert zu sein. Der Studentenführer wehrte sich gegen die Schikanen, leistete Widerstand und kämpfte bis zum bitteren Ende. Er provozierte bei den Sicherheitsleuten solch extreme Gemeinheiten, bis sie ihn töteten.

Ich wurde von Spyker darauf hingewiesen, dass es eine Antwort auf seine Fragen gab, die er nicht dulden würde: »Andiyazi« – ich weiß nicht. Die Art, wie er es sagte, zeigte seinen Hass gegenüber seinen Opfern. Er presste die Worte zwischen zusammengebissenen Zähnen hervor. Er kam mit seinem Schielauge ganz nah an mein Gesicht heran und starrte mich an, während er die verhassten Worte aussprach und Drohungen ausstieß. Es war klar, dass man ihn sehr ernst nehmen musste und dass er sich unmissverständlich ausgedrückt hatte.

Ich kann mich an ein einziges Mal erinnern, wo ich ähnliche Angst gehabt habe. Das war, als ich als Neunjähriger zusammen mit Freunden in Mafeking verhaftet wurde, nachdem wir auf einem Rasen gespielt hatten, der »Nur für Weiße« gekennzeichnet war. Die Spielgeräte auf diesem schönen grünen Rasen hatten so einladend ausgesehen, dass ich der Versuchung nicht widerstehen konnte und meine Freunde herbeirief, um dort zu spielen. Wir tollten voller Freude herum. Dies schlug schnell in Schrecken um, als mehrere Polizisten uns plötzlich umringten und durch die Stadt jagten, bis ein Freund und ich erwischt und zur Polizeistation gebracht wurden. Dort warteten wir ein paar Stunden lang, bis ein riesiger Polizeibeamter uns sagte, dass wir bestraft werden würden. Er hatte einen speziellen Stock dabei. Ich war an körperliche Bestrafung von der Schule gewohnt, aber das war anders. Der Stock war mit Salzwasser vollgesogen, man zog uns die Hosen herunter und wir mussten uns auf eine Bank legen und die ersten Schläge auf unser Gesäß abwarten. Der Mann war kräftig und hatte riesige Arme, was uns Angst machte. »Vandag trek ek jou gatvel van jou lyf af«, sagte er. Heute werde er uns die Haut vom Arsch reißen.

Diese Furcht war entsetzlich, sowohl beim Warten als auch bei den Drohungen – schlimmer als die Schläge selbst, die fast eine Erleichterung waren, obwohl sie höllisch schmerzten. Ich erinnere mich, dass ich während des Wartens ständig zitterte und mir in die Hose machte. So müssen sich Tiere fühlen, wenn sie zur Schlachtbank geführt werden. Diese Erfahrung im Alter von neun Jahren kam dem am nächsten, was ich jetzt erlebte. Hier war das Eigentliche die nackte Angst, die man nicht wirklich wahrhaben will und der man sich nicht zu stellen wagt.

Allein in meiner Zelle musste ich mich meiner Angst stellen. Die Angst war mein Gefängnis und eines der entscheidenden Instrumente der Sicherheitspolizei gegen mich. Die Angst verwandelte meinen Körper zu Brei und meinen Kopf in ein völliges Durcheinander. Ich versuchte an meine Freunde zu denken, an jeden einzelnen, und erkannte, dass sie in dieser Situation genau so hilflos waren wie ich, obwohl sie sich offenbar große Sorgen machten. Es wurde mir klar, dass aller Reichtum, alle Beziehungen, die ich möglicherweise auf der Welt hatte, und jeder sonstige Trost von mir genommen war. Ich war völlig nackt. Mein Selbstvertrauen war wie Eis geschmolzen und in den Staub gesickert – ich war nur noch ein kümmerliches Etwas. Ich musste mich mit mir selbst konfrontieren, und was ich sah, war weder angenehm noch schmeichelhaft.

Nun hatte ich in den vergangenen Jahren Theologie studiert und die Bibel gelesen. Doch erstaunlicherweise waren mir jetzt all die wunderbaren Worte der Heiligen Schrift abhanden gekommen. Wo war die Wahrheit des täglichen Abendgebets im Kloster geblieben? Was hieß »Oh Herr, in Deine Hände empfehle ich meinen Geist«? Und überhaupt, welchen Stellenwert hatte mein Glaube hier? Wie, um alles in der Welt, findet Liebe ihren Weg durch diesen Schlamassel, diese Atmosphäre von Brutalität und Gewalttätigkeit? Ich erkannte, dass mir weder die Bibel noch die Philosophien, die ich studiert hatte, helfen konnten. Ich hatte sie gelesen, ohne tieferes Verständnis. Ich war unfähig, mir selbst in dieser Situation zu helfen. Dieser Zustand dauerte tagelang und schien nie zu enden. Ich vergoss viele Tränen und sprach Gebete, bis ich körperlich und seelisch keine Kraft mehr hatte und auch nicht mehr beten konnte. Ich hatte ein Stadium äußerster Verzweiflung und Hilflosigkeit erreicht.

An einem gewissen Punkt wandte ich mich eines Nachts verzweifelt an meine geliebte Mutter – mit ihrer engen Beziehung zu Gott. Ich hatte ja viele ihrer kleinen Wunder gesehen. Auch an Sister Baptist wandte ich mich, jene wunderbare Heilige aus meiner Kindheit, die inzwischen gestorben war. Ich hatte ihr Gesicht nun klar vor Augen. In dieser Nacht tauchte allmählich der Gedanke auf, dass ich tatsächlich eine Wahl hatte: Den Tod akzeptieren, jegliche Hoffnung aufgeben und dann als logische Folge Selbstmord begehen – oder ich könnte das Risiko eingehen, mein ganzes Vertrauen in Gott zu setzen, den ich nicht wirklich kannte.

Nach einer gewissen Zeit merkte ich, dass mein inneres Ringen sich ein wenig verändert hatte. Ich musste die Existenz Gottes akzeptieren und mich selbst vollständig und bedingungslos Ihm anvertrauen. Ich musste daran glauben, dass Gott alles sieht und am Ende siegt. Meine einzige Wahl war, mein Leben bewusst in Seine Hände zu legen und alles anzunehmen, was daraus folgte. Ich musste mit dem Versuch aufhören mich mit Hilfe meines Verstands und verschiedener Strategien frei zu fühlen. Ich musste den Versuch aufgeben, aus diesem Gefängnis freizukommen.

Dieser innere Kampf nahm enorme Ausmaße an. Es war der Kampf meines Willens gegen den Willen Gottes, der Kampf, mein Leben in die Hand Gottes zu legen und mich führen zu lassen. Auf der einen Seite stand der Glaube an die Materie, auch an den Intellekt, der aber absolut kein dauernder Wert ist, wenn es um wahre Freiheit geht – in Wirklichkeit ist er nur ein weiteres Gefängnis. Auf der anderen Seite stand das Vertrauen in eine tiefere spirituelle Realität, wo ich Freiheit und außerordentlichen Reichtum anderer Art finden könnte. War ich in der Lage, diese Wahl zu treffen?

Ich erinnere mich an diesen großen inneren Kampf, wo ich mehr als 48 Stunden unter Tränen mit mir gerungen habe. Der Augenblick kam schließlich in den frühen Morgenstunden eines Tages, als ich meinen Entschluss fasste, mich vollständig in Gottes Hand zu geben, vollständiges Vertrauen zu haben und die Realität zu akzeptieren. Die Realität bedeutete, dass ich möglicherweise den Rest meines Lebens im Gefängnis bleiben oder sogar getötet werden würde. Ich musste das als mögliche Konsequenz akzeptieren. Der Schlüsselgedanke war, mein vollständiges Vertrauen zuerst und zuvorderst in Gott zu setzen. Ich musste die Entscheidung treffen und daran glauben, dass sich das Weitere ergeben würde.

Ich kann das wunderbare Gefühl nach meiner Entscheidung nicht beschreiben. Es war eine überwältigende Erleichterung. Mein ganzes Wesen wandelte sich dramatisch. Es war, als ob ein Wunder geschehen wäre. Die Schuppen schienen mir von den Augen zu fallen. Die Schranken meiner Gefängnismauern schienen dahinzuschmelzen. Mein Wesen war durchdrungen von einem starken Gefühl des Wohlbefindens und der Liebe. Für jeden Menschen um mich herum. Wie war diese Verwandlung zu erklären? Plötzlich wurden mir so viele Dinge in der Heiligen Schrift klarer. Jetzt verstand ich jenes Gefühl, eine neue Person zu sein, wie man es aus Erweckungsgeschichten kennt. Die Verwandlung von Saulus zu Paulus ergab einen Sinn. Die Erfahrungen ehemaliger Drogenabhängiger, die ihre erstaunlichen Erlebnisse mit Jesus beschreiben, schienen mir nun völlig glaubhaft.

Wer sich in diesem Zustand der Freiheit und Liebe befindet, dessen ganzer Körper steckt voller Feuer. Er verlangt nach Ausdruck, nach Wegen diese Freude mitzuteilen. Die Schriften sind voller Menschen, die diese Gefühle mit anderen teilen müssen, nachdem sie diese Freude erlebt haben, nachdem sie gerettet oder geheilt worden sind oder nachdem sie eine bedeutsame Wandlung erfahren haben. Diese Art von Liebe muss sich notwendigerweise in Worten und in Taten ausdrücken. So ging es auch mir. Nur fragte ich mich, wie ich diese Freude in diesen Mauern mit jemandem teilen könnte? Ich hatte niemanden.

»Ah«, sagte eine kleine Stimme in mir. »Nicht so schnell. Was ist mit den Leuten hier in deiner unmittelbaren Umgebung, eh? Was ist mit dem alten Spyker van Wyk? Was ist mit deinem Gefängniswärter, der an den meisten Tagen vorbeikommt, hmm?« – »Was! Spyker? Du machst wohl Witze. Nein … wirklich? Das kann nicht dein Ernst sein. Dieser Killer? Ich muss darüber nachdenken … nun, vermutlich wäre der Gefängniswärter nicht so schlecht. Aber er ist solch ein böser Kerl, der die ganze Zeit flucht und mich beschimpft. Ich muss überlegen. Wer käme sonst noch in Frage?«

Das waren die Fragen, die mein Wesen erschütterten, aber dieses Mal aus einer anderen Richtung. Das Leben im Glauben ist nicht leicht, und dennoch, ich hatte ein Versprechen gegeben, und nun musste ich die Sache zu Ende bringen. Schließlich beschloss ich, dass ich es vielleicht mit dem Wärter versuchen könnte. Er war eigentlich gar nicht so schlimm, vielleicht nur ein wenig irregeleitet. Aber wie sollte ich an ihn herankommen, da ich ihn ja nie sah und nur jeden Morgen und am späten Nachmittag seine barsche Stimme hörte? Ich begann, über diesen Entschluss und seine mögliche Umsetzung nachzudenken.

Ich entschied dann, einfach etwas zu tun, was ich gut konnte, und fing an Lieder zu singen, die für mich eine Bedeutung hatten und meine Gefühle und meine Einsichten ausdrückten. Dieses Lied sang ich dann ständig: »Herr, ich kann nicht entfliehen!« Und dieses fasste meine Lage zusammen: »Wach oder im Schlaf, nackt lieg' ich vor Dir.« Zurückgeworfen auf mich selbst bat ich: »Lehre mich Stille, Demut und Hoffnung, es geschehe Dein Wille …«

I writhe in your grip, Lord, I cannot escape.
To the high swirling planets, to the deep hollow earth.
Lord, I'm cupped in your hand, that is how I exist
And as glass to a diamond, I'm pierced by your gaze.

No shade can I find, Lord, from your probing light
Which shines through the cover of sheltering night.
My ambitions you've measured, my intentions you've felt
Conscious, unconscious, I'm naked, spread out.

I writhe in your grip, Lord, I cannot escape
To the high swirling planets, to the deep hollow earth.
Lord, my roof, my foundation, please teach me be still
To be humble, be hopeful, to rest in your will.

Andere Lieder, die auch die Herausforderung durch den Glauben widerspiegelten, klangen ebenfalls die ganze Zeit in meinem Kopf: »Komm zu mir über das Wasser, Petrus, über die Wogen der stürmischen See. Ich weiß, dein Glaube ist schwach und zerbrechlich, aber glaube an mich.«

Come to me over the water, Peter,
Over the waves of the storming sea.
I know your faith is weak and fragile,
But believe in me.

Und auch das schöne Lied vom Lord of the Dance musste in seiner ganzen Fröhlichkeit gesungen werden ... Diese Lieder rührten an meine Gefühle, sie waren so schön und sie halfen mir, meine fünf Sinne zusammenzuhalten. Lieder scheinen für das Leben vieler Menschen zentral zu sein, und sie werden in so vielen Situationen benutzt, wo keine andere Form des Ausdrucks passt. Ich denke an Sportereignisse, Protestversammlungen, an konfliktreiche Zeiten, an Krieg usw. Singen bewirkt etwas im menschlichen Geist. Man muss seine Lungen füllen und ausrufen, was immer man gerade fühlt. Ich erinnere mich an die großen Gefühle, die 1995 durch Gesänge hervorgerufen wurden, als Südafrika gegen Neuseeland im Rugby World Cup spielte. Die Menschenmenge stimmte das berühmte Zulu-Lied »Shosholoza« an, mutig nach vorn, es ist fast ein Schlachtruf ... Und was für ein unglaubliches, prickelndes Gefühl von Stolz, Freude und Hoffnung es bewirkte! Die Briten singen gewöhnlich »Swing Low, Sweet Chariot« während ihrer großen Sportereignisse. Ich habe nie wirklich verstanden, warum gerade dieses Lied, aber es scheint denselben Effekt zu haben. Jedenfalls wurden meine Lebensgeister wach gehalten durch diese Lieder und durch meine Überlegungen.

Bei meinem potenziellen neuen Freund, dem Gefängniswärter, erzielte ich aber mit dieser Strategie keine Ergebnisse. Ich merkte plötzlich, dass ich mit seinem Geschrei in Konkurrenz trat, es war wie eine lautstarke Auseinandersetzung. Ich musste meine Vorgehensweise ändern. Überhaupt, wie viele Male waren bei Protestversammlungen Friedenssongs gesungen worden, die auf die Gegner die gegenteilige Wirkung hatten? Es war großartig, während man auf der Seite derer stand, die diese Songs sangen, aber eine ganz andere Sache, wenn man auf der anderen Seite diese aggressiven Songs hörte, deren Worte für die Unterdrücker nicht sehr schmeichelhaft waren. Ausgeschlossen, dass sie diese Protestsongs als freundliche Geste sehen konnten.

Deshalb beschloss ich, ganz anders vorzugehen, nämlich den Wärter bei jeder sich bietenden Gelegenheit zu grüßen. Die ersten paar Tage traf mein einfacher Gruß »Guten Morgen« und »Guten Tag« auf taube Ohren, so schien es wenigstens. Das Schreien und Schimpfen ging ungerührt weiter. Allmählich wurde jedoch eine Veränderung deutlich; der Wärter schrie und schimpfte weiterhin mit den anderen Gefangenen, wenn er aber an meine Zelle kam, hörte er damit auf und antwortete mit einem barschen »Guten Morgen«. Endlich, ein kleiner Fortschritt.

Einige Tage später folgte meinem »Guten Morgen« ein »Wie geht es, haben Sie ein schönes Wochenende verbracht?« und so weiter. Die Antworten wurden langsam ausführlicher und interessierter. Eines Tages schließlich, zum ersten Mal, beschloss der Wärter die Stahltür zu öffnen, anstatt mir meinen Brei durch das Gitter zu schieben. Nun sah ich tatsächlich sein Gesicht und ein wenig Licht. Nachdem dies einmal geschehen war, konnte ich ernsthaftere Gespräche beginnen. Ich konzentrierte mich immer auf sein Befinden und seine Situation, niemals auf mein Befinden und meine Probleme. Das vermied ich wie Gift. Allmählich wurden die Gespräche persönlicher. Ich fragte ihn nach seiner Familie und seiner Geschichte. Wo er aufgewachsen war, was für ihn die wichtigsten Dinge im Leben waren und wie er mit seinem Job zurechtkam, der doch offensichtlich mühselig war. Einmal seufzte der Wärter: »Wissen Sie, ich bin zu Hause ganz anders. Ich liebe meine Familie. Ich hasse es, an diesem Ort hier zu arbeiten. Ich habe einfach keine andere Wahl. Meine Schulbildung ist nicht gut genug, ich könnte keinen anderen anständigen Job bekommen.«

Ich entwickelte ein gewisses Verständnis für seine Lage, und die Vorurteile fielen mir wie Schuppen von meinen Augen. Ich spürte Mitgefühl für ihn, obwohl jede Logik sagen würde, ich sei verrückt. Was würden meine Freunde und Unterstützer sagen? War es dem Staat gelungen, mich zu kaufen? War ich zum Verräter an unserem Kampf geworden? »Lieber Gott«, betete ich, »Du hast mich hier in eine recht schwierige Lage gebracht, mit der ich zurechtkommen muss. Ich weiß nicht, wie ich weiter vorgehen soll.« Doch ich hatte eingewilligt, geführt zu werden, deshalb machte ich unbeirrt weiter in meiner Beziehung mit dem Wärter. Inzwischen lief die Kommunikation recht gut. Ich finde, es wird in solchen Situationen leichter, wenn man sich die andere Person als Kind vorstellt mit all den Mühen des Aufwachsens. Eine Mutter liebte dieses Kind. Es würde sie schmerzen, wenn dem Kind etwas geschähe. Nun war ich dazu aufgerufen, die Befindlichkeit des anderen großzügig zu akzeptieren und nicht über ihn zu richten. Diese Gedanken halfen, sogar bis zu dem Punkt, wo ich wirklich begann, den Wärter zu mögen, so dass wir eigentlich Freunde wurden.

Dann passierte es plötzlich. Eines Tages wurde ihm das erste Mal meine Situation bewusst. Ich konnte genau sehen, wann es geschah und wie sich in diesem Moment tiefe Verlegenheit und Verwirrung in seinen Gesichtszügen spiegelte. Er entschuldigte sich vielmals für das schreckliche Essen, woran er aber nichts ändern könne, da er ja nur Befehlen gehorche. Ich sah, dass er in seinem eigenen Gefängnis gefangen war und sich nun herausgefordert fühlte. Seine Verwirrung war deutlich. Er tat mir leid und ich bat ihn dringend, sich keine Gedanken zu machen, da ich seine Situation völlig verstünde und ihn nie verurteilen würde. »Lassen Sie es gut sein«, sagte ich auf *Afrikaans*. Dennoch ging er sehr beunruhigt weg.

Am nächsten Tag kam der Wärter zu mir und sagte leise, er habe mit seiner Frau gesprochen und sie habe ihm eine größere Portion

Mittagessen zubereitet. Er wolle dieses mit mir teilen, da er mir das Gefängnisessen nicht mehr zumuten könne. Ich war tief gerührt und weinte. Ich bat ihn, seiner Frau meinen herzlichsten Dank auszurichten und gratulierte ihm zu seiner mutigen Entscheidung, die doch klar gegen die Richtlinien verstieß. Irgendwie hatte er seinen eigenen Weg gefunden, um aus der Situation das Beste zu machen. Ich lobte ihn und sagte, dass ich seine selbstlose Tat nie vergessen würde. Es war damit noch nicht zu Ende. Als Nächstes schleuste er mich heimlich in eine Abteilung des Gefängnisses, wo ich endlich eine heiße Dusche bekam, nachdem ich mich wochenlang nicht hatte waschen können und unter Kälte und elenden Bedingungen gelitten hatte.

Ich hatte mich endlich von meinen Gefängnismauern befreit und konnte diesen Zustand sogar genießen. Ich verstand auch plötzlich die Worte von Martin Luther King: »Wir müssen diese Lasterhöhle in einen Hafen des Friedens verwandeln.« In der Tat ist mir das durch die Gnade Gottes auf so vielfältige Weise wiederfahren, und alles hat mit meiner Hingabe an den Glauben begonnen.

Diesen Gefängniswärter traf ich viele Jahre später vor einem Supermarkt in der Stadt. Ich konnte nicht anders, als auf ihn zuzugehen und ihn heftig zu umarmen – die gegenseitige Umarmung war Ausdruck purer Freude. Mir machte es nichts aus, dass er seine Polizeiuniform trug und dass die Leute uns beobachteten. Ach was, er war ein Geschöpf Gottes und hatte unter schwierigen Umständen Liebe bewiesen. Wie konnte ich ihn nicht lieben und es durch einen einfachen Akt der Freundschaft und Anerkennung zeigen? Worin besteht der Wert oder die Herausforderung, wenn du nur diejenigen liebst, die dich lieben? Das Wesentliche, das ich daraus gelernt hatte, war, dass die Aufforderung, seine Feinde zu lieben, eine Notwendigkeit ist, wenn wir einen wirklichen Wandel in der Gesellschaft bewirken wollen.

Ohne diesen Teil der Gleichung setzt sich der Teufelskreis von Gewalt und Konflikten fort und wir leben weiterhin in unseren Gefängnissen aus Hass. Sie werden zu heiligen Schreinen, zu Denkmälern, die um jeden Preis bewahrt werden müssen. »Wir werden niemals vergessen«, sagen wir, so dass unsere Kinder und Kindeskinder vielleicht völlig vom Hass zerfressen sind, unter dem Deckmantel von Patriotismus oder einer anderen Form der Rechtfertigung.

Ich erinnere mich an die Ereignisse nach dieser Verwandlung. Plötzlich war ich auch in der Lage, Leuten wie van Wyk und seiner Bande von Schlägern gegenüberzutreten. Ich beherrschte die Lage nun. Unsere nächsten Treffen veränderten sich dramatisch. Ich hatte die Ketten der Angst abgelegt, das Instrument, womit sie mich quälen konnten und das ich ihnen so lange überlassen hatte. »Wenn du tust, wovor du Angst hast, ist das der Tod der Angst.« Dieser Ausspruch bewahrheitete sich für mich. Beim nächsten Verhör mit van Wyk spürte ich, dass ich eine riskante Reise unternahm. Ich hatte die Realität akzeptiert, dass ich den Rest meines Lebens sehr wohl in diesem Gefängnis oder vielleicht auf Robben Island zubringen würde. Ich begann nun, mich bei den Verhören mehr einzumischen und ein paar Fragen zu stellen, wie zum Beispiel »Spyker – wie kommt es, dass Sie immer eine Alkoholfahne haben? Sie müssen diese Arbeit wohl sehr schwierig finden. Ödet Sie das nicht an? Wohin soll das überhaupt alles führen?«

Seine anfänglichen Reaktionen waren bösartig und wütend, und er befahl mir, den Mund zu halten. Ich sagte ihm, dass er später Leuten wie mir, die keine eigennützigen Ziele verfolgten, dankbar sein würde. Vielleicht müsse ich eines Tages sogar zu seiner Verteidigung antreten. Ich sagte, dass ich, obwohl ich natürlich das Tun der Sicherheitspolizei nie gutheißen könne, dennoch durch die Bibel gelehrt worden sei, sie zu lieben. Es hörte sich sehr arrogant an, aber ich musste es sagen, obwohl er so aggressiv reagierte.

Dann schritt ich zur letzten Tat. Ich bot an, jedes Papier zu unterschreiben, unter dem sie meine Unterschrift wünschten, wenn das für sie ein Weg sei, mich dauerhaft im Gefängnis zu behalten. Dann gebe es keine Notwendigkeit zur Folter. Sie waren vor den Kopf gestoßen und wussten nicht, was sie glauben sollten. War das ein Trick? Sie waren nicht sicher. Ich höre noch, wie Spyker sagte: »Wir wollen die Wahrheit!« – »Aber Spyker«, sagte ich, »egal was ich sage, Sie werden mir sowieso nicht glauben. Also, warum verschwenden wir unsere Zeit? Sie geben an, was ich sagen soll. Sie wollen mich doch in die Sache hineinziehen, egal wie. Bringen wir es also hinter uns. Ich werde ein vollständiges Geständnis unterschreiben. Sagen Sie mir einfach, was ich schreiben soll.« Das schien erhebliche Verwirrung zu stiften. Ich wurde zurück in meine Zelle gebracht und sah Spyker nie mehr. Die Verhöre hörten vollständig auf. Man eröffnete mir, dass ich in ein anderes Gefängnis verlegt werde.

Einige Tage später wurde ich abgeholt und informiert, dass draußen ein Wagen auf mich warte. Mit ein paar Wächtern als Begleitung trat ich aus dem Gebäude. Ich war gerade im Begriff, die Stufen hinunterzugehen, als ich einen heftigen Stoß spürte. Mit den Worten »Hau ab!« warfen sie mich die Treppe hinunter. Ich wurde nicht verlegt – ich war frei!

Ich wusste nicht, sollte ich vor Freude laut schreien oder lachen, als ich realisierte, was geschehen war. Was nun? Zuerst suchte ich ein Telefon, um meine Mutter anzurufen. »Ich wusste, dass du dir schreckliche Sorgen machst. Ich bin frei!« »Gott sei Dank, Sohn«, sagte sie: »Erinnerst du dich an Sister Baptist? Nun, ich spüre ihre Anwesenheit schon seit vielen Tagen, deshalb wusste ich immer, dass du in Sicherheit bist. Letzte Nacht sagte sie mir, dass du heute rauskommen würdest. Bitte richte ein spezielles Dankgebet an sie und an die Jungfrau Maria, meine beste Freundin.« Ich hatte gespürt, wie nahe mir meine Mutter und Sister Baptist in dieser schlimmen Zeit waren. An diesem Abend kamen viele Freunde zum Haus von Mike und Adrienne, die spontan ein Essen vom Typ »Brot und Fisch« zubereiteten. Immer wieder musste nachgelegt werden, da immer mehr Freunde ankamen.

Nach dieser Erfahrung wusste ich, dass das Leben nie wieder dasselbe sein würde. Ich stand vor einigen Herausforderungen. Wie sollte ich meine Entschlüsse erfüllen, die ich im Gefängnis gefasst hatte? Wie meinen Verpflichtungen zu einer neue Lebensweise gerecht werden? Wie sollte das praktisch aussehen? Ich wusste, dass es auch weiterhin viele Herausforderungen geben und dass ich von Zeit zu Zeit versagen würde. Aber ich wusste auch, dass ich irgendwie in einem praktischen Sinn Liebe und Freude in die Welt bringen musste. Als ich von der »Cape Times« interviewt wurde, bat ich die Redaktion, meinen speziellen Dank an den Gefängniswärter zu erwähnen. Sie druckten es auf der ersten Seite. Viele meiner Freunde waren entsetzt. Ich selbst jedoch hatte mich noch nie im Leben so im Einklang mit mir selbst gefühlt und solchen Frieden gespürt wie in diesem Augenblick.

Einige Zeit später erhielt ich von einem Sympathisanten eine kurze, aber wunderbare Geschichte des früheren jugoslawischen Dissidenten Mihaili Mihailov mit dem Titel »Mystische Erfahrungen im Gefängnis«. Ich war erstaunt, wie ähnlich unsere Erfahrungen gewesen waren. Der einzige Unterschied war, dass seine Erlebnisse in Sibirien eine viel längere Zeit des Leidens umfassten. Ich hatte ein enormes Gefühl der Solidarität und Freundschaft mit ihm und anderen, die ein ähnliches Schicksal erlitten.

Ich habe meine Erfahrungen zusammen mit Freunden reflektiert, wenn ich bei meinen Reisen darum gebeten wurde. Ich erzählte ihnen, dass ich privilegiert sei, solch eine Erfahrung gemacht zu haben – die Gelegenheit, mir selbst unter den eingeschränkten Bedingungen eines Gefängnisses zu begegnen, wo die Dinge so klar waren. Ich habe größtes Verständnis für jene, deren Gefängnisse nicht eindeutig definiert sind, wo alles verwirrend und kompliziert ist, weil so viel mehr Entscheidungen zu treffen sind. Die Gelegenheiten zu sündigen sind im Gefängnis begrenzt – draußen sind sie unbegrenzt.

Diese Erfahrung hat mich auch auf andere Situationen vorbereitet, wo ich mit der Sicherheitspolizei zusammenstieß. Später dauerte meine Zeit im Victor-Vester-Gefängnis beispielsweise viel länger, war aber wesentlich leichter zu ertragen. Die erste Erfahrung hat mir ein solides Fundament für mein Leben gegeben.

Amelia von Kew Town

Sie war eine einfache Frau, ohne jegliche Allüren. Sie sagte, was sie dachte, egal mit wem sie sprach. Amelia Lackay traf ich das erste Mal 1974 in Kew Town, einer Gemeinde von überwiegend Farbigen in den sich ausbreitenden *Cape Flats*. Ich hatte mir ein Jahr frei genommen von meinen religiösen Verpflichtungen und war per Anhalter von Pitermaritzburg in KwaZulu-Natal nach Kapstadt gefahren, das ich zuletzt während meiner Highschool-Zeit gesehen hatte. In Kapstadt wohnte ich bei einer bekannten Familie, wo ich anbot, meinen Unterhalt dadurch zu verdienen, dass ich das Haus putzte und das Abendessen kochte. Das hat gut funktioniert. Ich war es gewohnt, zum Morgengebet früh aufzustehen. So stand ich auch hier früh auf, erledigte meine Arbeit und hatte dann tagsüber frei. Da wanderte ich herum und suchte nach einem neuen Sinn für mein Leben. Ich hatte von einem Early Learning Centre in Kew Town gehört, das von einem Dr. Van der Ross geleitet wurde. Sein Zentrum konzentrierte sich auf den Aufbau von Vorschulen in Kew Town und interessierte mich brennend wegen seiner einzigartigen Ziele. Es schien dort eine Vorstellung davon zu geben, wie man eine Gemeinschaft mobilisiert und weiterentwickelt. Das Zentrum war in seiner Gemeinde gut verwurzelt und schien nach einer Vision zu arbeiten, die weit über Vorschulerziehung hinausging.

Das Zentrum lag im ärmsten Teil von Kew Town, einige Busstationen von dem Ort entfernt, wo ich wohnte. Es war von Wohnblocks umgeben, wo es nur Wäscheleinen und gepflasterte Höfe gab und weit und breit weder ein Baum noch eine Blume zu sehen waren. Dr. Van der Ross begrüßte mich freundlich, aber nachdem er mit mir geredet hatte, lehnte er mein Angebot ab, ein Jahr lang als Volontär für das Zentrum zu arbeiten. Er sei sicher, dass ich eine sinnvollere Arbeit finden würde. Er stellte mich jedoch einer kleinen Gruppe in seiner Einrichtung vor, die sich BABS nannte, die Abkürzung für »Build A Better Society«. Diese Initiativgruppe wollte in der Gemeinde die Entwicklung vorantreiben. Das war nicht im Sinne von Wohltätigkeit gemeint, sondern als umfassende

Gemeindeentwicklung von der Basis her – eine einzigartige Idee im damaligen Südafrika.

Der Leiter von BABS war ein Mann namens George Gibbs, der in Kew Town aufgewachsen war. Er lud mich ein, mit ihm einen Spaziergang durch das Viertel zu machen, um ein Gefühl für den Ort zu bekommen. Wir fingen mit den kleinen Häusern in der Nähe an. Dort trafen wir Leute eines Straßenkomitees. George erklärte, dass es in diesen Reihenhäusern recht gut laufe, dass es jedoch in den Wohnblocks große Schwierigkeiten gebe. Auf unserem Weg zurück ins Zentrum gingen wir an Block 1 der Mietskasernen vorbei, wo wir zufällig auf Amelia Lackay trafen. Sie hieß uns freundlich willkommen, sagte aber gleich freimütig: »Schön, Sie zu sehen! Ich hoffe, Sie sind nicht wie diese BABS-Leute hier, die in ihren Büros hocken und Angst haben, in unser Ghetto zu kommen. Sie laufen jeweils schnell an unseren Wohnungen vorbei und gehen lieber in die besseren Wohngebiete. Ja, George, Leute wie ihr kümmern sich nicht um uns, ihr kümmert euch nur um eure Posten.« George protestierte und wurde sichtlich verlegen.

Nach einer Weile gingen wir weiter und ich fragte den BABS-Leiter nach Amelia. »Mach dir über sie keine Gedanken – sie redet immer so. Wir sind inzwischen an sie gewöhnt. Eins ihrer Kinder ist im Zentrum und sie gehört zu unserer Gruppe zur Unterstützung der Mütter.« Ich hatte eine Idee: »George, macht es dir etwas aus, wenn ich morgen wiederkomme und in diesen Wohnblocks etwas ausprobiere? Ihr habt klargemacht, dass ihr keinen Volontär annehmen könnt, aber was soll's – wirst du mitkommen?« George war einverstanden. Wir kamen am nächsten Tag zurück, dabei hatten wir immer noch Amelias Kritik im Kopf. Ich brachte meine Gitarre mit. Beim Singen und Klimpern fühlte ich mich auf sicherem Gebiet. Kinder sind Kinder, egal unter welchen Bedingungen sie leben, und sie reagieren alle auf Musik.

Wir gingen in den ersten Hof zwischen zwei Wohnblocks, wo ein paar Kinder herumlungerten. Ich rief sie herbei und begann, ihnen ein paar einfache Songs beizubringen. Sie machten sofort mit – ich wusste, dass sie das tun würden – und nach ein paar Minuten kamen andere Kinder dazu. Eine Stunde später waren mehr als 100 Kinder bei uns versammelt. Ich wusste, dass der Weg zu den Herzen der Eltern über ihre Kinder ging. Nach ein paar Stunden fragte ich die Kinder, wer gerne hätte, dass ich ihn zu Hause besuche. Was für eine dumme Frage – natürlich hoben alle sofort die Hand. Wir begannen mit dem kleinen Julian. Wir stiegen die Treppen hoch bis in den vierten Stock, wo wir Julians Mutter trafen – ich und eine Schar von 100 Kindern. Dieser Vorgang wiederholte sich, und wir bewegten uns von einem Block zum anderen, bis wir schließlich zu Block 1 kamen, wo Amelia wohnte. Ich klopfte an ihre Tür. Sie lächelte freundlich und hieß mich willkommen: »Kommen Sie herein und trinken Sie eine Tasse Tee! Auch wir können Tee machen und euch etwas anbieten, nicht nur die feinen Leute auf der anderen Seite. Kommen Sie herein, kommen Sie herein!« Ich trat ein, und wir unterhielten uns eine Weile. Ich war beeindruckt vom Enthusiasmus, von der Energie und dem Geist dieser Frau. Sie lebte mitten in misslichen Bedingungen und stand gleichzeitig irgendwie darüber.

Zurück im Zentrum fragte mich Dr. Van der Ross, wie die Aktivitäten am Morgen gelaufen seien. Als George gerade erklärte, dass es ein interessanter Vormittag gewesen sei, platzte plötzlich Amelia unangemeldet herein. »Doktor, jy moet hom definitief kry, want hy kan werk met ons mense!« – Doktor, den müssen sie definitiv einstellen, da er mit unseren Leuten arbeiten kann. Amelias Beherztheit schien im Kopf von Dr. Van der Ross einen Schalter umzuknipsen. Nachdem er mich Amelia vorgestellt hatte, sagte er, er müsse es sich wohl noch einmal überlegen und mich vielleicht als Volontär arbeiten lassen..

So wurde eine Abmachung getroffen. Ich war nun offiziell ein Volontär und bekam sogar eine kleine Vergütung für meine täglichen Fahrten. George und ich setzten uns zusammen und besprachen, was genau ich tun sollte. Ich erklärte George, dass nach meinem Gefühl meine erste Aufgabe wäre, die Leute im Viertel kennenzulernen. Wenn er nur in den nächsten paar Monaten etwas Geduld mit mir hätte, könnte ich mithelfen, bei den Mietern der Wohnblöcke ein Bewohnerkomitee aufzubauen. Für mich war es klar, dass die vielen Frauen, die ihre

Tage zu Hause verbrachten, der Schlüssel zu dieser Idee waren und dass man am besten bei Amelia beginnen sollte. »Okay, aber sei ein bisschen vorsichtig mit Amelia, da sie es manchmal etwas zu weit treiben kann«, sagte George. Ich war froh, freie Hand zu haben und so arbeiten zu können, wie es mir am natürlichsten schien.

Während der nächsten Wochen war meine Strategie recht einfach. Ich kam immer wieder auf Amelia zurück wie eine Brieftaube in ihren heimischen Stall. Sie war gern mit mir zusammen, und ich hatte sie gern um mich als meine Augen und Ohren. Ich verbrachte ganze Tage draußen auf den Straßen. Meine tägliche Routine war, mit den Kindern in den Höfen zu singen und zu spielen, ein paar Eltern zu treffen und dann schließlich zur örtlichen Bücherei zu gehen, wo Amelia mich zwei wunderbaren Frauen vorgestellt hatte, Suraya und Fatima, welche die Bücherei leiteten. Hier ging es darum, den Kindern Geschichten zu erzählen. Nach ein paar solchen Nachmittagen bemängelte ich, dass es keine Erfrischungen gab. Suraya und Fatima reagierten darauf, indem sie große Mengen köstlicher, duftender Samosas (Teigtaschen) frittierten, die wir dann mit großem Vergnügen zusammen aßen. Ich bekam allmählich den Ruf eines Rattenfängers von Hameln, nur eben in Kew Town. Diese Aktivitäten mit den Kindern waren ein riesiger Erfolg, dank der Unterstützung durch Amelia und ihre Freunde.

Eines Tages stellte sie mir einen kleinen Jungen namens Plurie vor. Er war nicht mehr als sechs Jahre alt und hatte eine kleine, leicht gehbehinderte Schwester, die immer hinter ihm herhumpelte. Sie kamen aus einer sehr armen Familie. Beide Kinder waren offensichtlich vernachlässigt, der Vater Alkoholiker und die Mutter anscheinend abwesend. Amelia übernahm die Rolle einer Mutter für Plurie – ein schwieriges Kind, in dem sich Wut und Aggressionen aufgestaut hatten. Amelia brachte ihn und seine Schwester in unsere Kindergruppe. Plurie machte uns mit seiner Aggressivität dauernd Schwierigkeiten und wir mussten regelmäßig eingreifen. Amelia setzte sich für sein Bleiben ein, da er grundsätzlich ein guter Junge sei.

Ein Wendepunkt kam, als Plurie mit seiner Aggression einen Schritt weiter ging und ein anderes Kind mit einer zerbrochenen

Flasche angriff. Das war zu viel und verlangte eine strengere Reaktion von mir. Ich packte ihn und schlug ihn heftig auf die Finger, worauf er laut aufschrie. Danach hielt ich ihn einige Zeit fest – einige Minuten lang – und fragte ihn, ob wir wieder Freunde sein könnten. Nachdem er ein paar Tränen vergossen hatte, willigte er ein. Ich bat ihn dann, für meine Gruppe Gruppenführer zu werden, und sagte, dass dafür jeden Tag einige Pflichten zu erfüllen seien und dass ich informiert werden müsse, wenn ein Kind Schwierigkeiten habe, so dass er und ich zusammen auf die uns mögliche Weise helfen könnten.

Plurie wurde zum zuverlässigsten und engagiertesten Kind und ein guter Gruppenführer. Er sagte mir Bescheid, wenn ein Kind zu Hause Probleme hatte, und setzte sich für viele Kinder ein. Wirklich, Amelia hatte recht gehabt. Indem wir das kleine menschliche Wesen in ihm positiv bestärkten, konnten wir zu ihm durchdringen, und er wuchs über sich hinaus. Ich gehörte ein Jahr lang zu Pluries Leben. Amelia sorgte weiterhin für ihn, und ihre Fürsorge trug Früchte. Jahre später kaufte ich auf einer Reise eine Schweizer Uhr für ihn und fand ihn mit Hilfe von Amelia. Er arbeitete auf einem Postamt. Plurie war zu einem wunderbaren jungen Mann herangewachsen und hatte einen verantwortungsvollen Posten in einem wohlhabenden Vorort. Ich gab ihm die Uhr und wir umarmten uns voller Freude.

Die Gangs

Kew Town war berüchtigt für seine Gangs. Es gab nicht weniger als 14 Gangs in der Gegend. Es gab die Teenager-Banden wie »The Rabbits« und »The Ayas«, Gangs für erwachsene Männer wie »The Naughty Boys« und die wirklich gefährlichen »Terrible Jesters«, alte Hasen mit Gefängniskarriere und Verbindungen zu den 26ern und 28ern, den berüchtigten Gefängnisbanden, die heute noch aktiv sind. Sie waren eine Plage für die Gemeinde und übten eine Schreckensherrschaft aus.

Einer von Amelias Söhnen gehörte einer Gang an. Das machte ihr immer Sorgen, obwohl sie so tat, als ob die Gang ihres Sohnes eher etwas wie ein Freizeit-Club sei. Sie selbst hatte wenig Furcht vor Bandenmitgliedern und schimpfte oft mit ihnen, als ob sie ihre eigenen Söhne wären. In Wirklichkeit konnten diese Banden jedoch gewalttätig und rücksichtslos sein. Mir wurde klar, dass wir die Sache angehen mussten, bevor es zu einer wirklichen Weiterentwicklung in der Gemeinde kam.

Amelia machte mich allmählich mit allen Bandenmitgliedern bekannt, die bei den Wohnblocks herumlungerten, wo sie Karten spielten oder herumhingen. Es war wichtig für mich, in dieser Umgebung gesehen zu werden und zum Straßenbild zu gehören, um in der Gemeinschaft akzeptiert zu werden. Aber dazu brauchte man Leute wie eine Amelia Lackay. Durch sie wurde ich auch für das Leben der Frauen in diesem Umfeld sensibilisiert. Alkoholismus war weit verbreitet, was zum stillen Leiden vieler Frauen führte. Sie akzeptierten ihr Los, fast jedes Wochenende geschlagen zu werden. Während wir gemeinsam durch die Gemeinde liefen, hatte Amelia viele Geschichten über die Familien zu erzählen, die wir dort trafen. Sie war wie eine Sozialarbeiterin für die ganze Gemeinde.

Unsere Tage in der Gemeinde bekamen mit der Zeit eine andere Struktur. Am Vormittag spielte ich mit den Kindern, besuchte nachmittags Eltern zu Hause und lernte am späteren Nachmittag und Abend die Bandenmitglieder kennen. Amelia führte mich auch zu den zwei Grundschulen im Viertel und zur bekannten Highschool »Spes Bona«, die etwas weiter entfernt lag. Franklin Sonn, der Schulleiter, war freundlich und nahm uns herzlich auf. Amelia war eine Netzwerkerin par excellence. Durch sie habe ich eine Reihe von Leuten getroffen, die ein starkes Netz von Freundschaften und Unterstützung bildeten, das viele Jahre lang hielt. Nach und nach lernte ich dort, Gemeindearbeit zu organisieren und eine Entwicklung anzustoßen. Amelia dachte, dass wir die Mütter ansprechen könnten, um an die Banden heranzukommen. So begannen wir uns systematisch auf die Frauen zu konzentrieren, nicht nur auf Mütter von Bandenmitgliedern. Wir bildeten die Frauengruppe »Carmel Loving Care«, die sich um Kinder und ihre Familien kümmerte. Sie arbeitete auch ganz praktisch für Jobs für Jugendliche, Essensprojekte in den Schulen und die Finanzierung von Projekten durch den Verkauf von Tee und Kuchen. Die Frauen gründeten auch kleine Gruppen für Handarbeiten und Werken und kreierten wunderbare Sachen aus Abfallmaterial, das sie durch die Beziehungen von Dr. Van der Ross und anderen geschenkt bekamen.

Mit Amelia an der Spitze nahm Carmel Loving Care innerhalb von drei Monaten beachtliche Proportionen an. Muslimische und christliche Frauen arbeiteten zusammen, was zuvor nie geschehen war. Die Anwesenheit vieler muslimischer Frauen half mir, die speziellen Probleme zu verstehen, mit denen muslimische Frauen konfrontiert waren. Dies half mir dann später, als ich mit der *Muslim Assembly* zusammenarbeitete.

Die Gruppe begann, Bandenmitglieder in Schlüsselpositionen einzubeziehen, insbesondere einen Typ, der bei allen als »Baptist« bekannt war. Er wurde in Bandenkreisen respektiert und hatte einen gewissen Charme und eine beeindruckende Persönlichkeit. Amelia fragte Baptist, ob er uns bei unserem Essensprojekt in der Grundschule von Kew Town helfen könnte, und er stimmte bereitwillig zu. Nach einer Woche begann Baptists Gang Nahrungsmittel beizusteuern. Die Gang-Mitglieder halfen den Frauen, die schweren Suppentöpfe zur Schule zu tragen. Natürlich aßen sie dann auch ihren Teil, aber das war völlig in Ordnung.

Nun war Amelia höchst motiviert und brachte die Idee auf, die Einrichtungen des Zentrums zu nutzen und den Frauen an Samstagnachmittagen Filme zu zeigen. »Wir müssen Filme mit wirklichen Dramen bekommen, so dass die Frauen schön heulen können«, sagte sie. Das schien gut zu funktionieren.

Eine Sorge blieb jedoch, dass man nämlich früher oder später das Problem mit den Banden angehen musste. Der einzige Weg, sie wirklich kennenzulernen, war, abends nach Anbruch der Dunkelheit präsent zu sein, wenn sie sich in großer Zahl versammelten. Ich besprach das mit Amelia. Sie schlug eine kleine Zusammenkunft in ihrer Wohnung vor, wo man sich mit Bandenmitgliedern treffen und mit ihnen reden könnte. Das erwies sich als teilweise erfolgreich. Es tauchten einige von ihnen auf, und wir fragten sie, was ihrer Ansicht nach ihre größten Probleme seien. Die Gang-Mitglieder beschrieben uns, wie sie von der Polizei benutzt und schlecht behandelt würden. Sie erklärten, die Polizei mache häufig Razzien wegen »Dagga«, wie Marihuana hier genannt wurde, dabei konfisziere sie große Mengen für den eigenen Gebrauch. Zentrumsleiter Dr. Van der Ross wurde gebeten, dies alles dem Polizeipräsidenten zu erzählen.

Ich hatte das Bedürfnis, nun mit den Gangs zu ihrer Zeit und unter ihren Bedingungen zusammenzutreffen. Deshalb fragte ich Amelia, ob ich in ihrer Wohnung übernachten könne, in einer kleinen Ecke. Sie war gleich einverstanden. Ich arbeitete damals abends manchmal in Restaurants als Folksänger. Ein Lokal lag nicht weit von Kew Town entfernt. Nach einer Session ging ich eines Nachts ungefähr um Mitternacht zurück nach Kew Town.

Es war klar, dass ich nicht lange auf den vertrauten Wegen gehen musste, bis ich eine Gruppe von Typen mit so genannten Pangas treffen würde – diese langen Buschmesser glänzten im Mondschein. Das war eine brenzlige Situation und ich wog meine Möglichkeiten ab – schnell das Weite suchen oder einfach auf sie zugehen. Ich beschloss, auf sie zuzugehen, zwar mit erheblichem Zittern in den Beinen, aber das musste ich nun einfach tun. Da geschah etwas Erstaunliches. Als ich mich der Gruppe näherte und sie normal grüßte, grüßten sie zurück. Wir blieben zusammen stehen, redeten ein wenig miteinander und verabschiedeten uns schließlich.

Natürlich wussten sie, wer ich war. Aber ich fühlte, dass Gangs nach einem bestimmten Schema funktionieren. Sie verstehen Angst und Aggression und können damit umgehen. Doch sie sind nicht darauf programmiert, mit normalen menschlichen Reaktionen umzugehen, wo Angst keine Rolle spielt. Die Folge ist, dass sie ebenfalls natürlich reagieren, wenn ihnen mit Freundlichkeit begegnet wird. Ich habe schon von vielen solchen Begegnungen gehört. Eine der bekanntesten geschah um 1800 zwischen dem Quäker Richard Gush und feindseligen, kriegerischen *Xhosa*-Stämmen im Eastern Cape. Anstatt zu fliehen oder sich mit Waffen zu schützen, machte er sich die Mühe, auf sie zuzugehen, zu grüßen und freundlich zu sein. Es war ein Fall von Überzeugung durch Freundlichkeit. Ich erlebte hier mitten in der Nacht eine ähnliche Situation.

Nach diesem Erlebnis spürte ich große Erleichterung und ein Glücksgefühl, fast wie ein Kind, das ein besonderes Geschenk bekommen hat. Amelia war beeindruckt. Ich hatte auch das Gefühl, dass eine wirkliche Beziehung mit den Gangmitgliedern aufgebaut war, die weiterentwickelt werden konnte. Das Leben war schön!

Nach einem kalten und nassen Winter in Kapstadt begann Carmel Loving Care mit einer Reihe von Aktivitäten, die in ihren Auswirkungen allmählich die ganze Gemeinde veränderten. Mit der örtlichen Grundschule als Basis und mit der Unterstützung durch BABS begann eine große Putzaktion, die sich als riesiger Erfolg erwies. Eine große Zahl von Leuten machte mit, und Kew Town war wie verwandelt. Darauf folgten innovative Aktivitäten von Jugendlichen aus der Gemeinde. Langsam spürte man, dass hier das Networking – dieses heute inflationär gebrauchte Wort – immer wirksamer wurde.

Als Nächstes schlug Amelia dank ihrer zahlreichen Kontakte eine Varietee-Show vor und einen Schönheitswettbewerb für die jungen Frauen von Kew Town. Es gelang ihr, einen örtlichen Impresario namens Zakie zu gewinnen. Schulleiter Franklin Sonn überließ uns die Aula der Schule, und mehrere Geschäfte boten ihre Unterstützung an, alles dank Amelias entschlossener Werbekampagne von Tür zu Tür. Das Ergebnis war ein unglaublicher Erfolg. Zakie stahl allen die

Schau als hervorragender Comedian. Eine gewisse Aufregung gab es bezüglich des Schönheitswettbewerbs, da die meisten jungen Frauen kaum eine Vorstellung davon hatten, wie frau sich auf solch ein Ereignis vorbereitet. Kleine Eifersüchteleien brachen aus, die bis zu unkontrollierten und zügellosen Beschimpfungen eskalierten, wie sie in den Cape Flats oft vorkamen. Einige Frauen hatten doch etwas zu ausladende Maße für einen Schönheitswettbewerb, aber sie waren nicht dieser Meinung. Wer konnte sie schon davon abhalten? Ach, alles Gute hat doch seine Schattenseiten. Die Modeschau war dennoch spektakulär und die Zuschauer waren begeistert von all der vorgeführten Schönheit und Extravaganz. Die gesamte Veranstaltung erzielte einen beachtlichen Erlös, der es den Frauen ermöglichte, weitere Projekte in der Gemeinde zu planen.

Das nächste große Ereignis war ein Jahrmarkt, der das ganze Wochenende dauerte und ein überwältigender Erfolg war. Angeführt von Amelia brachten die Frauen von Carmel Loving Care alle Geschäfte der Umgebung dazu, sich zu engagieren. Amelia überredete die Gangs für die Sicherheit beim Jahrmarkt zu sorgen – so bewachten Leute die Autos, die sie sonst vielleicht selbst geknackt hätten. Es klappte hervorragend. Am Jahresende hatten die Leute auch ein bisschen Geld und waren in Feierlaune. Es gab Imbissbuden, Spiele, Verkaufsstände, eine lokale Band spielte, Trommelzüge marschierten durch die Stadt, und Dr. Van der Ross und andere hielten Reden. Amelia hielt sich im Hintergrund und lehnte Anerkennung ab. Kew Town war zum Leben erwacht. Hauptmotor dieser Entwicklung waren Frauen. Sie wurden geleitet von einer einfachen, entschlossenen und liebevollen Frau, einer wahrhaftigen Aktivistin der Gemeindearbeit mit außerordentlichem Organisationstalent – Amelia Lackay.

Amelia und ich blieben viele Jahre lang in Kontakt und sind es heute noch. Durch ihr Beispiel und ihre Beziehungen wurde in meinem Leben ein Fundament gelegt für viele weitere Aktionen, die alle eine enge Kooperation mit vielen Menschen im gleichen Geist und mit gemeinsamen Zielen erforderten. Amelia bemühte sich auch um die geringsten Personen in ihrer Gemeinde. Immer suchte sie nach einem Job für einen schwierigen Teenager, bat mich nach dieser oder jener älteren Person oder einem vernachlässigten Kind, einem Jugendlichen in einer Zelle oder der Mutter eines Bandenmitglieds zu sehen. Auch heute, Jahrzehnte nach unserem gemeinsamen Jahr in Kew Town, ruft sie immer mal wieder an und fragt, ob ich nicht eine Stelle wüsste für eine qualifizierte Näherin, die wirklich gute Arbeit leiste, der es aber gerade schlecht gehe.

Ein Denkmal für Anna

Ich kenne nicht einmal ihren Nachnamen. Bedauerlicherweise weiss ich sehr wenig über diese Frau. Doch ohne Anna wären meine Geschichten unvollständig. Diese liebe und wunderbar tapfere Frau ist quasi meine unbekannte Heldin dieser Zeit.

Anna gehörte zu einer kleinen informellen Siedlung, die als Lourdes Farm bekannt war. Ich wurde von einer Mrs. Pretorius gerufen, von einer Bewohnerin dieser Siedlung. Sie hatte von unserer Menschenrechtsorganisation gehört und brauchte Unterstützung, da ihre Siedlung unter ständiger Bedrohung, ja sogar direkten Angriffen durch staatliche Stellen zu leiden hatte. Die Gemeinde bestand größtenteils aus Coloureds, so genannten Farbigen. Coloureds war eigentlich eine Apartheid-Bezeichnung für die Menschen, die ursprünglich im Western Cape lebten. Die Coloureds konnten nicht in ein so genanntes *Homeland* deportiert werden, da das Western Cape ihre Heimat, ihr Homeland, war. Dennoch waren sie – da sie in Hütten wohnten – für den Staat inakzeptabel und ihnen drohten Zwangsräumung, Vertreibung und die Zerstörung ihrer Hütten wie jeder anderen Gemeinschaft so genannter Illegaler. Tatsächlich lebten in Lourdes Farm wie in anderen informellen Siedlungen sowohl Schwarze als auch Coloureds, und zwischen ihnen bestand eine natürliche Solidarität. Dies war so trotz der Politik der Regierung, die verschiedenen Rassen getrennt zu halten gemäß der Taktik: Teile und herrsche.

Mrs. Pretorius war eine der Führungsfiguren in Lourdes Farm. Sowohl sie als auch Anna sprachen reinstes Afrikaans, was ein großer Vorteil war im Umgang mit Beamten der *Afrikaaner.* Gut gesprochenes Afrikaans besänftigte oft ihre Haltung und sie reagierten ganz anders als gegenüber der englischen Sprache. Staatsbeamte waren bezüglich Englisch recht empfindlich – eine Reaktion auf die Ära, als die Briten Südafrika beherrschten und die Afrikaaner die Unterdrückten waren. Mrs. Pretorius erklärte mir, dass ihre Siedlung das ständige Ziel eines Staatsbeamten mit dem Namen Slabbert sei. Er war als brutaler Tyrann verhasst und gefürchtet. Er kam gewöhnlich schwer bewaffnet in die Siedlung, stolzierte großtuerisch herum und suchte sich willkürlich das Haus eines Opfers aus. Seine Methode war es, sein Fahrzeug mit Vierradantrieb mit angeschlossener Zugkette zu benutzen. Die Kette wurde dann um die Hütte des unglücklichen Opfers geworfen, und er riss das ganze Gebäude nieder, zusammen mit Möbelstücken, die sich noch darin befanden, wenn der Arme sie nicht rechtzeitig hatte beseitigen können. Die zusammengebrochene Hütte wurde dann auf sein Fahrzeug geladen und fortgebracht, so dass das Opfer nicht ohne beträchtliche Mühen, Zeitaufwand und Kosten neu bauen konnte. Typen wie Slabbert gab es in vielen Townships. Manche rissen die Hütten nicht nur ab, sondern zündeten sie auch an.

Ich hörte die Horrorgeschichten aus Lourdes Farm und sah, wie sich die Menschen vor dem bösartigen Slabbert fürchteten. Alle waren nervös und fragten sich, wann und wo dieser Tyrann als Nächstes zuschlagen würde. Es war klar, dass man als ersten Schritt versuchen musste, die gewaltsame Herrschaft von Slabbert zu brechen. Der einzige Weg war, dass sich die Menschen durch eigene Aktionen befreien und ein Gefühl der Zielgerichtetheit und Solidarität entwickelten. Anna wurde in eine kleine Arbeitsgruppe gewählt, die Mrs. Pretorius leitete. Wir begannen damit, diese kleine Gruppe als Repräsentanten für ihre Gemeinde mit ähnlichen Gruppen in anderen Gemeinden zusammenzubringen, die angegriffen wurden, so dass sie ein Gefühl der Solidarität entwickeln konnten.

Die nächste Aufgabe für die Gruppe war, das Vertrauen der Gemeinde zu gewinnen und sie dazu zu bringen, über ihre Gefühle hinauszusehen. Furcht und Unterdrückung hatten die Gemeinde schon zu lange beherrscht. In einer Kampagne von Tür zu Tür sollte Überzeugungsarbeit geleistet werden. Anna war hochschwanger und konnte sich nur mit einer gewissen Schwierigkeit bewegen. Das gemeinsame Ziel war ihr aber so wichtig, dass sie dieses Opfer gerne brachte, selbst wenn es bedeutete, dass sie ihre vier kleinen Kinder während ihrer Werbekampagne allein zu Hause lassen musste.

Mrs. Pretorius blieb die Leiterin, und ihr Haus war der zentrale Ort für Gebete und Versammlungen. Ein kleiner Nachteil war die Tatsache, dass Mrs. Pretorius eine ausgeprägte Vorliebe für Alkohol hatte und gelegentlich illegal entsprechende Getränke verkaufte. Deshalb musste Anna häufig die Führungsrolle übernehmen, obwohl sie in anderen Umständen war. Trotzdem stellte niemand das Engagement von Mrs. Pretorius und ihre führende Rolle in Frage – ihre Unterstützung war wichtig.

Durch die Kampagne begann sich allmählich ein Unterstützungsnetz in der Siedlung aufzubauen. Wir waren nun in der Lage, Ersatz für das Baumaterial zu organisieren, das Slabbert konfisziert hatte. Mehrere Baufirmen und Abrissunternehmen erklärten sich bereit, denen, die ihre Hütten verloren hatten, Baumaterial zu spenden und zu liefern. Diese Unternehmen waren oft solidarisch, weil viele ihrer eigenen Arbeiter unter ähnlichen Bedingungen lebten.

Es zeigte sich aber bald, dass Slabbert nicht nachlassen würde. Es zeigte sich auch, dass Materialien wie Holz und Blechabdeckungen ungünstig waren, wenn man sein Haus ausräumen und in größter Eile abbauen musste. Um schneller zu sein begannen die Leute, billige schwarze Plastikfolien als Wände zu benutzen. Diese hatten deutliche Vorteile; sie waren leicht, hielten den Regen ab und konnten innerhalb von Minuten abgenommen werden, wenn eine Abreißaktion drohte. Die Nachbarn halfen einander. Sie versammelten sich sogar am Ort eines Abrisses, umringten die Beamten und sorgten so für Ablenkung, womit sie es ihnen schwer machten – aber nicht unmöglich – ihr Werk der Zerstörung durchzuführen.

Sobald das interne Netz zu einer beachtlichen Größe gewachsen und die Menschen zuversichtlicher waren, konnten sie ernsthaftere Aktionen unternehmen. Eine Reihe von Treffen zwischen örtlichen Behörden und Delegationen von Lourdes Farm unter der Leitung von Mrs. Pretorius fanden statt. Unsere Menschenrechtsorganisation war ebenfalls immer anwesend und begleitete die Leute mit sorgfältig geplanter Medienunterstützung. Diese Art von Aktionen verlieh der Gemeinde allmählich mehr Stärke.

Die Zerstörungsaktionen von Slabbert gingen etwas zurück, als seine Taktik durch die Presse öffentlich wurde. Das Divisional Council, die von Afrikaanern dominierte Stadtverwaltung von Kapstadt, zog sich ein wenig zurück und versuchte einige der schlimmsten

Übergriffe zu leugnen, bestand aber darauf, dass sie das Recht hätten, illegale Siedler gewaltsam zu entfernen – das sei ihre Aufgabe. Die Vorstellung, die sie hatten und die sie verbreiteten, war, dass solche Squatter per se Kriminelle seien – dieses Image mussten wir bekämpfen.

Wir begannen Gruppen von verschiedenen Kirchengemeinden nach Lourdes Farm zu führen. Sie konnten an Gebetsstunden in Mrs. Pretorius' Haus teilnehmen und Leute in ihren Hütten besuchen. Die Medien spielten ihre Rolle, indem sie Bilder vom Inneren dieser kleinen Häuser veröffentlichten. Es ist interessant, wie diejenigen, die Gewalt propagieren, ihre Opfer zu entmenschlichen versuchen, um ihre unmenschlichen Aktionen leichter zu rechtfertigen. In den Köpfen der Menschen hatte sich die Vorstellung festgesetzt, dass die Bewohner der Hütten gefühllose, schlampige Kriminelle seien, die wie Schweine lebten. Was für ein anderes Bild bot sich ihnen, als sie durch die Medien und den persönlichen Austausch mit der Sauberkeit und Gastfreundschaft der Bewohner von Lourdes Farm, wie zum Beispiel Anna und anderen, konfrontiert wurden.

Eines Tages führte ich gut situierte Besucher durch ein *Squatter-Camp* ähnlich wie Lourdes Farm. Die Enge und Armut, die sich meilenweit ausdehnte, war für manche zu viel. Einige mussten sich übergeben und andere fühlten sich sichtbar unwohl. Erst als sie in einer sauberen Hütte saßen, Tee tranken und sich mit den Besitzern unterhielten, konnten sie sich langsam von der einfachen Tatsache überzeugen, dass diese auch menschliche Wesen waren wie sie selbst.

Im Gegensatz zur öffentlichen Wahrnehmung gehörten diese Camps zu den sichersten Orten der Welt, weil die Leute sich umeinander kümmerten. Ein Beispiel zeigt dies anschaulich: Ich wurde eines Tages von einer Krankenschwester der Groote Schuur Klinik angerufen, die dringend eine Frau in *Crossroads* über das Datum ihrer Operation informieren musste. Sie hatte keine Ahnung, wie sie diese Nachricht überbringen sollte. Alles, was sie hatte, war ein Name. Ich bat sie, eine Notiz zu schreiben, mit dem Namen der Frau, und zehn Kopien davon zu machen; diese verteilte ich dann auf verschiedene Weise. Einige gab ich Taxifahrern mit, die nach Crossroads fuhren, andere verteilte ich an so genannte Spaza Shops von informellen Händlern, die ich nach dem Zufallsprinzip auswählte. Die Nächstenhilfe war bereitwillig und zuverlässig. Die Frau erhielt ihre Nachricht und nahm ihren Termin wahr.

Die Treffen der Lourdes-Farm-Leute mit der Stadtverwaltung mögen die Mitglieder der Arbeitsgruppe vielleicht ermutigt und bestärkt haben, aber sie erreichten zu wenig, um die grundsätzliche Haltung der Verwaltung zu verändern. Sobald die Aufmerksamkeit der Medien nachgelassen hatte, fielen die Behörden wieder in ihre alte Gangart zurück und begannen ihre Anstrengungen zu verdoppeln, um diese Siedlung zu vernichten. Slabbert wurde kühner, und seine Zerstörungen setzten sich in noch größerem Ausmaß fort. Wir mussten einige Gruppenmitglieder evakuieren, die keine gültigen Papiere hatten. Die Gruppe verzweifelte allmählich. Eine spezielle Gebetsversammlung wurde vor Mrs. Pretorius' Haus einberufen, und es folgte eine intensive Diskussion darüber, was sie tun konnten, um sich zu schützen.

An einem gewissen Punkt erhob sich Anna und sagte mit zitternder Stimme, dass es Zeit sei, gegen die Regierung zu demonstrieren, einen Protestmarsch zu organisieren, Aufmerksamkeit zu fordern und ihr Leiden bekannt zu machen. Die ganze Gruppe stimmte zu. Ein Zeitpunkt wurde festgesetzt und Einzelheiten diskutiert. Um die Möglichkeit zu verringern, dass es zu Gewalt kommen könnte, und um die Sympathien in den Medien und weiteren Teilen von Kapstadt zu erhöhen, wurde vereinbart, dass die Mehrheit der Demonstranten Frauen sein sollten.

Ich lobte Anna und Mrs. Pretorius für ihren Mut, solch eine Aktion zu unternehmen, wohl wissend, dass es illegal war, was sie taten. Zu jener Zeit gingen Polizei und Armee gewöhnlich sehr hart mit Protestmärschen um, und Demonstrieren bedeutete ein großes Risiko bezüglich persönlicher Sicherheit. Anna sagte mir gegenüber leise, dass sie wirklich etwas Angst habe wegen ihres ungeborenen Kindes und auch wegen sich selbst, und sie wisse nicht, was mit ihren Kindern geschehe, wenn ihr etwas passiere. Ich bat sie, vorsichtig zu sein; sie hatte ihre Unterstützung für die Sache schon deutlich gezeigt und musste auf ihre Gesundheit achten.

Der Protestmarsch sollte am Vormittag beginnen und entlang der Lansdowne Road zu den Ämtern der Verwaltung führen. Eine Petition war verfasst und die Medien mobilisiert. Am Tag des Protestmarsches entschloss sich Anna teilzunehmen. Nichts konnte sie davon abhalten. »Ich muss das tun, für meine Kinder und für meine Gemeinde«, meinte sie.

Der Protestmarsch setzte sich langsam in Gang und wurde mächtiger, da sich unterwegs Sympathisanten anschlossen. Landsdowne war eine der Hauptstraßen und führte durch mehrere Viertel. Als die Demonstration anschwoll, hörte man Polizeisirenen, und der Verkehr kam fast zum Erliegen. Erstaunlicherweise erreichten die Demonstranten ihr Ziel ohne größere Störungen, trotz der massiven Polizeipräsenz. Die Verwaltungsgebäude waren von Beamten und bewaffneter Polizei umringt, die sich in Bereitschaft hielten. Die Frauen stellten jedoch keine Bedrohung dar, und der Ausdruck ihrer Gesichter machte deutlich, dass die Polizei nicht recht wusste, wie sie mit ihnen umgehen sollte.

Zusammen traten Mrs. Pretorius und Anna vor die Menge. Ich konnte hören, wie Anna Mrs. Pretorius ins Ohr flüsterte, sie solle keine Angst haben. Dann fing Anna an zu sprechen: »Sie sehen uns, Slabbert – wir haben keine Angst vor Ihnen. Wir sind hier, um Ihnen zu sagen, dass wir keine Ihrer Aktionen weiter hinnehmen werden. Heute sagen wir, es ist genug! So ver en nie verder nie! Bis hier und nicht weiter!« Sie übergab ihm die Petition. Slabbert war auf einmal völlig stumm und schien sich fast zu schämen. Das hatte er nicht erwartet. Dies waren genau die Leute, die ihn immer gefürchtet hatten. Er nahm die Petition ohne ein Wort in Empfang und bat dann alle, sich zu zerstreuen. Alle fühlten sich großartig. Eine Erklärung war abgegeben worden, und noch wichtiger, die Menschen hatten ihre Furcht überwunden. Ein wunderbarer erster Schritt war erfolgreich getan. Wir mussten nun zu den nächsten Schritten übergehen.

Der Protestmarsch hatte an einem Freitag stattgefunden. Früh am Sonntagmorgen erhielt ich einen dringenden Anruf, mit Anna passiere etwas Schreckliches. Da ich die Panik in der Stimme des Anrufers hörte, ließ ich alles stehen und liegen und fuhr schnell zur

Lourdes Farm. Annas kleine Wohnung war voller Leute. Alle waren in einem Schockzustand. Annas schlimmste Befürchtungen waren wahr geworden. Die anstrengenden Aktivitäten der letzten Tage hatten ihren Tribut gefordert. Sie hatte in der Nacht angefangen zu bluten, hatte nach ihren Kindern gerufen, war aber zu schwach, um ihnen den Ernst ihrer Lage zu erklären. Als sie schließlich zu Nachbarn liefen, um Hilfe zu holen, war es zu spät. Die Nachbarn kamen und wurden nur noch Zeugen ihrer letzten Atemzüge, als sie vor ihren Augen und denen ihrer Kinder still verschied.

Wie tröstet man Kinder angesichts solch einer Tragödie? Wie erklärt man das? Wie sagt man den Kindern, dass sie es für sie getan hat? Und wer würde nun für sie sorgen? Diese Fragen rasten durch meinen Kopf. Ich war wie betäubt. Anna hatte keine Verwandten in der Nähe. Wie sollten wir mit der Situation umgehen? Nur einfach mit Geld zu helfen war offensichtlich keine Lösung. Ich überlegte, ob ich die Kinder zu mir nehmen könnte. In jenen ersten Augenblicken nach ihrem Tod stand ich Qualen aus, als ich diese Möglichkeit erwog. Es würde eine lebenslange Verpflichtung bedeuten. Konnte ich das schaffen?

Während mir noch all diese Gedanken durch den Kopf gingen, trat eine Frau aus der Menschenmenge heraus und versammelte die vier erschütterten Kinder um sich wie eine Glucke ihre Küken. Sie sagte zu den Leuten, da Anna eine Freundin von ihr und eine tapfere Frau gewesen sei, sei das Mindeste, was sie für Anna tun könne, für ihre Kinder zu sorgen. Anna verdiene diese Unterstützung jetzt in der Stunde der Not. Diese Frau verschwendete keinen Gedanken an all die Folgen ihrer Entscheidung. Sie war nicht wohlhabender als Anna selbst, aber gewillt dieses Risiko von Liebe und Solidarität einzugehen. Ich schämte mich meiner selbst, wegen meiner Unfähigkeit in gleicher Weise zu reagieren. Ich schämte mich wegen meiner Unfähigkeit, Liebe und Fürsorge für eine wunderbare Frau zu zeigen, die Besseres im Leben verdient hätte und die ihr Leben für die Gemeinschaft und für ihre Kinder gegeben hatte.

Etwas Erstaunliches geschah bald danach, fast wie ein Wunder. Die Stadtverwaltung beschloss, mit der Zerstörung innezuhalten und stattdessen einige Dienstleistungen einzurichten, zum Beispiel eine Wasserversorgung. Lourdes Farm wurde zu einer provisorischen Siedlung erklärt. Es waren keine weiteren Schritte durch die Menschen von Lourdes Farm mehr nötig – sie hatten erreicht, wofür sie eingetreten waren. Anna hatte ihren Sieg errungen. Sogar im Tod. Dieses Ereignis hat sich in meinem Wesen unauslöschlich eingeprägt. Möge die Liebe Gottes immer mit dir sein, liebe Anna, und mögen deine Kinder denselben Geist der Tapferkeit zeigen, den du gezeigt hast!

Das Drama von Modderdam

Mitte der 70er-Jahre begannen sich die Menschen stärker gegen die Apartheid aufzulehnen. Die Bewegung des schwarzen Bewusstseins – *Black Consciousness* – wuchs. Immer mehr Menschen schlossen sich zusammen, um auf die Unterdrückung durch den Staat zu reagieren. Francis Green war schon 74 Jahre alt, als wir uns auf einer kleinen Feier kennenlernten. Seine Tochter Hilary hatte dazu eingeladen. Er mochte mich gleich und lud mich ein, ihn auf seinem eleganten Weingut zu besuchen, das in einem noblen Teil von Somerset West oberhalb der False Bay lag und einen schönen Blick auf den Tafelberg bot.

Francis war ein frommer Katholik und lebte einfach, trotz seines Reichtums. Er schien wenige materielle Bedürfnisse zu haben. Er war dünn und aß wenig, aber immer von bester Qualität. Seine einzigen Schwächen waren guter Whisky und Zigaretten, die er mit einer langen, eleganten Zigarettenspitze rauchte. Es war ihm immer wichtig, seine heftige Abscheu vor der Apartheid zu zeigen. Nach ein paar Gläsern Lieblingswhisky suchte er sich potenzielle Opfer aus, die er wegen ihrer Ansichten angreifen konnte. Er stürzte sich auf sie wie ein Falke auf die Beute. Das geschah zu einer Zeit, als dies nicht nur unmodern war, sondern auch gefährlich. Die lauschenden Ohren des Staates waren eine reale Bedrohung für einen Geschäftsmann. Francis war unglücklich, dass er trotz des Reichtums nichts Sinnvolles tun konnte, um die Situation der Apartheid zu ändern.

Francis Greens Tochter Hilary Radloff machte als Freiwillige bei der Menschenrechtsgruppe mit, die ich gegründet hatte. Wir beschäftigten uns mit der Obdachlosigkeit und den Entbehrungen schwarzer Familien, die in der Stadt von patrouillierenden Polizeifahrzeugen oft wie wilde Tiere gejagt wurden. Sie wurden zusammengetrieben, geschlagen, verhaftet und in die *Homelands* zurückgeschickt, einige tausend Kilometer von Kapstadt entfernt. Sie kehrten immer wieder zurück, da wirtschaftliche Notwendigkeit sie zwang, in den Städten Arbeit zu suchen.

Als ich einmal bei Francis zu einem Glas Wein zu Besuch war, erwähnte er wieder die Vergeblichkeit unserer Anstrengungen angesichts einer unbezwingbaren Polizeimaschinerie, hinter der eine disziplinierte Armee stand. Er stellte sein Dasein in Frage, sein Luxus-Leben, das er wegen der Apartheid nicht genießen konnte. Trotz seiner Zweifel am Nutzen und vieler Bedenken bot er mir seine Dienste an. Ich nahm ihn in seiner Großzügigkeit beim Wort. Denn eines unserer Probleme war der Mangel an Geld. Wir brauchten auch eine Möglichkeit, um alle Freiwilligen zu versammeln. Zusammen mit Tochter Hilary kam uns die Idee, einen Jahrmarkt zu veranstalten als Forum für Freiwillige und Unterstützer. Gleichzeitig wäre es möglich, dringend benötigtes Geld für die Organisation einzunehmen. Noch fehlte der Veranstaltungsort. Das war für Francis kein Problem. »Ich habe ein schönes Anwesen in Constantia – benutzen wir doch das!«, sagte er. Das war ein unerhörter Vorschlag. Constantia war das Beverly Hills von Kapstadt, wo die Reichen residierten und wo die wichtigen Botschaften lagen. Was würden die Nachbarn denken? Wie würde die Polizei dieses Ereignis betrachten? »Es wird Zeit, dass wir diese bequeme kleine Gemeinde aufrütteln«, sagte Francis. »Was nützt es, reich zu sein und ein wunderbares Anwesen zu besitzen, wenn ich nicht etwas davon zum Wohle der Menschheit nutze?«

Der Jahrmarkt war ein großer Erfolg. Constantia wurde an diesem Tag auf den Kopf gestellt, da ein paar Tausend Erwachsene und ihre Kinder auftauchten. Alle möglichen Arten von Unterhaltung und Aktionen wurden angeboten – Spiele und Ponyreiten für die Kinder, Theater, Singen, Kunst, Essen und wunderbare Unterhaltung. Die Stimmung konnte sich von einem Augenblick zum anderen ändern – Lachen und Unbeschwertheit in einem Moment, ernsthafte und nachdenkliche Diskussionen im nächsten. Es wurde viel gesungen; Freiheitslieder aus den 60er-Jahren, »Die Gedanken sind frei«, die Schlachthymne der Republik, Songs der Menschenrechtsbewegung etc. Es war ein Tag voller Kreativität, Einigkeit und Freiheit. Die Katholische Kirche von Constantia wiederholt den gelungenen Anlass seither immer wieder.

Für unsere Freiwilligen-Gruppe brachte dieser wunderbare Tag Ansporn und ein Gemeinschaftsgefühl in einer Zeit voller Dunkelheit und Verzweiflung. Es war uns nicht klar, dass noch schlimmere

Zeiten kommen sollten. Dr. Chris Radloff – der Schwiegersohn von Francis und von ihm immerzu herausgefordert – gehörte zu einem Team von Ärzten im Untergrund, die medizinische Hilfe für die Opfer anboten, die während des Schüleraufstands 1976 verletzt wurden. Die Welt erfuhr von Soweto. Aber wenige Menschen nahmen wahr, dass in Kapstadt weit schlimmere Dinge geschahen, lange nachdem sich *Soweto* beruhigt hatte. Diese Ärzte leisteten medizinische Hilfe, um Opfer mit Schussverletzungen zu behandeln, die nicht in ein Krankenhaus gebracht wurden, aus Angst, sie könnten verhaftet werden. Denn viele Verhaftete verschwanden danach – oft bin ich mit Familien von einer Leichenhalle der Polizei zur anderen gegangen auf der Suche nach solchen vermissten Müttern, Brüdern, Vätern und Kindern.

Die schwarzen Townships waren von Blockaden der Polizei und der Armee umstellt, nur Krankenwagen wurden eingelassen. Wir beschlossen die Nachsicht auszunutzen, die gegenüber den Krankenwagen gezeigt wurde. Unter der Schirmherrschaft der Quäker – auch als »Friends« bekannt – kauften die Ärztin Dr. Mary Roberts und Francis Green zwei Fahrzeuge und malten »Friend's Ambulance« auf die Seiten. Ich fuhr das eine, Mary Roberts das andere. In unseren weißen Fahrzeugen und Kitteln gelang es uns offiziell auszusehen, trotz der seltsamen Schrift auf den Wagen. Polizei und Armee reagierten mit Respekt und erlaubten uns die Durchfahrt. Wir konnten viele Menschen retten, die angeschossen auf der Straße lagen, und sie zu unseren Ärzten und in die Kirchen bringen, die vorbereitet waren. Das Quaker House in Mowbray war voller Blut, und überall lagen Verletzte.

Wir waren alle erschöpft, da solche Ereignisse monatelang immer wieder passierten. Als wir dachten, dass das Leben wieder eine gewisse Normalität erreicht hätte, brachen die Weihnachtsaufstände von 1976 aus – die schlimmsten Weihnachtstage, die ich je erlebt habe. Mit Hetzreden, heimlicher Unterstützung und absichtlicher Verbreitung von Lügen brachte es die Polizei fertig, Spannungen zwischen Einwohnern in den Townships anzufachen – die eingesessenen Einwohner gegen die so genannten *Witdoeke,* wie die Wanderarbeiter aus der Transkei genannt wurden. Dies waren Männer vom Land mit zeitlich begrenzter Arbeitserlaubnis, die in kasernenartigen Wohnheimen lebten, die der Staat bereitstellte. Sie wurden von den anderen Einwohnern verachtet und nie als zu den Townships zugehörig angesehen. Aufgewiegelt von der Polizei bildeten diese Männer im Dezember 1976 Mobs, schwärmten durch die Townships von Langa, Nyanga und Gugulethu und töteten eingesessene Einwohner. Sie schwangen Macheten und *Knobkieries*, Stöcke mit einem schweren Knauf am Ende. Sie trugen weiße Stirnbänder – eine Art Uniform, die Männer auf dem Land gewöhnlich beim Kämpfen trugen, wenn sie ohne die traditionelle Kluft auftraten – daher der Name *Witdoeke*, weiße Tücher. Hunderte Menschen wurden getötet und verwundet. Unser kleines Team von Ärzten und Kirchenleuten war ständig im Einsatz und musste Verletzte transportieren und pflegen. Als ob die Gewalt von 1976 nicht genug gewesen wäre, setzte sie sich im Jahr 1977 fort, dem schwärzesten all dieser Jahre.

Modderdam war eine Gemeinde von ungefähr 10.000 Menschen auf einem Streifen Land entlang der Modderdam Road am Rande der nördlichen Vororte von Kapstadt. Diese Menschen wurden vom Staat als illegal angesehen. Denn in der Apartheid gehörten Schwarze ja in die so genannten Homelands, unterentwickelte ländliche Gebiete weit weg von Arbeitsmöglichkeiten. Wer in einer »weißen« Stadt arbeiten wollte, musste eine Arbeitserlaubnis haben. Um eine Arbeitserlaubnis zu erhalten, war jedoch ein Arbeitsnachweis vorzulegen, eine unmögliche Forderung. Tausende waren verzweifelt auf Arbeitssuche und strömten in die Städte, wo sie sich irgendwo ein Dach über dem Kopf errichteten. Aber dies akzeptierte die Regierung nie, sie ging hart vor – am Anfang in Modderdam. 1977 wurde befohlen, Modderdam komplett niederzureißen. Sämtliche Versuche, das Unheil abzuwenden, scheiterten. Die Zerstörung war unvermeidlich, Tausenden von mittellosen Menschen drohte die Obdachlosigkeit.

Freiwillige entschieden sich, bei der Evakuierung von Modderdam mitzuhelfen, bevor die 10.000 Menschen unter Zwang mit Bussen zurück in die Homelands gefahren würden. Wir konnten auf die Unterstützung von Eulalie Stott zählen, einer Frau aus dem Stadtrat mit einer klaren Haltung zu den Menschenrechten, die sie einsam und lautstark im weißen Stadtparlament vertrat. Sie war ein aktives Mitglied von Black Sash, der landesweiten Bewegung gut situierter weißer Frauen, die sich für die Rechte der Schwarzen und gegen die Passgesetze einsetzten. Eulalie wurde liebevoll »Ukulele« genannt, da sie ohne Unterlass reden konnte, wenn ihr etwas am Herzen lag. Francis Green erzählte uns von den Erfahrungen in Dünkirchen, wo 1940 Hunderttausende unter den Augen der deutschen Armee evakuiert worden waren. »Die haben es damals geschafft. Das können wir auch. Wir haben ganz Kapstadt und müssen nur den Umzug von 10.000 Leuten bewerkstelligen. Lasst uns anfangen!«

Frühzeitig konnten wir Kardinal Owen McCann treffen, das Oberhaupt der Katholischen Kirche in Kapstadt. Würde er seine Kirche mobilisieren und motivieren, einige der Evakuierten aufzunehmen? Der Kardinal hörte uns an und war von den Forderungen beunruhigt. Er wirkte unsicher: »Es wird nicht leicht. Ich bin vielleicht das Oberhaupt der Kirche in Kapstadt. Aber die einzelnen Pfarrgemeinden treffen ihre eigenen Entscheidungen. Viele von ihnen sind sehr konservativ!«

Auch die australische Nonne Raymunda, Schulleiterin von Springfield Convent, einer privaten Mädchenschule in Wynberg erkannte das Ausmaß unserer Anfrage. Obdachlose Leute – »Kriminelle« in den Augen von vielen – auf dem schönen Gelände der exklusiven Privatschule unterzubringen, würde den Eltern wohl nicht gefallen und sie selbst wahrscheinlich in Konflikt mit der Polizei bringen. Die Schwester hatte jedoch das Gefühl, dass Gott sie und ihre Schule dazu aufrief, einen klaren Standpunkt einzunehmen, ungeachtet der Konsequenzen. Sie sagte zu, dass sie so viele Menschen aufnehmen würde wie möglich. Die Gruppe von ungefähr 50 Familien, die schließlich zwischen den Eichen und duftenden Rosengärten von Springfield Convent ihre temporäre Heimstätte aufschlug, gab ihrer neuen Heimat den Namen »ezulweni« – Himmel!

Schwester Raymunda war eine von vielen, die alles riskierten, um Solidarität zu zeigen, als diese gebraucht wurde. Wir konnten kaum glauben, wie viele konservative Institutionen einen radikalen

Schritt wagten und die Menschen von Modderdam unterstützten. Die Anglikanische Kirche von St. Saviour gab uns ein Büro und erlaubte uns, das Land um ihre Kirche herum zu benutzen, die im Herzen eines Geschäftsviertels lag. Reverend Dean King von der St. George's Kathedrale, der Kirche des späteren Erzbischofs Desmond Tutu, war auch einverstanden, Leute aus Modderdam unterzubringen – im Zentrum von Kapstadt, direkt neben dem Parlamentsgebäude, also dem Sitz der Apartheid. Viele Geschäfte erlaubten uns, ihre Lagerhäuser zu benutzen, um die Habseligkeiten der Leute zu lagern. Hunderte von Zelten wurden von Sympathisanten aus ganz Kapstadt gespendet, auch von vielen weißen Afrikanern, die ihre Namen nicht genannt haben wollten, die aber die Aktionen des Staates nicht guthießen und einen kleinen Beitrag leisteten. Und auch die Gemeinde der Muslime unterstützte uns aktiv.

Francis Green versammelte einige vertrauenswürdige Personen wie Dr. Mary Roberts, Eulalie Stott und andere. Von diesem kleinen Kreis aus ging ein Aufruf an unser Netz von Freiwilligen. Auch an all jene, die den berühmten Jahrmarkt besucht hatten. Die Mitteilungen liefen übers »Buschtelefon« – jede Person informierte jeweils zwei andere und so weiter. »Kannst du mithelfen, in dieser bestimmten Nacht 10.000 Leute aus Modderdam zu evakuieren?«

Die Reaktion war überwältigend! Leute kamen mit Autos, Pickups, Kombis und allem möglichen, worin Personen und ihre Sachen weggebracht werden konnten. Einige Unternehmen stellten sogar ihre »Pantechnicons« zur Verfügung – riesige Lastwagen, die Massen von Möbeln und sonstigem Besitz transportierten. Wir arbeiteten die ganze Nacht hindurch, mitten in einem typischen Winter am Kap – zwölf Stunden lang im strömenden Regen. Wir evakuierten von abends sechs Uhr bis morgens früh um sechs erfolgreich 10.000 Menschen.

In einer kurzen Zeitspanne waren auf der ganzen Kap-Halbinsel Zeltstädte wie Pilze aus dem Boden geschossen, von der St. George's Kathedrale im Herzen der Stadt bis zu Camps Bay, Stellenbosch, Gugulethu etc. Es gab über hundert dieser Zeltstädte, weit verstreut und unmöglich zu ignorieren. Die Menschen hatten auf dramatische Art und Weise gesprochen. Kapstadt hatte die »Unmenschlichkeit von Menschen gegen Menschen« – wie viele Plakate zu der Zeit verkündeten – gründlich satt. Die Ereignisse dieser Nacht und der folgenden Tage, das Aufwallen von Protest und Unterstützung, beflügelte die Vorstellungskraft von vielen. Mutter Kapstadt hatte ihre Arme und ihr Herz der Not ihrer Kinder geöffnet. Die Sache der Unterdrückten war an der Tagesordnung, die Apartheid zu einem nationalen und internationalen Thema geworden.

Anfangs verfiel die Staatsmaschinerie in Schockstarre. Sie leugnete, dass die Evakuierten noch in Kapstadt seien, und Frikkie Botha, Leiter des Departments of *Bantu Affairs,* sagte, er habe persönlich Busse voller Einwohner von Modderdam gesehen, die in Richtung der Homelands gefahren seien. »Unsere Operation war erfolgreich!«, beharrte er. Die Zeltstädte zeigten, dass diese Behauptung Unsinn war. Der Staat war herausgefordert worden. Vor allem Christen und Muslime kämpften gemeinsam gegen die Zwangsumsiedlungen. Einige Wochen vergingen, die Spannungen begannen zu steigen. Viele hatten das Gefühl, dass die Polizei recht bald wieder eingreifen könnte. Würde die Polizei es wagen, Menschen auf dem Eigentum von Kirchen und Schulen anzugreifen?

Sie begannen damit, verschiedene Personen zu vernehmen und versuchten sie damit einzuschüchtern. Die Sicherheitspolizei trat an Schwester Raymunda heran und stellte sie wegen ihrer Haltung zur Rede. Sie drohten ihr mit Gefängnis, wenn sie weiterhin darauf bestehe, »illegale Fremde zu beherbergen«. Schockiert und erschüttert rief sie den Kardinal an und fragte, was sie tun solle. Dann telefonierte sie mit Francis und mir: »Sie werden nicht glauben, was der Kardinal sagte«, meinte sie. »Meine liebe Schwester, Sie werden wahrscheinlich ins Gefängnis gehen müssen.« Schwester Raymunda konnte es kaum glauben.

Die Vernehmungen und Drohungen eskalierten. Es wurde klar, dass die Sicherheitspolizei auf einen Angriff drängte. Die Leute in den Zeltstädten waren leichte Beute. Wir mussten einen Weg finden, einem Angriff zuvorzukommen, und beriefen eine Versammlung von Freiwilligen ein. Wir waren vor allem auf Informationen angewiesen. Wenn wir nur wüssten, welche Zeltstadt sie als Erste angreifen und von welcher Polizeistation aus sie operieren würden? Wir könnten versuchen, den Angriff zu verhindern oder wenigstens zu mildern und dafür zu sorgen, dass Leute ohne legale Dokumente gut versteckt wären.

In den 70er-Jahren war CB-Funk für Autos aufgekommen, es gab ja noch keine Mobiltelefone. Mit Hilfe dieser modernen Geräte blieben wir Tag und Nacht miteinander in Kontakt. Ein Afrikaaner namens Jeff erklärte sich wie andere Afrikaans sprechende Freiwillige bereit, jeden Abend alle Polizeistationen anzurufen, Beschwerden vorzutäuschen und sich zu erkundigen, wann die Polizei gegen diese »aaklike plakkers«, diese widerwärtigen Besetzer, vorgehen werde. Der Chef-Zerstörer im Amt war ein Hooligan namens Johnson, ein großer, stämmiger Bursche mit der Sensibilität eines Dinosauriers. Seine berüchtigte Antwort auf Jeffs Frage war fast vorherzusagen: »Vanaand, vanaand, Meneer! – Heute Nacht, mein Herr!« Wir hatten verschiedene Freiwillige für verschiedene Gebiete und wussten so immer, für welches Gebiet zu welcher Zeit ein Angriff geplant war.

Francis Green und ich standen auch in engem Kontakt mit John O'Malley, dem Herausgeber der Zeitung »Cape Argus«. Wir konnten uns zu jeder Tages- und Nachtzeit an ihn und seine Frau wenden. Sie waren immer offen und hilfsbereit und gaben uns zu essen, wenn wir zufällig zur Abendessenszeit hereinschneiten. John teilte uns einen speziellen Reporter zu, für den Fall, dass wir ihn bräuchten. Er übernahm die entscheidende Aufgabe, die nächtlichen Ereignisse der Welt zur Kenntnis zu bringen.

Sobald wir wussten, wo ein Angriff stattfinden würde, setzte Francis die »Buschtelegrafie« zu unserer »Eingreiftruppe« in Gang – Leute wie Reverend Louis Bank, Reverend Mabusa, Dean King, Reverend Des Curran, Dr. Margaret Nash und andere. Sie kamen in ihren Fahrzeugen und parkten an einem strategischen Punkt, wo man eine Zeltstadt im Blick hatte. Ich erinnere mich, dass eines der wichtigen Ziele die Zeltstadt war, die sich auf den Sportanlagen des Savio College jenseits der Landsdowne Road in Claremont befand. Wir saßen in Wartestellung in unseren Fahrzeugen, als wir um etwa ein Uhr nachts sahen, wie Polizisten den Abzäunungen entlangschlichen und einen

Angriff vorbereiteten. Als sie das Zeltareal betraten, schalteten wir unsere Scheinwerfer ein und beleuchteten die Szene. Dann rannten wir hinaus, bevor die Polizisten in die Zelte eindringen konnten, und verhinderten auf diese Weise das Prügeln, Treten und die grobe Behandlung von Frauen und Kindern, was gewöhnlich zum Stil der Attacken gehörte. Alle »illegalen« Menschen ohne Dokumente waren zuvor versteckt worden.

Unsere Gruppe war klein und die Zeltstädte zahlreich – unmöglich, bei jeder Razzia anwesend zu sein. An Orten ohne Zeugen war die Polizei grob und brutal. Die Leute wurden angebrüllt und verhört. Den Frauen wurde oft nicht die Chance gegeben, sich richtig anzuziehen oder sie mussten das vor den Augen der Polizei tun, die sie gewöhnlich zu misshandeln versuchte. Das ganze Vorgehen hatte den Zweck zu demütigen. Diese Razzien gingen über Wochen. Wo wir dabei waren, funktionierte die Strategie – wir konnten die Gewalttätigkeit der Polizei etwas mildern. Allmählich jedoch begannen die Nächte voller Anspannung, wenig Schlaf und andauernder Gefahr ihren Tribut zu fordern. Die Freiwilligen waren erschöpft und überanstrengt. Die Moral begann zu sinken. Francis selbst war niedergeschlagen. Als Organisator der Aktionen erkannte ich, dass eine neue Vorgehensweise nötig war. Die Bewohner von Modderdam müssten in dauerhaftere Unterkünfte in nahegelegenen Townships gebracht werden. Eine zweite Evakuierung war erforderlich; noch einmal eine riesige Unternehmung mit unserem gesamten Freiwilligennetz. Wir begannen, Menschen heimlich zu den verbleibenden informellen Siedlungen zu bringen, wobei Crossroads das hauptsächliche Ziel war. Viele der dortigen Bewohner nahmen Fremde auf und erlaubten, dass in ihren Hinterhöfen neue Hütten errichtet wurden. Innert ein paar Wochen schwollen Crossroads und andere Siedlungen auf das Doppelte ihrer Größe an.

Als wir mit dieser zweiten Evakuierung begannen, startete die Polizei einen ihrer größten Angriffe und ging mit der ganzen Wucht ihrer aufgestauten Wut und Frustration vor. Mitten in der Nacht fielen sie gleichzeitig über mehrere Zeltstädte her und schlugen Männer, Frauen und Kinder erbarmungslos. Es herrschte Entsetzen, da unschuldige Leute aus dem Schlaf gerissen, herumgestoßen, geschlagen und verhaftet wurden. Zelte wurden zerstört. Menschen in Polizeilastwagen abtransportiert und mit Bussen in die Tausende von Kilometern entfernten Homelands gefahren. In dem Chaos wurden Kinder von ihren Eltern getrennt. Vermisste Personen aufzuspüren war eine albtraumhafte Beschäftigung. Die Kirchen in den ländlichen Gebieten halfen mit, Tausende der dorthin Deportierten aufzunehmen.

Normalerweise hatten Weiße solche Vorgänge vollständig ignoriert, da Polizeiaktionen immer auf Townships begrenzt waren, fern von den Augen der Öffentlichkeit. Nun aber trat das Verhalten der Polizei offen zutage, manche der angegriffenen *Squatter-Camps* lagen mitten in der Stadt und in den Vororten, wo es alle sahen. An einer großen Versammlung in der vollbesetzten City Hall in Kapstadt hielt Reverend Dean King von der St. George‘s Kathedrale eine dramatische Rede: »Wir müssen mit dem Finger auf sie zeigen!«, sagte er, »ihre Taten sind Ausdruck des Bösen, und wir verurteilen sie auf das Entschiedenste!« Dr. Allan Boesak, Mitglied der Afrikaans Church Community, die mit der Staatskirche eng verbunden war, äußerte sich ebenfalls deutlich: »Von diesem Tag an werde ich unaufhörlich für den Sturz dieser Regierung beten!«, rief er mit lauter Stimme unter tosendem Applaus.

Nun waren weitere Aktionen nötig. Wir beschlossen, einen Autokorso zu veranstalten und damit Adderley Street und Wale Street um die Parlamentsgebäude herum zu blockieren. Hauptsächlich Weiße sollten dies durchführen, da es weniger wahrscheinlich war, dass sie geschlagen und verhaftet würden wie Schwarze. Francis trug mir auf, nicht in der Öffentlichkeit zu erscheinen, da er mich als Kopf hinter der ganzen Sache ansah und ich dadurch eine Zielscheibe für die Polizei wäre. Das Startsignal für den Korso war die Mittagskanone – eine Kanone, die traditionellerweise jeden Tag Schlag 12 Uhr mittags auf dem Signal Hill in Kapstadt gezündet wird. Der Korso traf die Sicherheitspolizei völlig überraschend und sorgte für große Verwirrung. Sie waren nicht ganz sicher, wie sie auf normalerweise gesetzestreue Bürger reagieren sollten, die sich in Massen die

Adderley Street hinunterbewegten und grelle Spruchbänder auf ihren Autos hatten. »Ein Südafrika, eine Nation«, lautete der Aufkleber auf dem Auto von Noel Robb von Black Sash. Ein Auto wurde von Nonnen des Springfield Convents gefahren, die jetzt voll dabei waren, da der Kardinal seine Unterstützung gezeigt hatte. Eine von ihnen war 84 Jahre alt! Aber auch sie wurde an jenem Tag verhaftet, wie fast alle aus dem Korso. Die Polizei kam in der Mittagspause in die City, wo Büroangestellte auf den Straßen waren und genau wissen wollten, was da vor sich ging. Im folgenden Chaos konnten einige Korso-Teilnehmer entkommen.

Alle wurden zur nahe gelegenen Polizeistation gebracht und ermahnt, sie sollten aufhören sich »von Kommunisten beeinflussen zu lassen«. Sie wurden streng befragt, wer sie zu dieser Aktion angestiftet habe. Francis und seine Tochter Hilary waren unter den Verhafteten. Francis tobte und schimpfte weiterhin gegen die Gräuel der Apartheid. Doch die Verhaftung war ein Schock. »Das hatte um ein Haar schief gehen können, mein Lieber!«, sagte er verschwörerisch. »Ich dachte, unser Ende sei gekommen.« In der Nacht danach trafen wir uns bei ihm. Alle waren erschöpft. Vermutlich standen uns rechtliche Auseinandersetzungen bevor. Der Staat würde uns nicht ungeschoren davonkommen lassen. Doch glücklicherweise war ein Gerichtsverfahren das Letzte, was der Staat wollte: Respektable weiße Bürger, die auf den Titelseiten gegen die Apartheid auftraten, waren unerwünscht. Besser die Menschen blieben unwissend. Die Mehrheit der weißen Afrikaaner war sowieso überzeugt von der Unfehlbarkeit ihrer Regierung.

Etwas später vertraute sich Francis mir an: »Alter Junge, wir haben unser Bestes getan, das müssen Sie zugeben. Aber ich spüre, dass die Zeit gekommen ist, wo ich die Ausweglosigkeit der Situation erkennen muss. Meine Kinder scheinen zum Bleiben entschlossen. Ich kann es nicht ertragen, mit anzusehen, was hier geschieht. Ich habe mich entschlossen, Südafrika zu verlassen.« Ein paar Wochen später ging dieser jung gebliebene 74-Jährige und ließ sich auf der Isle of Man nieder.

Nach der Zerstörung der informellen Siedlung Modderdam verlagerte sich der Schwerpunkt. Gegen Ende des Winters 1978 begannen die gefürchteten Polizeiaktionen gegen Crossroads als dem letzten verbliebenen *Squatter-Camp*. Es war ein ausgeklügelter Angriff mit massiver Unterstützung durch die Armee – die berüchtigte »eiserne Faust«, die der Staat angekündigt hatte. Wieder trat unser Netz von Aktivisten in Aktion. Die grundlegende Strategie war, zu jeder Tages- und Nachtzeit Zeugen herbeizurufen, um die Vorgänge weltweit bekannt zu machen. Die Rücksichtslosigkeit und Bösartigkeit der Polizeiattacken und die Gesetze, die ihre Aktionen legitimierten, mussten internationalen Untersuchungen zugänglich gemacht werden. Auch ein internationaler Gebetstag schuf weltweite Aufmerksamkeit für den christlich motivierten Widerstand in Crossroads. So kam es nie zur endgültigen Räumung dieser »illegalen« Siedlung. Crossroads besteht heute noch. Es erstreckt sich bis hin zur Nationalstraße von und nach Kapstadt und ist der erste Anblick für Besucher, die vom Flughafen in die Stadt fahren.

Aunt Sue, die kleine große Frau

Ich traf Susan Conjwa das erste Mal in Hanover Park, einem der Townships in der Nähe von Kapstadt, wo sie eine Ausbildung zur Gemeindearbeiterin machte. Sie fiel mir damals auf als liebenswerte und fröhliche Person, die immer bereit war zuzuhören und interessiert an den Menschen, denen sie begegnete.

Wie so viele andere war Susan als junges Mädchen aus einem Dorf in der Transkei, dem so genannten Homeland der *Xhosa,* nach Kapstadt gekommen. Das Leben war für sie immer ein mühevoller Kampf gewesen. Zuerst wohnte sie in einer informellen Siedlung am Rande der Stadt. Später zog sie nach Langa, wo sie heiratete, und später lebte sie in einem kleinen Haus inmitten von Gummibäumen im etablierten Township Nyanga.

Viele Jahre lang hatte sie für weiße Arbeitgeber als Hausangestellte gearbeitet, eine der wenigen Beschäftigungen, die damals schwarzen Frauen offenstanden, vor allem für die Mehrheit, die keine besondere Ausbildung hatte. Als Hausangestellte zu arbeiten bedeutete lange Arbeitszeiten, schwere Arbeit und das Problem, entweder Verwandte oder Freunde zu finden, die für die Kinder sorgten. Von Hausangestellten wurde unter dem Begriff allgemeine Hausarbeit eine Vielfalt von Aufgaben verlangt: Kochen, Putzen, Wäsche waschen, Bügeln, Kinderbetreuung, Haussekretärin fürs Telefon, Einkaufen etc. In vielen Fällen blieben Hausangestellte als qualifizierte Mitarbeiter bis zum Rentenalter im Dienst. So war es auch mit Tante Susan, Aunt Sue, wie sie bald alle nannten. Jahrelang hatte sie sich um eine weiße Familie und deren Kinder gekümmert. Erst mit ungefähr 60 Jahren konnte sie mit dieser Arbeit aufhören und etwas Neues beginnen – sich um die ganze Gemeinde zu kümmern.

Mit Aunt Sue zu arbeiten war ein Privileg. Sie hatte ein großes Wissen über unterdrückte Menschen. Viele Schlüsselfiguren verschiedenster politischer Lager in jedem Township kannten ihre Geschichte. Sie spürte intuitiv die Stimmungsschwankungen in der Gemeinde zu einer Zeit, als alles unberechenbar war, aber eine sinnvolle Führung die Lage unbedingt verstehen musste. Ihre Ausbildung in der Gemeindearbeit war ein großer Vorteil und ermöglichte uns Aktivitäten, die über den Protest hinausgingen. Aunt Sue hatte sich von der Hausangestellten zu einer Führungsfigur in der Gemeinde entwickelt, einer Organisatorin, der größter Respekt entgegengebracht wurde.

Unsere Wege waren während der Jahre des politischen Kampfes miteinander verflochten. Für mich ist diese körperlich kleine, völlig unscheinbare Frau eine der mächtigsten Frauen Südafrikas – auf dramatische Weise half sie mit, den Lauf der Geschichte zu verändern. Sie selber blieb bescheiden und anspruchslos. Sie erhielt vom *ANC* oder dessen Regierung weder eine Anerkennung noch eine Belohnung. Für mich aber war ihr Beitrag so großartig, dass selbst der Nobelpreis unangemessen wäre!

Bei der Zerstörung der informellen Siedlung Modderdam bei Kapstadt waren innert einer August-Woche 10.000 Menschen aus ihren Häusern vertrieben und das Township eingeebnet worden. Es folgten ebenso gewalttätige Zwangsräumungen anderer so genannt illegaler Siedlungen. Eine direkte Folge der entstandenen Obdachlosigkeit war eine neue Siedlung mit dem Namen *Crossroads,* die nach und nach auf mehr als 250.000 Seelen anschwoll. Durch seinen Widerstand bekam Crossroads weltweite Aufmerksamkeit und konnte von der Regierung nicht mehr ignoriert werden. Hier begann der Angriff auf die verhassten *Passgesetze.*

Nach der Ideologie der Apartheid durfte es keine Schwarzen geben, die dauerhaft in Südafrika lebten. Alle hatten in zugewiesenen oft künstlichen Stammesgebieten zu leben, in den so genannten *Homelands.* Sie durften nur vorübergehend in Südafrika arbeiten und wohnen. Diese Ideologie, dass Schwarze nicht zu Südafrika gehörten, sondern zu den kleinen, weit verstreuten und zersplitterten Homelands, war der zentrale Gedanke der Apartheid.

Die Passgesetze waren eine natürliche Folge dieses Gedankens. Entsprechend der Passgesetze konnten nur jene Schwarzen legal in Südafrika wohnen und arbeiten, die einen Pass besaßen. Das kleine blaue Büchlein wurde nur ausgestellt, wenn eine Beschäftigung nachgewiesen werden konnte. Einmal ausgestellt, musste er regelmäßig erneuert werden. Sehr wenige waren in der Lage, einen Pass zu bekommen und ihn zu behalten. Millionen von Menschen waren gezwungen, in täglicher Angst zu leben, verhaftet und in die Pseudo-Heimatländer zurückgeschickt zu werden.

Die unmenschlichen Passgesetze waren bereits Anlass für die Proteste von 1955 gewesen, als Frauen vor den Regierungsgebäuden in Pretoria demonstrierten. Und auch die Anti-Passgesetz-Kampagne des *Pan Africanist Congress (PAC)* von 1960 wehrte sich dagegen, angeführt von *Robert Sobukwe,* einem herausragenden Kämpfer für Menschenrechte. Dieser Mann war wegen seinem Erfolg bei der Mobilisierung der Massen so vom Staat gefürchtet, dass er nach Robben Island ins Gefängnis kam, was durch eine spezielle, vom Parlament verabschiedete Klausel möglich war und wo er von allen anderen Gefangenen auf der Insel getrennt gehalten wurde. Robert Sobukwe starb 1978 und erlebte den späteren Sieg seiner Bewegung nicht mehr. Aunt Sue bezog sich oft auf Robert als Lehrer des Kampfes, der die Menschen mit seinem Charisma, seinen Führungsqualitäten und seiner Hingabe an die Sache inspiriert hatte. Er und *Nelson Mandela* wurden zu Symbolen. Sie richteten sich nie nach der Tagespolitik, sondern sahen den Kampf um Menschenrechte einfach als fundamentales menschliches Bedürfnis an, um die Menschen zu vereinen statt zu spalten.

Im Jahr 1980 kündigte der Staat plötzlich an, er wolle New Crossroads bauen. Schwarze, die bestimmte Bedingungen erfüllten, dürften sogar Häuser besitzen. Manche sahen dies als Durchbruch, als einen Schritt zur Abschaffung der Apartheid. Es war eine radikale Abkehr von der Politik der Regierung, nach der seit 1967 keine Häuser für Schwarze gebaut worden waren. Aunt Sue durchschaute dieses Zugeständnis sogleich und drückte sich unmissverständlich aus: »Die Buren versuchen uns durch dieses Zugeständnis zu spalten. Schaut, was für verheerende Auswirkungen dies jetzt in unserer Gemeinde hat! Die Leute sind gespalten, Anführer konkurrieren um Posten und Privilegien. Viele Leute werden die Bedingungen dieser speziellen Genehmigung nicht erfüllen – was wird mit ihnen geschehen? Sie werden einfach wieder wie Tiere gejagt! Zehntausende werden die Bedingungen nicht erfüllen. Menschen sterben in den so genannten Homelands, weil sie keine Arbeit und nichts zu essen haben. Frauen und Kinder leiden am meisten, da die Männer alle weggehen, um Arbeit in den Städten zu suchen, und dann in diesen Männerwohnheimen hausen müssen. Sie nehmen sich andere Frauen, und die Familien zerbrechen. Wann werden wir diesem Übel Einhalt gebieten? Diejenigen, die am verletzlichsten sind in unserer Gemeinde, werden weiterhin leiden, wie wir all die Jahre gelitten haben. Wir sind es leid, wie Tiere wegzurennen und uns verstecken zu müssen! Manche denken vielleicht, New Crossroads sei ein Fortschritt, aber das ist es nicht. Es bietet einigen wenigen Privilegien und schafft Spaltung, Chaos und Blutvergießen für alle anderen. Leute, wir müssen uns organisieren, wenn wir wirklichen Wandel wollen, wirkliche Befreiung!« Meine Zustimmung zu Aunt Sues Analyse hätte nicht größer sein können.

Eine ernste Herausforderung kam früher als vermutet. Eines Nachts im Jahr 1981 führte die Polizei in den frühen Morgenstunden eine Razzia in den Männerwohnheimen in Langa durch. In diesen von der Regierung gebauten Unterkünften sollten nur jene Männer untergebracht werden, die Arbeit und einen Pass hatten. Es waren zweistöckige Gebäude mit gemeinsamen sanitären Anlagen und kleinen Zimmern, die sich jeweils zwei Männer teilten.

Inoffiziell wohnten in diesen Unterkünften viel mehr Menschen als nur die wenigen Glücklichen, die einen Pass besaßen. Ehefrauen und Kinder hatten sich in vielen Fällen den Männern angeschlossen und versucht, so etwas wie ein Familienleben zu bewahren. In den Zimmern hausten manchmal bis zu acht oder zehn Personen, da immer mehr verzweifelte Familienangehörige aufgenommen wurden, die meistens kamen, um Arbeit zu suchen. Durch die immer weiter anschwellende Bewohnerzahl der Unterkünfte wucherten diese allmählich aus zu kleinen Hütten aus Blech, Plastik und Karton in der unmittelbaren Nachbarschaft. Irgendwie überlebte unter diesen Bedingungen ein Familien- und Gemeindeleben und konnte sogar weitergedeihen.

In der Nacht der Razzia drang die Polizei mit großem Aufgebot ein. Sie schrien, setzten ihre Hunde auf Menschen an, zerrten Frauen und Kinder aus ihren Betten und stießen sie in Lastwagen. Viele Menschen sprangen in ihrem Schrecken aus dem Fenster um zu entkommen. Einige von ihnen brachen sich dabei Knochen. Alle wurden für die Nacht eingesperrt und am nächsten Morgen vor Gericht gestellt. Der Anklagepunkt war, dass sie keinen Pass besaßen.

An diesem Morgen erhielt ich einen Anruf von Aunt Sue: »Bitte komm so schnell du kannst – es ist passiert! Der Kampf hat begonnen! Nach der Razzia von letzter Nacht versammeln sich Menschen in Langa vor dem Gericht für die Passgesetze. Unsere Führung wird gebraucht … bitte komm sofort!« Ich machte mich schnell auf zu dem berüchtigten Gericht in Langa.

In der gesamten Stadt hatte der Staat nur ein Gericht beauftragt, die Verstöße gegen das Passgesetz zu behandeln. Beamte waren in Fahrzeugen unterwegs und verhafteten Menschen zu jeder Zeit und an jedem Ort. Sie hatten die Macht, Türen einzutreten, um nach Illegalen in ihrem eigenen Land zu suchen. Hausangestellte, die sie im Haus ihres Arbeitgebers ohne Pass antrafen, wurden verhaftet und der Arbeitgeber zu einem hohen Bußgeld verurteilt. Jeder, der nach Einbruch der Dunkelheit in einer weißen Gegend unterwegs war, geriet sofort unter Verdacht. Wer dies ohne Pass tat, forderte die Verhaftung geradezu heraus. Unerhörte Bußgelder wurden landesweit eingezogen – zu jedem Zeitpunkt waren im ganzen Land jeweils über 200.000 Personen in Haft, weil sie keinen Pass besaßen. Es wurde zu einer sehr lukrativen Beschäftigung für den Staatsapparat und deckte in der Tat die Kosten der unterdrückerischen Verwaltung der Apartheid.

Das Gericht für Passgesetze in Langa, wo die Fälle der in Kapstadt Verhafteten verhandelt wurden, führte seine Geschäfte auf eine Art und Weise aus, die lachhaft, entsetzlich oder mit allen erdenklichen sonstigen negativen Adjektiven zu beschreiben ist. Das Schema war einfach. Das unglückliche Opfer wurde vor Gericht gebracht, sein Name aufgerufen und die Anklage verlesen. Innerhalb einer Minute war er oder sie verurteilt: »Schuldig laut Anklage!«, und der Nächste wurde nach vorne geschoben. Die ganze Prozedur pro Person dauerte nicht mehr als zwei Minuten. Das Opfer musste dann ein Bußgeld beibringen. Wer nicht bezahlte, wurde in ein Homeland deportiert. Die Opfer und ihre Angehörigen setzten Himmel und Hölle in Bewegung, um die Bezahlung des Bußgeldes zu ermöglichen, das von 100 Rand – damals fast ein Monatslohn für Hausangestellte – bis zu 300 Rand kosten konnte.

Organisationen wie *Black Sash* wurden weithin bekannt für ihre rechtliche und finanzielle Unterstützung der Betroffenen – gewöhnlich eher rechtlich als finanziell, da dies ein Fass ohne Boden war. Staatsbeamte schlugen dabei auch clever ein Vermögen für sich selbst heraus. Es war in weiten Kreisen bekannt, dass das, was man bei vielen Vorfällen wirklich brauchte, einfach ein 10- oder 20-Rand-Schein im Passdokument war, um den Beamten, der einen verhaftete, zu bestechen. Zweifellos führte diese Form der Motivation zu großer Effizienz und einer riesigen Anzahl an Verhaftungen. Wir alle hassten die Passgesetze. Sie waren ein Herzstück der Apartheid. Wir hätten alles dafür gegeben, ihnen ein Ende zu machen.

Als ich in Langa ankam, fand ich Aunt Sue und ihre Kollegin Nomangesi Mbobosi, die zu einer unruhigen, murmelnden Menschenmenge sprachen. Die meisten waren gerichtlich verfolgt und zu einem Bußgeld verurteilt worden. Ihre Hütten waren zerstört. Es gab für keinen einen Ort, an den er zurückkehren konnte.

Eilig wurde eine Reihe von Treffen mit Kirchenvertretern und Anführern der informellen Siedlungen abgehalten. Ein geeigneter Ort musste gefunden werden, wo diese Menschen neue Hütten errichten konnten – und zwar ohne das Wissen der Regierung. Der Staat hatte kein Interesse daran. Es gab keine Stelle, deren Aufgabe es gewesen wäre, etwas für obdachlose schwarze Menschen zu tun. Es blieb der Kirche und der Gemeinschaft überlassen, eine Lösung zu finden, und das innerhalb eines Tages. Nicht nur um einen Ort zum Wohnen zu finden, sondern auch den Transport von Hunderten von Menschen und ihrer dürftigen Habseligkeiten zu organisieren. Schließlich wurde ein Stück Land festgelegt, und man informierte die umliegenden informellen Siedlungen, dass ein paar hundert neue Leute ihre Hütten in der Nachbarschaft aufbauen würden.

Zum größten Teil akzeptierte die Gemeinschaft die neue Situation und nahm die Neuankömmlinge gut auf. Schwere Zeiten bringen in den Menschen das Beste, aber auch das Schlimmste hervor. Natürlich erlebten wir Frustrationen. Ein inoffizieller Taxifahrer machte seine Haltung deutlich – dies waren nicht Brüder in verzweifelter Notlage, dies war eine Gelegenheit für ein Geschäft, zuallererst und hauptsächlich. »Ich helfe euch gerne«, sagte er, »aber zeigt mir zuerst Van Riebeeck!« Van Riebeeck war der erste holländische Siedler in Südafrika – sein Gesicht auf den meisten Geldscheinen abgedruckt.

So begann noch am selben Tag eine neue Gemeinde zu entstehen: Die informelle Siedlung Emafundleni. Sie umfasste ungefähr zwei Hektar Land, aber dort wohnten nahezu 300 Familien mit ihren Angehörigen – zwischen 4.000 und 5.000 Menschen. Es gab keine Elektrizität und kein Wasser. Die Leute erbettelten sich Wasser von Hausbesitzern in den benachbarten Townships und benutzten das nahe gelegene Buschland für ihre Notdurft.

Da Aunt Sues Haus von Emafundleni aus gerade jenseits der Straße lag, wurde es für diese Gemeinschaft ein zentraler Treffpunkt, und nicht nur für Emafundleni, sondern für jeden, der verzweifelt, arm oder hilfsbedürftig war. Aunt Sue hatte ein kleines Projekt zur Herstellung von Backsteinen unmittelbar vor ihrer Haustür untergebracht, das Sisekho hieß. Die Leute kamen aus allen möglichen Gründen dorthin. Einige wollten nur Wasser aus dem Hahn, andere brauchten Rat oder Hilfe, um eine vermisste Person zu finden, oder sie suchten Beistand und Trost in schwierigen Zeiten. Ihr Haus und Sisekho wurde auch zu einem geheimen Treffpunkt für ANC-Aktivisten, was ich erst später erfuhr und was mich wirklich in eine Krise stürzte, da der *ANC* nach Jahren gewaltloser Aktionen zum bewaffneten Kampf aufgerufen hatte.

Obwohl völlig verständlich – ich war mit diesem Aufruf nicht einverstanden. Damals wie heute glaube ich, dass die Macht des Geistes die Ziele der Veränderung weit effektiver erreichen kann als physische Macht. In Südafrika wurde der Freiheitskampf größtenteils durch gewaltlose Mittel gewonnen – mindestens zu 90 Prozent. Genau diese in den vorangegangenen Jahren gelegten gewaltlosen

Grundlagen haben, wie ich glaube, unseren friedlichen Übergang zur Demokratie 1994 möglich gemacht.

Auf Emafundleni folgte die Konsolidierung mehrerer anderer Squatter-Camps, die unter dem kollektiven Namen Nyanga Bush bekannt wurden. Nyanga Bush sollte zum Schauplatz vieler Auseinandersetzungen in den folgenden Jahren werden und den Anstoß geben für eine wachsende Organisation mit dem Namen Nyanga Bush Front. Vertriebene aus allen Teilen der Stadt ließen sich in Nyanga Bush nieder, das, immer größer und überfüllter, sich schließlich in ein weiteres neues Camp ausdehnte – das »No Name Camp«, wie es die Zeitung »Cape Times« bezeichnete.

In jenen Tagen hatte die Regierung überhaupt kein Konzept für die Unterbringung der Schwarzen. In Kapstadt fand die Mehrheit Möglichkeiten zum Überleben. Sie hausten im Buschland, das die Stadt umgab und Schutz vor der Polizei und ihren Razzia-Fahrzeugen bot. Hier war man nahe genug an der Stadt um Arbeit zu suchen.

Das Engagement gegen die Passgesetze bildete das Zentrum des Kampfes. Es war ein umfassendes Thema, das nur langfristig durch nachhaltige Aktionen gelöst werden konnte. Vor diesem Hintergrund traten viele andere Menschenrechtsfragen immer wieder in den Mittelpunkt und stellten die Gemeinden auf die Probe.

In der allgemeinen Wahrnehmung herrscht der Eindruck vor, dass nur wenige Weiße sich im Kampf gegen die Apartheid engagiert hätten. Sie hätten alle die Apartheid unterstützt, sich ihrer Privilegien erfreut und nicht um das Leid der schwarzen Bevölkerung gekümmert. Diese Wahrnehmung tut einer großen Zahl von Weißen Unrecht, die ihr Leben der Sache der Gerechtigkeit gewidmet hat. Viele dieser Menschen haben für ihren heroischen Einsatz niemals Anerkennung erhalten. Die 70er-Jahre wurden für viele Südafrikaner über Glaubensgrenzen und politische Richtungen hinweg zu einem Wendepunkt. Die Zeit war gekommen, wo es nicht länger möglich war, als unbeteiligter Beobachter am Rand zu stehen.

Während des Kampfs gegen die Passgesetze und der Zwangsumsiedlungen durch die Regierung erreichten die Konflikte auch Grassy Park, einen Vorort von Kapstadt mit Sumpfgebieten, reichem

Vogelvorkommen und ausgedehntem Buschland. In dieser Umgebung suchte eine Gruppe von illegalen Siedlern Schutz und baute ihre behelfsmäßigen Häuser. Dieses Grassy Park Camp begann mit einer kleinen Gruppe, schwoll aber bald auf ungefähr 500 Familien an. Die Zukunft dieser Hüttenbewohner war akut gefährdet, da die Behörden mit einer Räumung drohten.

Unsere kleine Organisation war bereits völlig überlastet durch die Unterstützung und die Organisation von Camps wie Crossroads. Obwohl unsere Arbeitsgruppe etwa 1.000 Freiwillige zählte, reichten uns kaum die Stunden eines Tages, um auf alle Bedürfnisse einzugehen. Doch das Elend der Squatter von Grassy Park war verheerend. Einige lebten buchstäblich unter einem Busch mit wenig mehr als einer Plastikplane darüber zu ihrem Schutz. Zwei Frauen machten es möglich, dieser gefährdeten Siedlung zu helfen.

Dr. Mary Roberts war eine zierliche, energische Frau, die am berühmten Groote Schuur Hospital praktizierte. Sie war voll brennender Leidenschaft für die Menschenrechte, da sie viel gereist war und Gedankengut aus der Bürgerrechtsbewegung in den USA und anderswo aufgenommen hatte. Nach einem Aufenthalt in Australien, wo ihr früherer Mann Politiker gewesen war, war sie nach Südafrika zurückgekommen, fest entschlossen etwas zu verändern. Zuerst setzte sie ihr Ansehen und Geld für Helen Suzman ein, die einzige weiße Politikerin im Parlament. Sie wurde von der Mehrheit der Weißen als kommunistische »kaffir boetie«, Niggerfreundin, angesehen, weil sie regelmäßig Menschenrechtsfragen ins Parlament einbrachte, in der Regel unter Hohngelächter und kompletter Abweisung durch die regierende rassistische Nationale Partei. Die Ärztin Mary unterstützte ihre enge Freundin Helen bei dieser heroischen Arbeit. Später engagierte sich Mary immer mehr in humanitärer Arbeit.

Die zweite im Bunde war Stadträtin Eulalie Stott, diese kräftige Frau mit der dröhnenden Stimme, unterstützt durch die Frauen von Black Sash. Eulalie hatte bereits bei der Evakuierung von Modderdam unschätzbare Hilfe geleistet. Sie war eine bekannte Stimme für die Armen geworden, die nicht in den weißen Strukturen repräsentiert waren. Sie garantierte durch alle ihr zur Verfügung stehenden gesetzlichen Mittel, dass deren Stimme gehört wurde. Die beiden Frauen hatten so klare Ansichten wie ungewöhnliche Ideen. Eulalie wusste, dass Staatspräsident P.W. Botha in der Stadt war und gewöhnlich am Sonntag in der Holländisch Reformierten Kirche in Rondebusch zum Gottesdienst ging. Sie schlug vor, dass wir einige Leute aus Grassy Park mit in die Messe nehmen und mit ihrer Anwesenheit an das Gewissen des Staatspräsidenten appellieren sollten, um ihn dazu zu bringen, ihrem Elend zuzuhören. Mary würde durch ihre Kontakte einen Lastwagen organisieren und so viele Menschen wie möglich von Grassy Park zur Kirche transportieren.

Dieses Ereignis fand im Monat Juni statt, während der winterlichen Regenfälle in Kapstadt. Am geplanten Sonntag goss es ständig wie aus Kübeln. Der Transport wurde zum Problem. Unser Timing, rechtzeitig zur Kirche zu gelangen, musste genau stimmen – trotz des großen Aufgebots an Polizei und Bodyguards, die den Präsidenten umgaben. Als wir endlich in Rondebusch ankamen, war der Gottesdienst bereits zu Ende und der Staatspräsident verließ gerade die Kirche. Da standen wir nun am Straßenrand wie eine Schar völlig durchnässter Hühner. Eulalie ließ sich aber nicht abschrecken. Sie trat vor – und in eine Pfütze hinein –, schwenkte tapfer ihre Bibel vor dem Staatspräsidenten und rief: »Was ihr dem Geringsten meiner Brüder getan habt, das habt ihr mir getan!« (Matthäus 25,40)

Ihr Auftritt verursachte helle Aufregung. Polizei und Bodyguards drängten sich um Mr. Botha, um ihn vor dem Haufen pöbelhafter Protestierer abzuschirmen. Eulalies Worte waren jedoch unmissverständlich. Der Pfarrer der Kirche eilte zu uns und versprach, bei Mr. Botha für die Gruppe Fürsprache einzulegen. Er machte Eulalie Vorwürfe, dass sie nicht die richtigen Kanäle für den Protest eingehalten habe und dass sie sich wie eine Kommunistin verhalte. Das Ereignis wurde durch die Medien aufgegriffen, brachte aber keine nennenswerten Ergebnisse.

So traf sich eine Woche später eine Gruppe von Frauen zu einem sehr speziellen Damenkränzchen, das nicht die neueste Mode diskutierte, sondern sich um das Elend von Obdachlosen kümmerte. Gemeinsam kamen diese Damen auf die Idee, Minister aus der

Regierung und ihre Ehefrauen mit Telefonanrufen zu bombardieren, um die Aufmerksamkeit der Minister auf die schlimme Lage der Squatter zu lenken. Gesucht wurden vorzugsweise Afrikaans sprechende Frauen, da sie eher angehört würden als Englisch sprechende. Sie mussten auch weiß sein – wir wollten die Sache nicht durch Überreaktionen wegen Rassenvorurteilen komplizieren. Alles sollte einfach, freundlich und erfolgversprechend ablaufen. Schließlich beteiligten sich über hundert Frauen. Sie teilten sich in Gruppen auf, jede war für die Anrufe bei einem bestimmten Minister zuständig. Hauptziel war Marais Steyn, der Minister für Stadtentwicklung. Die privaten Telefonnummern waren problemlos zu bekommen, da einige der beteiligten Frauen beste Beziehungen hatten. Die Liste mit Namen und Telefonnummern wurde in Umlauf gebracht.

An einem Freitagabend begann die Telefonaktion. Die Idee war, höflich und freundlich anzurufen, nicht auf Politik einzugehen und stattdessen an die menschliche Seite der Person am anderen Ende der Leitung zu appellieren. Die schlimme Lage der Squatter im Regen sollte thematisiert werden. Die Frauen waren auch auf wütende Reaktionen vorbereitet, da sie spätabends anriefen. Einige Medien waren avisiert, als der Einsatz begann, und überall griffen die Frauen mit Herzklopfen zum Hörer.

»Guten Abend. Ich wohne in Constantia, und es tut mir leid, Sie so spätabends zu stören, aber ich möchte dringend Herrn Minister Marais Steyn sprechen.« So begann ein typischer Anruf, der mit rauer und beunruhigter Stimme, schon fast den Tränen nahe, fortgesetzt wurde: »Oh, Herr Minister Steyn, ich kann nicht schlafen! Ich habe von diesen armen Leuten im Buschland von Grassy Park gelesen, die kein Dach über dem Kopf haben und unter den Büschen schlafen. Ich war so betroffen und ging hin, um sie selbst zu sehen. Es sind Kinder dort, Herr Minister Steyn! Kann man denn nichts für sie tun?« Zuerst war die Antwort klar und knapp: »Meine Liebe, Sie sollten vorsichtig sein, an Orte wie diese zu gehen. Bitte überlassen Sie das in Zukunft meinem Ressort. Ich versichere Ihnen, dass wir uns der Situation bewusst sind und alles unter Kontrolle haben. Und bitte, glauben Sie nicht alles, was in den Zeitungen steht.« Die Frauen blieben hartnäckig: »Aber Herr Steyn, ich habe es mit eigenen Augen gesehen, diese Leute haben nichts – und dann der Regen! Können Sie nicht wegen der Dringlichkeit etwas unternehmen? Es ist einfach nicht richtig, Herr Minister Steyn, dass Menschen so leben müssen. Bitte, bitte tun Sie etwas!« Der Minister versprach, er werde sich um die Sache kümmern: »Bitte gehen Sie wieder schlafen und überlassen Sie die Angelegenheit mir.« Die Frauen bedankten sich: »Vielleicht rufe ich noch einmal an, um zu sehen, dass sich etwas tut. Nur um sicher zu gehen. Gute Nacht.«

Eine oder zwei Stunden später musste Minister Steyn ein weiteres ähnliches Telefongespräch mit einer andern beunruhigten Frau führen. Der Abend wurde lang, bis sich Minister Steyns Charme und Höflichkeit allmählich erschöpft hatten. Das gleiche Szenario wurde während des ganzen Wochenendes mit anderen Ministern oder ihren Ehefrauen wiederholt. Mit den Frauen, so berichteten unsere Freiwilligen, konnte man leichter reden. Sie empfanden ein natürliches Mitleid und versprachen, mit ihren Ehemännern über die Sache zu sprechen. Die Reaktionen gegenüber den Afrikaans sprechenden Frauen blieben freundlich. Der Plan funktionierte hervorragend. Wir hörten später am Montag, dass die Minister, welche die Frauen aufs Korn genommen hatten, eine dringende Sitzung mit Minister Steyn einberiefen, um die Angelegenheit zu besprechen. Ihr Wochenende war eine Katastrophe gewesen. Kaum einer war zum Schlafen gekommen, auch ihre Ehefrauen hatten sie ständig zur Rede gestellt. Sie wollten, dass die Sache mit den Squattern von Grassy Park geregelt wurde. Und zwar sofort!

Einige Tage später fuhren Lastwagen in Grassy Park vor, die die Leute aufsammelten und zu einem Gelände brachten, das als Wohnort für eine andere Gruppe vorbereitet worden war, das aber nun mit sofortiger Wirkung für die Familien von Grassy Park zur Verfügung stand. Wir schickten Freiwillige aus, um die Umsiedlung der Squatter in ihre neuen Wohnungen zu beobachten. Alles lief reibungslos ab. Wir konnten einen winzigen Sieg feiern, mitten in einem weitreichenden und weitertobenden Kampf um die Menschenrechte.

Die Proteste gegen die Bus-Fahrpreise

Mit einem Bus war es ganz einfach, aus den weißen Vororten ins Stadtzentrum zu kommen, ohne Umsteigen und zu einem geringen Fahrpreis. Es gab für jeden Vorort eine Buslinie. Schwarze hingegen mussten für eine Fahrt in die Stadt drei Mal umsteigen und hatten jedes Mal zu zahlen. Für sie gab es zu wenig Busse, und der Weg in die Stadt zu den Arbeitsplätzen und zurück war ein stetiger Kampf. Dazu waren die Busfahrpreise für sie verheerend hoch. So raubte der Staat diejenigen aus, die schon in quälender Armut lebten und keine Alternativen hatten. Jede Fahrpreiserhöhung traf direkt das Familienbudget und der öffentliche Nahverkehr wurde zu einem nächsten Feld des Kampfes um Menschenrechte.

Der erste Bus-Boykott von 1975 brachte verschiedene Entwicklungen zusammen. Zu dieser Zeit bildeten sich Schülerorganisationen an Highschools. Diese Student Representative Councils SRC ließen dann quasi ihre Muskeln spielen. Die SRC bildeten die Grundlage eines berühmten Komitees von 61 Schulen, später 81 Schulen, in den Aktionen von 1980. Gleichzeitig stieg das Selbstvertrauen in den Gemeinden. Es bildeten sich Frauengruppen, Vorschulen, Anwaltsbüros für Menschenrechte etc.

Der Bus-Boykott von 1980 war eine solche Aktion, herausragend dank der Disziplin und der langen Dauer, während der er durchgehalten wurde. Er brachte einzelne Personen zu erstaunlichen Leistungen. Allie Parker beispielsweise, der mit mir 1980 verhaftet wurde, betrieb eine kleine Druckerpresse und pflegte am Ende seines Arbeitstages einfach seine Schlüssel mit den Worten zu übergeben: »Es steht alles zu Eurer Verfügung. Bitte nichts Illegales und keine politischen Pamphlete. Ansonsten tut, was ihr wollt.« So wurde seine Druckerpresse verantwortlich für den Druck von Hunderttausenden von Gemeindebriefen.

Seit den 1960er-Jahren hatte es keine Massenaktionen gegen die Apartheid gegeben, bis der *Pan Africanist Congress PAC* Protestmärsche gegen die Passgesetze durchführte. Der berühmte Soweto-Aufstand von 1976 war eher verzettelt und wenig diszipliniert abgelaufen. Was Ende der 70er- und in den 80er-Jahren allmählich Gestalt annahm, war die Teilnahme von ganzen Gemeinden an disziplinierten, respektvollen, positiven und kreativen Protestaktionen.

Zu jener Zeit fuhren die Busse unter City Tramways, einer Tochtergesellschaft der Tollgate Holdings, einem riesigen privaten Unternehmen mit 122 Tochtergesellschaften. Der Rechtsanwalt Richard Rosenthal hatte Korruption in diesem Unternehmen herausgefunden und mit seinen Ergebnissen eine Beschwerde an das National Road Transportation Board gerichtet. Der Staat hatte Behörden für alle möglichen Unternehmen eingesetzt, zum Beispiel für Mais, Kartoffeln oder auch den öffentlichen Verkehr. Ihre Rolle war nie klar, in Wirklichkeit waren sie Schoßhunde des Staates und sicherten Arbeitsplätze für Afrikaaner – aber man konnte wenigstens Beschwerden an sie richten …

City Tramways war von oben bis unten korrupt: Da wurden Betriebe gegründet, nur um einen Artikel zu verkaufen, beispielsweise Reifen oder Windschutzscheiben. Diese Produkte wurden dann mit hohem Profit an City Tramways verkauft. Selbstverständlich ohne öffentliche Ausschreibungen oder ohne Mengenrabatte. Richard Rosenthal enthüllte, wie City Tramways diese nutzlosen Tochtergesellschaften betrieb, die für die Mutterfirma einen massiven Verlust sicherstellten. Dafür gab es dann staatliche Hilfen. Die Defizite rechtfertigten auch ständige Erhöhungen der Busfahrpreise. Wenige Schwarze konnten sich ein Auto leisten, Busse waren die Lebensader der Armen – sie brauchten sie, um zur Arbeit zu fahren und Geld zu verdienen. Die steigenden Preise wirkten sich verheerend aus.

Wichtige Informationen erhielt Richard Rosenthal auch aus ungewöhnlichen Quellen. So bat ihn eine Prostituierte um ein geheimes Treffen. Sie erzählte, dass sich einer der leitenden Direktoren des Unternehmens während eines Bettgesprächs nach dem üblichen Sex äußerst beunruhigt gezeigt hatte. Er offenbarte der Frau seine beruflichen Ängste: Dass das wahre Ausmaß der Korruption und der Vorgänge beim Bus-Unternehmen entdeckt würden, bei denen Millionen von Hand zu Hand gingen. Sie bot diese Information unter strikter Vertraulichkeit und der Zusicherung an, dass ihr Name nicht genannt oder sie nicht in den Zeugenstand gerufen würde. Doch ihr Bericht unterstützte das Vorgehen und lenkte es in die richtigen Bahnen. Unter all dem Rauch gab es tatsächlich sehr viel Feuer.

Richards Beschwerden wurden von einer Untersuchungskommission des Road Transportation Board nicht ernst genommen. Nach längeren Diskussionen kamen wir deshalb zum Entschluss, das staatlich unterstützte Bus-Unternehmen vor Gericht zu verklagen. Das hatten wir schon 1975 getan – und verloren. Nun im Jahr 1979 plante der Staat eine mehr als hundertprozentige Erhöhung der Fahrpreise. Ich übernahm diesmal die Verantwortung als Kläger, wobei ich von Aunt Sue und anderen unterstützt wurde. Doch ohne die Unterstützung von Dr. Leen van der Burg aus Holland wäre dies nicht möglich gewesen. Denn die Konsequenzen einer Niederlage vor Gericht wären vernichtend für mich gewesen. Niemals hätte ich für die eigenen Anwaltskosten, die Kosten der Gegenpartei und die Kosten des Gerichts aufkommen können. Leen nötigte verschiedene kirchliche Würdenträger mir Bürgschaften zu geben und bürgte persönlich für die benötigten finanziellen Mittel. Anwalt Richard Rosenthal und sein Team mussten vorsichtig vorgehen, denn vier Jahre zuvor war Richard durch den Staat beschuldigt worden, eigene Ziele zu verfolgen anstatt die eines angeblichen Klienten.

Mir zitterten die Beine, als ich neben Aunt Sue vor Gericht stand in der Verhandlung des Falles Roberts gegen das National Road Transportation Board. Aunt Sue war in den Ereignissen, die zu dieser Verhandlung geführt hatten, eine Schlüsselfigur und eine von zwanzig Personen, die bereit waren, eine Eingabe für das Gerichtsverfahren gegen den Staat zu unterzeichnen. Sie saß während der meisten Verhandlungen neben mir. Der Staat war durch den polternden, eindrucksvollen Staatsanwalt Harry Snitcher vertreten, ich durch den winzigen, leise sprechenden Louis Dison, einen schmächtigen Mann, dessen einzige Nahrung Linsensprossen zu sein schienen, von denen er den ganzen Tag über immer wieder eine kleine Handvoll kaute. Als die Zeit für die Schlussplädoyers kam, bot Harry Snitcher eine beeindruckende Schau großartiger Worte, die mich endgültig zunichte machten – wie ich fürchtete.

Als Snitcher geendet hatte, erhob sich Louis Dison sehr langsam und begann sein Plädoyer mit sanftem Humor: »Hohes Gericht«, formulierte er, »ich bitte Sie, sich nicht durch die trügerische Redegewandtheit meines gelehrten Freundes überzeugen zu lassen.« Alle lachten, einschließlich der Richter. Mein Anwalt begann zu sprechen: ruhig, logisch und scharfsinnig. Mein Herz wurde von tiefer Dankbarkeit erfüllt. Man kann unmöglich das Gefühl beschreiben, wenn man als unterdrückte Person einen Fürsprecher zur Seite hat, der messerscharfe Worte gebraucht gegen die tyrannische Taktik eines Riesen, der einen zu vernichten droht.

Überraschenderweise gewann ich den Fall, die Zeitungen brachten die Meldung groß heraus. Als Ergebnis des Gerichtsurteils wurden die Busfahrpreise im ganzen Land halbiert. Aunt Sue war begeistert und stolz, an dieser Leistung beteiligt zu sein. Ich wurde vorübergehend so etwas wie ein Nationalheld, was das Leben in manchen Bereichen leichter machte, da meine Beiträge eher respektiert wurden, wenn ich bei Kundgebungen und ähnlichen Veranstaltungen zu den Leuten sprach. Und wir hatten Zeit gewonnen, um den Massenboykott von 1980 vorzubereiten.

Als der Staat sich schließlich wieder aufgerafft hatte und Mitte der 1980er-Jahre die Busfahrpreise erneut erhöhte, waren wir als Gemeinschaft vorbereitet. Das Thema bekam höchste Aufmerksamkeit. Der Aufruf zu einem massenhaften Bus-Boykott führte zu Kundgebungen für die Sache der Menschenrechte überhaupt. Es wurde zu einem vollständigen Boykott der Busse aufgerufen – mit breiter Unterstützung. Sechs Wochen lang, mitten im Winter, verzichteten die Leute möglichst auf den Bus. Sie fuhren mit dem Zug, wo sie konnten, und gingen kilometerweit im Regen zu Fuß. Die unglaubliche Solidarität und Disziplin von allen, besonders der Jugend, war bemerkenswert. Die SRC, die Schülerräte, halfen entscheidend mit. Jugendliche holten ihre Mütter und Väter vom Bahnhof ab, wenn sie von der Arbeit kamen. Und sie gingen mit ihnen Tag für Tag zu Fuß nach Hause als Zeichen der Solidarität.

Nach den vielen Wochen begann sich der Bus-Boykott allmählich aufzulösen. Der Staat war nicht müßig gewesen und hatte Provokateure eingesetzt, die Busse mit Steinen zu bewerfen, und schürte dadurch das Feuer, Vergeltung zu üben. Ich war schon vor dem Bus-Boykott verhaftet worden, zusammen mit vielen anderen. Nach und nach fuhren die Leute wieder mit den Bussen. Aber es war eine bedeutende Saat der Disziplin, der Gewaltlosigkeit und Zusammengehörigkeit gestreut worden – einmal würde sie aufgehen. Das Bewusstsein der Menschen war gestiegen, die Buskampagne war ein Wendepunkt für Massenaktionen und gab den einfachen Menschen einen Glauben an sich selbst, den sie nicht für möglich gehalten hatten.

Aunt Sue und ich waren zu der Zeit Mitglieder einer Organisation mit dem Namen Veritas, die dem südafrikanischen Kirchenrat *(South African Council of Churches)* angeschlossen war. Unsere Absicht war es, eine Bewegung voranzubringen, die gegenüber dem Staat eine christliche Antwort zu geben versuchte, eine Antwort, die ihre Wurzeln stark in den Erfahrungen von Armut und Ungerechtigkeit hatte. Wir waren eine interessante Mischung. Die Leute kamen von allen Seiten des politischen Spektrums, viele mit weit auseinander liegenden Zielen. Sie brauchten dringend die einigende, kluge und einfache Art, die Aunt Sue einbrachte. Die Mitglieder stritten sich manchmal heftig. Wie überall gab es auch hier die menschliche Neigung, sich gegenseitig zu verurteilen, besonders bei jenen, die meinten, ihre Einstellung sei engagierter, politisch korrekter als die der anderen.

Ich hatte in Südamerika wunderbare Menschen wie Anna Sugranyes und den Jesuiten Caesar Jerez getroffen und war von ihnen tief berührt worden. Die beiden standen an dem Tag an der Seite von Erzbischof Oscar Romero, als dieser inspirierende Mann in El Salvador brutal niedergeschossen wurde. Seine Worte an das Regime in einer Predigt kurz vor seinem Tod hatten sich unauslöschlich in meine Seele eingeprägt: »Als Regime, das durch Gewaltherrschaft Hass und Angst verbreitet, könnt ihr mich und viele andere töten. Aber niemals werdet ihr unseren Geist töten. Unsere Sache wird weitergehen, lange nachdem unsere Körper tot sind, da unser Blut aufschreit und unser Geist unaufhörlich weiterlebt, bis das Licht unseres Glaubens und unserer Liebe am Ende die Dunkelheit eurer Handlungen überstrahlt.«

Ich weiß noch, dass ich wie ein Kind weinte, als ich im Foyer des großen Konferenzzentrums in Veldhoven in Holland die Geschichte dieses erstaunlichen Mannes hörte, der aus solch großer Entfernung unserem Kampf in Südafrika Flügel verlieh, indem er uns den Geist der Liebe und des Glaubens vermittelte, der in unserem Aktionismus so bedenklich fehlte. Es lag darin eine Herausforderung für jene von uns, die Aktivisten für den Frieden sein wollten inmitten unruhiger Zeiten, als Konflikte innerhalb des ideologischen, religiösen und politischen Spektrums uns zu zerreißen drohten.

Die *Befreiungstheologie* wurde in weiten Kreisen diskutiert. Es gab Richtungen, die Gewaltlosigkeit propagierten, aber es gab auch viele, die darauf bestanden, dass das Leben Christi die vollständige Identifikation mit den Armen verlangte – bis zu dem Punkt, dass wir in ihrem Namen zu den Waffen greifen sollten. Die Theorie des »gerechten Krieges« wurde in dieser Debatte auch vorgebracht. Trotz all ihres Argumentierens und den Bezügen zur Bibel war die Befreiungstheologie bei uns zu einem großen Teil abgehobenes politisches, theologisches und philosophisches Geschwätz. Die Menschen an der Basis, die im Alltag lebten und arbeiteten, machten einfach weiter mit einem Glauben, der einige der Salontheologen beschämen musste.

Aunt Sue und ich sowie einige andere nahmen einen einfachen christlichen Standpunkt ein, der Menschen einschließt und bestätigt, statt sie zurückzuweisen und zu verdammen. Das Familienleben zu bewahren, die Schwächsten zu schützen, das Gute in allen Menschen zu erkennen – das sollten die entscheidenden Werte für unsere Arbeit sein und nicht politische Ideologie, die nur dazu diente zu spalten.

Wir waren nicht blind bezüglich der Realität sich widerstreitender politischer Ideologien. Aber wir mussten unser Ziel im Auge behalten und konnten uns nicht erlauben, dass uns unterschiedliche Ansichten auseinanderreißen. Alle Beteiligten sollten unsere Hauptziele akzeptieren. Es sollte keine Aktion geben, an der nicht auch die schwächsten Glieder in unserer Kette mitmachen konnten. Außer unter besonderen Umständen, wo zu radikalen Aktionen aufgerufen wurde. In solchen Fällen war unsere Haltung: Lasst jene handeln, die bereit sind, ohne jene zu kritisieren, die sich dazu nicht in der Lage fühlen. Wir waren immer froh über jeden Beitrag, den jemand leistete, egal wie gering er war – die Leute wurden für ihre Bemühungen gelobt. Als wir sahen, wie immer mehr Zwietracht in der Führung der Gemeinde auftauchte, mehr Konkurrenz um Macht, mehr gegenseitige Verurteilungen, mussten wir immer wieder die einfachen menschlichen Werte wiederholen, nach denen wir handelten. Wir mussten viele Versuche zurückweisen, Menschen aufgrund ihrer politischen Ideologie zu spalten und zu kategorisieren. Wir mussten immer wieder das Vertrauen der Menschen gewinnen. Es gab einen schmalen Grat unterschiedlicher Gefühle: Ängste, Wut, unterschiedliche Wahrnehmungen, Vorurteile, Stolz, Ideologien, Bedürfnisse und religiöse Ansichten – wir versuchten einfach, nach den Lehren Christi zu leben und ihnen in den realen Umständen um uns herum Ausdruck zu verleihen.

Mit dem Bus-Boykott wurde die Grundlage für die Kämpfe der 80er-Jahre gelegt, als die *United Democratic Front UDF* und die Gewerkschaften entstanden. Eine Basis war aufgebaut worden, wir konnten nun auf das Thema der Passgesetze zurückkommen, die den Eckpfeiler der ganzen Ungeheuerlichkeit der Apartheid ausmachten. Ende der 80er-Jahre gab es mehr als 50.000 Organisationen, die auf die eine oder andere Weise gegen die Apartheid arbeiteten und der Regierung heftige Kopfschmerzen bereiteten. Zunehmend musste nun die Armee in den Townships eingesetzt werden. Der Staat wurde so stark in Anspruch genommen durch die Boykottaktionen, Kampagnen, Streiks und Protestmärsche, dass Verstöße gegen die Passgesetze im Vergleich dazu geringfügig erschienen – so dachten wir zu der Zeit.

New Crossroads wurde gebaut. Aber die wachsenden informellen Siedlungen, die der Staat nicht anerkannte und andauernd bedrohte, blieben ein Thema. Wir schöpften eine gewisse Hoffnung, als der berüchtigte Mr. Botha, verantwortlich für *Bantu Affairs*, durch einen neuen »verligte«, aufgeklärten Mann ersetzt wurde, der eine Philosophie der Versöhnung predigte: Mr. Bezuidenhout. Aunt Sue arrangierte ein Treffen mit dem neuen Chef. Sie und ich gingen zu seinem Büro, wo er uns fröhlich mit den Worten begrüßte: »Willkommen im Tempel der Unterdrückung!« Er hatte den Sozialismus in Jugoslawien studiert und kannte den Marxismus in- und auswendig. Er war stolz darauf, sein Wissen und seine Kenntnisse über die Sprache des »Kampfes« zu demonstrieren, und bemühte sich zu zeigen, dass er verstand, woher wir kamen.

Bald nach diesem ersten Treffen erhielt ich eine geheime Nachricht von Mr. Bezuidenhout, der ein ruhiges Abendessen in einem erstklassigen Restaurant am Hafen vorschlug. Ich war besorgt und fragte Aunt Sue, was sie darüber dachte, da ich mich nicht kompromittieren wollte. Sie bestand darauf, dass ich zu dem Abendessen gehen und danach Bericht erstatten sollte. Das tat ich dann auch, zusammen mit Celeste Santos, einem Mitglied aus der Führung der Untergrundgruppe. Wir trafen Mr. Bezuidenhout, der die Großzügigkeit selbst war und vor Freundlichkeit und Gefälligkeit triefte. Seine Absicht war, die missliche Lage aufzuzeigen, in der er sich befand. Er wolle uns zwar entgegenkommen, aber bat uns gleichzeitig, vernünftig zu sein. »Es gibt keine Möglichkeit, dass jedem ein legaler Status gewährt wird. Der Staat wird diese Idee niemals akzeptieren. Wir müssen einen Kompromiss finden«, sagte er.

Wir stellten klar, dass wir nicht für das Volk sprechen konnten, wollten aber seine Haltung und Bereitschaft, einen gewissen Schritt zu gehen, berücksichtigen. In der Zwischenzeit, sagten wir, wären wir dankbar, wenn keine weiteren Zwangsräumungen von »Illegalen« stattfänden. Mr. Bezuidenhout konnte nicht garantieren, dass keine Verhaftungen mehr vorgenommen würden, da dies seine Zuständigkeit übersteige. Jedoch versprach er, mit Dr. Piet Koornhof zu reden, dem Minister für Zusammenarbeit und Entwicklung – dem modernen Begriff für die alten *Bantu Affairs*. Er machte deutlich, dass es innerhalb der Regierung viele heimliche Kräfte gab, die eine Aussöhnung sehr erschwerten, Leute, die es zu gerne sähen, wenn Dr. Koornhof und er abgesetzt würden. Bezuidenhout versprach jedoch, dass der Staat mehr Land zur Verfügung stelle für die Flut von Menschen aus Nyanga Bush und Crossroads – Land, das der Armee gehörte. Dieses Zugeständnis wurde unter dem Vorbehalt gemacht, dass wir eine begrenzte Anzahl von Leuten mit legalem Status akzeptierten. Sein Angebot war schon etwas, aber wir waren nicht berechtigt, dem zuzustimmen, bevor wir der Gemeinschaft Bericht erstattet hatten. Es gab das informelle, repräsentative Netzwerk der NGO, kirchlicher Gruppen und Gemeindeorganisationen. Und es gab die verschiedenen Organisationen von Schwarzen, deren Führer im Namen von Gruppierungen sprachen und handelten; sie befanden sich direkt in der Schusslinie staatlicher Aktionen.

Wir verließen das Essen mit Mr. Bezuidenhout mit sehr gemischten Gefühlen. Den Fisch hatten wir zwar genossen, aber das geheime Treffen hatte mehr versprochen, als schließlich herausgekommen war. Unsicherheit und Fragen blieben. Wir sollten noch herausfinden, dass seine samtenen Worte eine eiserne Hand verbargen, welche die Fundamente der Apartheidpolitik weiter fest verankerte.

Wir erstatteten Aunt Sue Bericht. Ihrer Ansicht nach sollten wir das Angebot, von der Armee Land für Wohnungen zu erhalten, annehmen, ohne jedoch einzuwilligen, dass nur wenige Leute legalen Status bekamen. Eine solche Bedingung zu akzeptieren würde uns nur an den Punkt zurückführen, an dem wir in Bezug auf Crossroads waren; einige wären legal und der Rest weiterhin verfolgt. Dies zu akzeptieren hätte unsere Glaubwürdigkeit und unseren Kampf ruiniert. Wir verlören die Einigkeit und die Unterstützung, die über viele Jahre hinweg entwickelt worden waren.

Gleichzeitig spürten wir den Druck von Leuten, die verzweifelt einen Ort suchten, um sich niederzulassen und ein »normales« Leben zu führen. Es fanden weitere Treffen mit Mr. Bezuidenhout und Mitgliedern aus unserem Team statt, wo in groben Zügen ein Abkommen entworfen wurde, Menschen auf dem Armee-Areal anzusiedeln. Der Staat schlug sogar einen Namen für diese neue Siedlung vor: »Khayelitsha«, was »neue Heimat« bedeutet.

Dieses Abkommen führte in den folgenden Wochen zu Turbulenzen: Viele im linken Spektrum lehnten jegliche Form von Kompromissen mit dem Staat ab. Die Siedlung Khayelitsha stellte für sie den schlimmsten Kompromiss dar. Sie waren eine kleine Gruppe, gebildet und privilegiert, oft von weißer Hautfarbe, sie hatten Geld im Hintergrund und traten sehr vehement auf. Bei einer wichtigen Versammlung mehrerer repräsentativer Gruppen, einschließlich Führern schwarzer Gemeinschaften, ergab sich eine hitzige Debatte. Entscheidend war die Tatsache, dass die vertriebenen Gemeinden den Kampf und das Leid zu spüren bekamen und nicht diejenigen, welche die Siedlung ablehnten. Die waren privilegiert und reich – sie litten nicht tagtäglich unter der Obdachlosigkeit.

Aunt Sue stand auf und versuchte diese Gruppe anzusprechen: »Ich höre, was gesagt wird. Es wäre ein Kompromiss, dieses Land anzunehmen. Wir Schwarzen haben kein Problem damit. Aber unsere weißen Freunde, die heute hier sind, wollen anscheinend, dass wir so weiterleben wie bisher. Sie teilen unsere alltäglichen Mühen nicht. Haben wir die Gelegenheit, unsere Lebensbedingungen zu verbessern, müssen wir sie ergreifen – wenn sie allen angeboten wird. Wir werden unseren Kampf dennoch fortsetzen – wir wissen, dass er noch nicht vorbei ist, solange die Passgesetze existieren.«

Aunt Sues Rede ging noch weiter: »Es kümmert uns nicht, ob dieses Land Khayelitsha heißt oder Paarl. Uns kümmert, dass wir endlich anerkannt werden und Häuser bauen können, die uns wirklich gehören. Wir sprechen für ganz Südafrika. Diese Siedlung ist das direkte Ergebnis unseres Kampfes und wir dürfen sie nicht ablehnen. Wir haben unsere Leute vor dieser Versammlung befragt, ihre Haltung ist eindeutig. Ihr als Weiße habt uns sehr unterstützt. Wir können nicht deutlich genug ausdrücken, wie sehr wir den Beistand und die praktische Solidarität schätzen, die ihr demonstriert. Es ist jedoch unser eigenes Schicksal, um das es hier geht. Wir Afrikaner müssen unsere eigenen Architekten sein, mit eurer Unterstützung. Das erbitten wir uns von euch.«

In Aunt Sues Stimme lag eine dringende Bitte, da sie gespürt hatte, dass dies für manche bedeuten könnte, getrennte Wege zu gehen. Eine radikale Fraktion in unserer kleinen Menschenrechtsgruppe hatte eigene Pläne. Wie befürchtet, spaltete sie sich ab und nutzte

Geld und Einfluss, um bei einigen Führern Unterstützung zu finden. Diese Abspaltung machte unseren Kampf schwieriger. Die Führer, mit denen diese Gruppe sich nun verband, handelten nicht aufgrund von politischen Grundsätzen, sondern um sich Posten zu erhalten und finanziellen Gewinn zu sichern. Sie verdienten eine Menge Geld, indem sie »Bewerbungen« für die schon überfüllte Siedlung Nyanga Bush annahmen. Diese Führer verlangten aus allen möglichen Gründen Bezahlung, zum Beispiel um Verhandlungen zu führen oder sich um einen legalen Status zu kümmern. Der neue Platz in Kayelitsha aber würde diesen Führern die Macht nehmen, die sie über verzweifelte Menschen hatten. Die privilegierte Gruppe, die sich von unserer Menschenrechtsorganisation abspaltete, sah oder erkannte dies nicht. Das schürte Spannungen, die später zu Gewalt führten.

Aunt Sue tat ihr Bestes, um die Spannungen zu verhindern. Die Verhältnisse eskalierten noch mehr, als sich Politiker aus dem Untergrund in die Auseinandersetzung einschalteten. So wurden heimliche Abkommen geschlossen, für ANC-Operationen Waffen zu verstecken. Diese richteten später während der Machtkämpfe Mitte der 80er-Jahre viel Schaden an. Die arme Aunt Sue war manchmal der Verzweiflung nahe. Die Menschen waren immer noch nicht frei. – Würden uns nach so vielen Opfern kleinliche Machtkämpfe aus der Bahn werfen und das Erreichen unseres Zieles vereiteln?

Zur gleichen Zeit gab es auch Zeichen der Hoffnung und der Normalität in den bedrohten informellen Siedlungen. Schulen und Vorschulen wurden eingerichtet. Dr. Ivan Toms eröffnete ein Krankenhaus in Crossroads. Aunt Sue eröffnete ein kleines Beratungszentrum in ihrem Haus und ein weiteres in Crossroads, das von verschiedenen NGO genutzt wurde, welche den Menschen weiterhalfen. Die Leute kamen nun ohne Furcht in diese informellen Siedlungen.

Aunt Sue und ihre Kollegin Nomangesi Mbobosi ebneten auch den Weg für eine von der Gemeinde unterstützte Initiative gegen die Misshandlung von Frauen. Sie erhielten eine einzigartige Unterstützung der Führungspersonen vor Ort, denn diese waren alle männlich. Sie begannen eine Kampagne gegen das Problem, dass Männer ihre Frauen schlugen – und sie gingen das sehr praktisch an. Prügelnde Männer wurden 24 Stunden lang vor ihrem Haus an einen Pfosten gebunden. Diese Aktion zeigte unmittelbare Wirkung. Die Misshandlung von Ehefrauen ging stark zurück. Kleinkriminalität war auch selten. Tatsächlich sprach es sich herum, dass informelle Siedlungen wie Crossroads sichere Orte waren, trotz des Geredes, es seien Brutstätten des Verbrechens. Das Gegenteil war richtig. In diesen Siedlungen gab es mehr Mitgefühl, gemeinsame Werte und wahren Gemeinschaftsgeist, als man dies je in einem wohlhabenden Vorort erhoffen konnte.

Das No Name Camp, der Hungerstreik und die Passgesetze

No Name Camp war eine von vielen informellen Siedlungen. Weil sie keinen Namen trug, wurde dies zu ihrer Bezeichnung. Und die Einwohner von No Name Camp fanden Wege, das Leben inmitten von unmenschlichen Bedingungen erträglich zu machen. Sie hatten immer noch kein Wasser, keine Toiletten, keine Elektrizität – und sie waren aus Sicht des Staates weiterhin illegale Fremde. Doch sie waren kreativ, schufen kleine Vorschulen, bauten Kirchen in Hütten, und einer eröffnete sogar ein zweistöckiges Hotel in einer Hütte.

Das Camp lag in der Nähe von Aunt Sues Haus. Jeden Tag suchten Leute bei ihr Beistand. Wasser, Telefonanrufe, die Suche nach Angehörigen, Papierkram etc. Aunt Sue schickte niemanden fort. Sie war für alle da, die sie brauchten, war Mutter, Zuhörerin sowie eine Quelle für praktische Informationen und Ratschläge. In späteren Jahren kamen auch Ausländer aus ganz Afrika zu ihr.

Dass sich »Illegale« ein Leben aufbauten und Wurzeln schlugen, war für den Staat ein Affront. Ab einem gewissen Punkt konnte dies nicht mehr toleriert werden. Ohne Vorwarnung umschlossen Polizei und Armee eines Tages das No Name Camp, hoben um das Gelände einen Graben aus und ließen niemanden mehr hinein oder hinaus. No Name Camp wurde zur No-Go-Zone erklärt. Die Streitkräfte und die etwa 2.000 Bewohner des Camps standen sich in einer Pattsituation gegenüber.

Wir beriefen eine dringende Versammlung in Aunt Sues Haus ein, um die Lage zu besprechen. Unsere Sorge galt den unmittelbaren Bedürfnissen der Bewohner nach Lebensmitteln und Wasser. Wir mussten Freiwillige mobilisieren, die bereit waren, sich den Sicherheitskräften zu widersetzen und das Nötigste ins Camp zu bringen. Wir mussten einer breiteren Öffentlichkeit klar machen, was passierte. Eine weitere Versammlung wurde in der Katholischen Kirche in Gugulethu abgehalten, wo Father Des Curran der verantwortliche Priester war. Wir beschlossen, in einem Konvoi nach No Name Camp zu fahren und Lebensmittel und sonstige Vorräte, die wir auftreiben konnten, dorthin zu bringen. Das Haus von Aunt Sue benutzten wir einmal mehr als Basis.

Durch einen Freund in der US-Botschaft erfuhr ich, dass eine Gruppe amerikanischer Kongressabgeordneter in die Stadt kommen sollte. Ich organisierte für eine Delegation von ihnen ein Treffen mit Aunt Sue und einen Besuch in No Name Camp, das in nur vier Minuten zu Fuß von ihrem Haus aus zu erreichen war. Zur Gruppe gehörte auch eine schwarze Kongressabgeordnete und ein Team von Journalisten, das eingeschmuggelt worden war, um den Besuch zu beobachten. Nomangesi Mbobosi und Aunt Sue hatten in der Zwischenzeit Gruppen in der Nähe des No Name Camps organisiert und begannen mit ihnen religiöse Lieder zu singen, um Polizei und Armee nicht zu provozieren. Was für ein Anblick: Dieser Ausdruck von Einfachheit und Würde im Angesicht der Gewaltbereitschaft der Polizei. Die amerikanische Kongressabgeordnete brach in Tränen aus.

Inzwischen blieben unsere Freiwilligen, meist Mitarbeitende der Kirchen, im Fahrzeugkonvoi und warteten in einer langen Schlange darauf, aufs Gelände gelassen zu werden. Eine von ihnen, eine eher konservative Weiße, die zu den Unterstützern an der Basis gehörte, fühlte sich schließlich total frustriert: »Mein Beweggrund war meine christliche Überzeugung. Ich stellte nicht in Frage, was ich schließlich tat – ich fühlte mich dazu berufen«, sagte sie später. Sie benutzte ihren Minibus, der mit Vorräten gefüllt war, als Rammbock, um eine Straßenblockade aufzubrechen und in das Camp zu gelangen. Sie wurde sofort von einem Meer von Frauen umringt, die herbeiströmten, um sie vor der Polizei und der Armee zu beschützen. Da es jenen deshalb nicht möglich war, an ihr Fahrzeug heranzukommen, konnten sie die Fahrerin nicht verhaften und mussten aus gewisser Entfernung zuschauen.

Diese Aktion stärkte die Entschlossenheit der Camp-Bewohner, die sich versammelt hatten und sangen. Das Singen dauerte die ganze Nacht lang. Es herrschte eine Atmosphäre von Gelassenheit und Frieden. Gegenüber Polizei und Armee wurde zu jeder Zeit Respekt gewahrt. Diese würdevolle Haltung war natürlich das Werk von Aunt Sue und Nomangesi und hatte eine tiefgreifende Wirkung auf die Mitglieder der Sicherheitskräfte. Während die Stunden verstrichen und die Frauen eine schöne Xhosa-Hymne nach der anderen sangen, waren viele Polizisten und Armeeangehörige tief betroffen, verließen ihre Stellungen und gingen nach Hause.

Ein Soldat gestand mir später: »Als wir diese Frauen sahen, wie sie ihre religiösen Lieder sangen und uns gegenüber so freundlich waren, mussten wir an unsere eigenen Familien und Eltern denken. Einige dieser Frauen hätten leicht unsere Mütter sein können. Wir kamen hierher in dem Glauben, dass wir es mit Terroristen zu tun hätten, nicht mit unseren Mitchristen, die religiöse Lieder sangen und friedlich waren. So konnten wir einfach nicht weitermachen.« Die Reihen der Polizei und der Armee wurden dünner, und innerhalb eines Tages brach das Ganze praktisch zusammen. Die Publicity aufgrund der Bilder, die am nächsten Tag überall auf der Welt erschienen, spielte dabei sicher eine Rolle. Die Blockade des Camps wurde aufgehoben und die Wege waren wieder frei. Einen Eingang bewachte die Polizei noch. Leute konnten nach wie vor verhaftet werden; deshalb mussten sie vorsichtig und respektvoll bleiben und Abstand halten. Denn natürlich blieben die Gesetze unverändert.

Solch ein Zustand der Unsicherheit konnte nicht von Dauer sein. Durch einen schwarzen Polizisten – es gab ein paar von ihnen – bekamen wir davon Wind, dass der Staat plante, innerhalb der nächsten Wochen eine Entscheidung herbeizuführen. Jeder ohne Pass – in No Name Camp fast jeder – sollte verhaftet und vor das Gericht für Passangelegenheiten in Langa zitiert werden.

Wir trafen uns wiederum bei Aunt Sue, schmiedeten Pläne und trafen Vorbereitungen. Spät am Abend riefen wir alle Leute im Camp zusammen, um die Situation zu erläutern und Beschlüsse zu fassen. Die Idee war, die Bußgelder zu verweigern, auf Verteidigung vor Gericht zu bestehen – was wir arrangieren würden – und massenhaft bereit zu sein, ins Gefängnis zu kommen oder deportiert zu werden. Wir hatten für all jene, die deportiert würden, Hunderte von Zetteln mit Telefonnummern von Helfern vorbereitet. Wir hatten auch die Organisation *Black Sash* in höchste Alarmbereitschaft gesetzt. Wir baten sie, Rechtsanwälte zu organisieren, die bei Gericht anwesend waren, wohin wir eine vollständige Namensliste der Leute liefern würden, die den Beistand brauchten.

Die Menschen versammelten sich – mehr als 3.000 Leute, auch Kinder waren darunter. Es war eine der kältesten Nächte im Juni – mitten im Winter. Aunt Sue erklärte der weiter wachsenden Menschenmenge die Einzelheiten der bevorstehenden Ereignisse. »Ich grüße euch, meine Leute, an diesem sehr kalten Abend, wo die Regierung wieder einmal Aktionen in die Wege leitet und versucht, unseren Kampf um die Befreiung von den unmenschlichen Passgesetzen zu verhindern. Wir haben ihre Aktionen während der letzten Wochen gesehen. Heute Abend müssen wir eine Entscheidung treffen. Dieser Kampf muss von denjenigen ausgefochten werden, die leiden. Diejenigen, die uns unterstützen, können dies nur tun, wenn wir selbst die Verantwortung für unsere Befreiung übernehmen. Es liegt in unserer Hand.«

Aunt Sue erklärte, dass sich die Regierung auf die Bezahlung der Bußgelder verlasse. Mit diesen Einnahmen jedoch würde die Unterdrückung finanziert. »Heute Abend müssen wir Nein sagen! Heute Abend müssen wir sagen, dass wir bereit sind, mit unseren Kindern ins Gefängnis zu gehen. Wir müssen uns weigern, diese Bußgelder zu bezahlen. Wir müssen die Gefängnisse füllen, bis sie keinen Platz mehr finden, um uns unterzubringen.«

Aunt Sue schlug vor, Pläne zu machen, die es dem Staat erschwerten, uns vor dem Gericht in Langa wie Tiere zu behandeln. Sie sagte, wir hätten mit Deportationen in die Homelands zu rechnen: »Bitte habt keine Angst. Geht einfach zur nächsten Kirche und gebt ihnen dort die Nummern auf euren Zetteln. Wir werden alles tun, damit ihr nach Kapstadt zurückkommen könnt. Wir werden Himmel und Hölle in Bewegung setzen, bis diese Gesetze abgeschafft sind und unsere Leute frei und als Bürger dieses Landes anerkannt sind. Haben wir eure Unterstützung? Heute habt ihr eure Chance!«

Die Zustimmung der ganzen Gruppe war einhellig. Die Leute standen Schlange, um ihre Informationen zu erhalten und machten ihre Angaben für die zu erstellenden Listen. Sie sangen Lieder, bereiteten irgendwie eine Suppe zu und zündeten im ganzen Gelände Feuer an. Ein Freund bei der »Sunday Times« wurde informiert. Wir schmuggelten ihn in eine der Hütten, so dass er von den Ereignissen Bilder machen konnte. Alles war vorbereitet.

Um zwei Uhr nachts hörten wir das erste Rumpeln von Lastwagen. Sie reihten sich in einer langen Schlange an der Straße auf, die Nyanga von Nyanga Bush trennte. »Ratels« und »Buffels« fuhren vor, gepanzerte Transporter, die als Dachse oder Büffel bezeichnet wurden. Viele Polizeiwagen begleiteten diese Fahrzeuge. Polizisten in großer Zahl schwärmten ins Camp. Alle hatten Hunde dabei, unaufhörliches Gebell erfüllte die Luft. Gleichzeitig hatten die Menschen mit Singen begonnen. Sie wurden in Reihen aufgestellt. Einer nach dem anderen wurde zu den Lastwagen geführt. Die Bilder, die in der Sunday Times erschienen, zeigten die Silhouetten von Polizisten im Licht von Autoscheinwerfern und Taschenlampen sowie Schlangen von Menschen, die sich ergeben zu den wartenden Lastwagen bewegten. Doch das Singen hörte nicht auf.

Die Menschen behielten ihre Würde. Lastwagen brachten sie zu den Gefängnissen und später vors Gericht in Langa. Der Vorgang dauerte die ganze Nacht und bis zum nächsten Morgen. Um zehn Uhr erhielt die Polizei im Camp die Aufforderung, die Verhaftungen zu stoppen. Die Gefängnisse und Gerichte konnten den Ansturm nicht mehr bewältigen. Frauen mit Kindern und Babys überfüllten schon die Gefängnisse, die Gerichte versanken im Chaos. Das wurde dadurch verschlimmert, dass die Opfer nicht wie sonst im Zwei-Minuten-Takt abgeurteilt werden konnten, denn alle hatten rechtlichen Beistand. Die Verhandlungen verlangsamten sich. Die Richter schafften es nur noch drei Leute pro Tag zu verurteilen. Das ganze System kam durcheinander. Unsere Strategie funktionierte tatsächlich!

Nach zwei Tagen musste die Polizei Gefangene freilassen. Diese Nachricht verbreitete sich in Windeseile. Ganz Kapstadt fühlte sich im Zustand der Freiheit. Menschen kamen aus allen möglichen Büschen hervor, unter denen sie sich versteckt hatten. Alle strömten nach No Name Camp, das rasch auf das Zehnfache seiner vorherigen Größe anschwoll. Es herrschte ein immenses Erfolgsgefühl – als ob die Ketten der Knechtschaft schwächer und der Würgegriff der Angst lockerer geworden wären.

Eine Mutter war verhaftet worden, nachdem sie unter einem Busch ihre Notdurft verrichtet hatte, während ihr Baby unter einem anderen Busch schlief. Diese arme Mutter hatte versucht, den Polizisten ihre missliche Lage zu erklären, aber niemand wollte ihr zuhören. Eine Zeugin des Vorfalls suchte nach dem Kind. Es wurde schließlich gefunden und zur Polizeistation gebracht. Bis die Mutter gefunden war, dauerte es eine Weile. Am nächsten Morgen erschien in der »Cape Times« das Bild eines Polizisten, der zärtlich ein Baby in den Armen hielt. Schließlich fanden sie die Mutter, und sie wurde wieder mit ihrem Kind vereint.

Die Ereignisse waren dramatisch und erschütterten die Sicherheitskräfte ein wenig. Aber die Deportationen gingen weiter – zwar in geringerem Ausmaß, aber genug um Probleme zu machen. Die Busse fuhren in den meisten Fällen bis an die Grenze zur Transkei. Eine Fahrt in dieses Homeland dauerte von Kapstadt aus 15 bis 18 Stunden. Heute ist die Transkei einfach ein Gebiet innerhalb von Südafrika. Damals wurde sie von der Apartheid-Regierung als eine Art Marionetten-Land geschaffen. Homelands hatten ihre eigene kleine Marionettenregierung, mit einem Präsidenten, einem Kabinett und Ministern – unbedeutende Figuren ohne Macht, von keiner ausländischen Regierung anerkannt.

Nun begann die zweite Stufe unseres Plans. Viele Kirchen traten in Alarmbereitschaft. Die Gemeindehalle einer Kirche in Mthatha, früher Umtata, der »Hauptstadt« der Transkei wurde zur Verfügung gestellt. Als immer mehr Menschen in die Transkei strömten, kritisierten die damaligen Führer der Transkei die südafrikanische Regierung und fragten, warum sie so viele Leute dorthin schicke, wenn es doch für sie keine Arbeit gebe, und forderten, dass sie nach Kapstadt zurückgebracht würden. Ich fuhr mit Aunt Sue hinauf, um die Situation einzuschätzen. Unsere Anwesenheit war wichtig und trug dazu bei, die Deportierten etwas zu beruhigen.

Dieser Zustand zog sich mehr als einen Monat lang hin. Nun verteilten wir im Geheimen unsere wenigen Geldmittel, damit die

Leute verschwinden konnten. Sie nahmen die erste Transportmöglichkeit nach Kapstadt. Und die ganze Prozedur begann neu. Der Staat richtete Straßensperren durch das Militär ein, um die Busse anzuhalten. Die Polizei verhaftete die Rückkehrwilligen aus den Bussen heraus. Rasch wurden unsere Ressourcen knapp, das Geld ging aus. Es erwies sich als fast unmöglich, weitere Rückfahrten nach Kapstadt zu bezahlen. Aunt Sue erklärte den Leuten, in welch misslicher Lage wir waren. Da entschieden sie sich, zu Fuß zu gehen! Sie begannen, vor den Straßensperren aus den Bussen zu steigen, gingen weite Umwege zu Fuß und wurden danach von den Bussen wieder aufgenommen. Wenn dies in einigen Fällen nicht funktionierte, legten viele den tagelangen Weg nach Kapstadt zu Fuß zurück. Auf dieses Maß an Entschlossenheit konnten wir während unserer abschließenden Verhandlungen mit Minister Piet Koornhof verweisen.

»Dr. Koornhof, wenn Gefängnisstrafen, Schikanen und tausend Kilometer die Menschen nicht abschrecken und sie sogar bereit sind, den Weg nach Kapstadt zu Fuß zurückzugehen, dann wird keine Armee der Welt sie davon abhalten. Sie wollen da sein, wo sie auch alles Recht haben sich aufzuhalten in ihrem eigenen Land. Hören Sie auf, Familien zu zerstören. Die Leute kommen hierher auf der Suche nach einer Chance, da sie in den Homelands Hunger und Verzweiflung ausgesetzt sind. Sie müssen die Gesetze ändern!«

Eine Zeit lang schien es, als ob wir eine Sackgasse erreicht hätten. Dann erhielt ich einen Anruf von Professor Nico Smith, Dekan der theologischen Fakultät der Universität von Stellenbosch. Er war besorgt über die Notlage der Menschen, die zwangsweise vertrieben wurden, und bat um ein Treffen. Er lud uns zu einem Essen im Restaurant »Die Volkskombuis« in Stellenbosch ein, eine Trutzburg des Afrikaanertums. Ich ging zusammen mit Aunt Sue hin. Ich hatte Bedenken, in einem Restaurant zu essen, das nur für Weiße bestimmt war. Aber Professor Smith versicherte mir, dass es keine Probleme geben werde. In der Tat war das Essen exzellent und die Atmosphäre wunderbar. Ich kann dieses Restaurant sehr empfehlen – es besteht heute noch.

Professor Smith war sehr aufmerksam und stellte Aunt Sue und mir viele Fragen. Er machte sich besonders Gedanken über die Versicherung der Regierung, dass es für die Menschen in den Homelands wirkliche Alternativen gebe. Wir luden ihn ein, die informellen Siedlungen in Kapstadt mit eigenen Augen anzusehen. Sie waren überfüllt mit Menschen, die in ihren Homelands keine Perspektive hatten. Er war einverstanden und lud Aunt Sue und mich ein, vor seinen Studenten zu sprechen.

Wir kamen in seine (weiße) Universität, und die Aula war vollbesetzt mit Studenten. Unsere Rede gab einen Überblick über unseren Kampf. Aunt Sue erzählte von ihren persönlichen Herausforderungen und davon, was es für eine schwarze Frau bedeutete, unter dieser Wolke von Unterdrückung zu leben. Ich gab der Hoffnung auf eine Zukunft Ausdruck, in der alle Südafrikaner frei sind und in einem neuen System zusammenleben.

Die Studenten reagierten völlig verwirrt und zeigten eine erstaunliche Ignoranz über die wirklichen Verhältnisse. Ein Student fragte Aunt Sue, warum die Schwarzen nicht eigene Parteien wählten, so dass sie auch an der Regierung teilhätten – es sei ja nicht die Schuld der Regierung, wenn die Schwarzen keine eigenen Parteien gründeten. Diese Unwissenheit war unglaublich. Aunt Sue fragte den Studenten, ob er noch nie vom ANC oder PAC gehört habe und ob er nicht wisse, dass seine Regierung diese politischen Organisationen verboten hatte. Sie verwies auch auf die Tatsache, dass Jan van Riebeeck, als er 1652 am Kap ankam, kein unbesiedeltes Land vorgefunden hatte, sondern ein Land, das von Leuten bewohnt war, die seit undenklichen Zeiten da gelebt hatten. Ihre Frage war: »Was würden Sie tun, wenn jemand in Ihr Land kommen und es einfach übernehmen würde?« Es gab einen Aufruhr bei einem Teil der Studenten – die Ablehnung und die Entrüstung waren offensichtlich.

Dieses kleine Zwischenspiel hatte überraschende Folgen. Professor Smith bekräftigte sein Versprechen, eine Reihe von Reisen zu unternehmen. Diese fanden statt und das Ergebnis übertraf unsere kühnsten Träume. Nico Smith schrieb einen beißenden Artikel im offiziellen Sprachrohr seiner *Niederländisch-Reformierten Kirche,* der Kirche der Afrikaaner, welche die Apartheid auch religiös rechtfertigte. Der Professor verurteilte die Politik der Regierung scharf: die Umsiedlungen und das System der Passgesetze, das Familien trennte und alle möglichen Formen von Ungerechtigkeit mit sich brachte. Seine Kollegen forderten ihn auf, diese Stellungnahme zurückzuziehen. Er weigerte sich und gab schließlich seine komfortable Stelle an der Universität auf und entschied sich, als einfacher Pastor in einer schwarzen Kirchengemeinde in Mamelodi zu arbeiten. 150 weiße Afrikaaner-Pastoren unterzeichneten eine Petition zur Unterstützung von Professor Smiths Position – niemand hätte von dieser Stelle Unterstützung erwartet.

Ich wurde zu einem vertraulichen Treffen mit dem Oberhaupt der Afrikaaner-Kirche im Western Cape gerufen. Reverend Laflas Moolman wirkte auf mich sehr verständnisvoll und vernünftig. Obwohl er mit den politischen Überzeugungen des Freiheitskampfs nicht einverstanden war und argwöhnisch den Kommunismus betrachtete, trat er doch entschieden für die Menschenrechte und den Schutz der Familie ein. Er erklärte, dass er als Christ Aktionen unterstützen müsse, die der Forderung der Bibel nachkamen, auf die Not seiner Mitmenschen einzugehen. Er gab zu, dass seine eigene Kirche nicht immer alles tat, was sie tun könnte, und bestand darauf, dass Verhandlungen der einzige Weg seien, um wünschenswerte Veränderungen herbeizuführen. Und er wollte mithelfen, Entscheidungen innerhalb der weißen Regierung zu beeinflussen. Ich beschrieb ihm die Verzweiflung in unseren Gemeinden. Die Passgesetze machten das Leben unerträglich. Doch die Menschen ließen sich nicht mehr einschüchtern und begannen ihre Stärke zu fühlen. Es musste etwas getan werden, um die steigenden Spannungen abzubauen und Gewalt zu verhindern.

Was konnten wir jetzt noch unternehmen angesichts des politischen Stillstands? Die Passgesetze waren unverändert in Kraft. Aunt Sue organisierte eine Versammlung mit Führern des Townships und Gemeindemitgliedern aus No Name Camp, welche Belagerung, Verhaftung und Deportation miterlebt hatten. Da erzählten zwei Frauen, was ihnen passiert war, als sie nach Kapstadt zurückfahren wollten. Sie wurden im Bus verhaftet und in Queenstown ohne Anklage ins Gefängnis geworfen. Nach einigen Tagen protestierten sie mit einem Hungerstreik. Das beunruhigte die Polizei und sie wurden vor ein Magistratsgericht gebracht. Das hörte ihre Geschichte an und verfügte ihre Freilassung. Dank dem Hungerstreik wurde ihnen in gewisser Weise Gerechtigkeit zuteil. Diese Geschichte bewegte viele von uns. Wir entwickelten eine Strategie, in der St.-George-Kathedrale im Zentrum von Kapstadt in einen öffentlichen Hungerstreik zu treten.

Aunt Sue und ich stellten den Plan dem Dekan der Kathedrale, Dean King, vor. Er war sehr hilfsbereit, auch weil die Aktion mit der kirchlichen Fastenzeit und den Gebeten vor Ostern zusammenfiel. Wie sich herausstellte, gab es bei diesem Treffen ein Missverständnis: Dean King war nicht klar, dass wir unser Fasten nicht nur in der Kirche beginnen, sondern bis zu einem Zugeständnis der Regierung dort ausharren wollten. Unser Fasten fing 24 Tage vor der Karwoche mit einem sonntäglichen Gebetsgottesdienst an, der von über 500 Menschen besucht wurde. Als sich die Gruppe der Fastenden für die Nacht bereit machte, gab es ein Problem. Einige Mitglieder des Kirchenvorstands hielten das nicht für richtig und wollten, dass wir die Kirche räumten. Dean King kam auf uns zu und versuchte eine Lösung zu finden und uns zu überreden, die Kirche zu verlassen. »Dean, wir haben keine andere Lösung«, sagte Aunt Sue. »Wie Sie wissen, haben wir schon so vieles versucht – was für eine andere Lösung gibt es? Was können wir noch tun?« Der Dekan antwortete: »Es tut mir sehr leid. Sie wissen, dass Sie meine volle Unterstützung haben. Aber ich kann gegen die Haltung des Kirchenvorstands nichts tun.« Nach einer kurzen Diskussion holte der Dekan die empörten Mitglieder des Kirchenvorstands. Sie blieben hart. Aunt Sue fragte: »Gehört Ihnen die Kirche? Wem gehört sie?« Ein Vorsteher meinte verärgert: »Natürlich gehört die Kirche nicht uns. Sie untersteht dem Erzbischof.« Nun konnte ich mich nicht mehr zurückhalten: »Draußen bitten Sie auf einem riesigen Schild um Spenden für den Weiterbau der Kirche zur Ehre Gottes. Also gehört diese Kirche grundsätzlich wohl Gott. Heute Abend sind hier Gottes Geschöpfe anwesend. Wenn sich Menschen in Not nicht an die Kirche Gottes wenden können, wohin dann?«

Nun warf mir ein aufgebrachter Vorsteher schreckliche Vereinfachungen vor: »Wir müssen vielen Verpflichtungen und Verantwortlichkeiten nachkommen. Das Fasten hier macht dies sehr schwierig!« Ich erläuterte nochmals unsere Notlage und dass wir niemanden um Hilfe ersuchen könnten außer der Kirche. »Wir wollen heute Abend nach den Gebeten unser Fasten beginnen und bitten Sie um Unterstützung. Wenn Sie uns von hier fortjagen, dann bitte stellen Sie sich vor diese Leute und sagen es ihnen direkt.« Aunt Sue ergänzte, dass wir draußen auf den Stufen dieser Kathedrale fasten und beten würden. Die Kirchenvorsteher baten um etwas Zeit, um die Situation zu besprechen. Nach dreißig Minuten kamen sie zurück und waren einverstanden, dass das Fasten weitergehen könne. Allerdings stellten sie Bedingungen. Dazu gehörte etwa die korrekte Benutzung der sanitären Anlagen und persönliche Hygiene ... Wir machten also weiter.

Der Hungerstreik schuf für den Staat ein weiteres Problem. Die Kirche geriet nun selber in den Brennpunkt. Die meisten Reaktionen waren positiv, einige aber extrem negativ. Toter, stinkender Fisch wurde in die Kirche geworfen und während der Gottesdienste verließen einige Gemeindemitglieder aus Protest die Kirche. Andere besuchten uns zur Unterstützung täglich. Der Hungerstreik zog sich hin, und es war keine Lösung in Sicht. Nach zwanzig Tagen wurde die Kirchenleitung unruhig, da sie gedacht hatte, alles würde in höchstens zwei Wochen vorbei sein. In der Kirche sollte vor Ostern ein Konzert mit dem Philharmonischen Orchester stattfinden. Alle Plätze waren ausgebucht. Wie war dieses Problem zu lösen?

An diesem Punkt ging ich zu Kirchenoberhaupt Reverend Moolman und fragte ihn, ob er möglicherweise eingreifen könnte. Zu meinem Erstaunen war er einverstanden. Rasch wurde ein dringliches Treffen arrangiert, an dem Moolman selber, Minister Koornhof, Jan De Waal vom Kirchenrat, Aunt Sue und ich teilnahmen. Nach einem kurzen Gebet zu Beginn kam die Angelegenheit auf den Tisch. Dr. Piet Koornhof, der den Ruf hatte, alle Aufmerksamkeit auf sich zu ziehen, meinte zu Beginn: »Ich bin über diese Ereignisse sehr traurig. Bitte seien Sie versichert, dass ich als gläubiger Christ vom Leid dieser armen, unglücklichen Menschen tief betroffen bin, aber mir sind die Hände gebunden. Ich kann nicht einfach das Gesetz ändern. Es ist unmöglich!«

Reverend Jan de Waal mischte sich ein: »Piet, ich bin auch ein bekennender Christ. Aber mir fällt es sehr schwer, mich mit dem Leiden dieser Menschen abzufinden, das durch eure Staatsmaschinerie verursacht wird. Die Bibel macht klare Aussagen über die Ehe, die durch euer System zerstört wird. Sie müssen das Gesetz ändern, Piet.« Reverend Moolman griff ebenfalls ein: »Herr Minister, auf Ihren Schultern lastet eine schwere Bürde. Eine Bürde, die ich nicht gerne tragen möchte. Ich respektiere Ihre Position und den Konflikt, in dem Sie sich befinden. Bekennender Christ zu sein kann uns in einen Konflikt zwischen unserem Glauben und unseren Handlungen bringen, wenn wir Dinge tun müssen, die gegen unseren Glauben sind. Aber wenn wir Zustände zulassen, die dem, was wir glauben, widersprechen, und wir nicht handeln, dann billigen wir diese Zustände. Als Christen müssen wir etwas gegen dieses Leiden tun. «

Reverend Moolman appellierte als Freund an den Minister, diese Gelegenheit zu ergreifen und eine Position einzunehmen, über die er den Rest seines Lebens froh sein könne: »Jetzt ist es Zeit, einen unpopulären Standpunkt zu vertreten. Bitte, setzen Sie die Passgesetze sofort außer Kraft. Veranlassen Sie ein Gesetzgebungsverfahren zur Änderung. Diese Gesetze haben zu viel Leid verursacht. Als Christ rufe ich Sie auf, eine Entscheidung zu treffen!« Dies war in der Tat eine schwerwiegende Herausforderung für Minister Dr. Piet Koornhof. Er bat darum, das Treffen zu vertagen, er würde uns dann benachrichtigen. Aunt Sue fragte jeden Tag nach, ob man etwas von dem Minister gehört hätte. Dean King von der Kathedrale wartete ungeduldig, genau wie seine Kirchenvorstände. Am 24. Tag kam endlich die Nachricht. Dr. Koornhof hatte Reverend Moolmann und die Zeitungen über seine Entscheidung informiert. Er hob die Passgesetze mit sofortiger Wirkung auf! Die Einzelheiten sollten später ausgearbeitet werden.

Die Nachricht wurde den versammelten Menschen in der Kirche übermittelt. Die Reaktion war zunächst ungläubiges Schweigen. Alle waren wie gelähmt. Wir mussten die Nachricht ständig wiederholen. Sie stellten Fragen, um sicherzugehen, dass sie richtig gehört hatten. Diese Menschen waren müde und geschwächt und konnten erst viel später ihre Freude richtig ausdrücken. Das vorherrschende Gefühl war Erleichterung und die Sehnsucht, wieder daheim mit den Lieben vereint zu sein. Einige fingen an zu singen und einige weinten. Ärzte untersuchten jeden Einzelnen, bevor sie erlaubten, dass die Menge sich zerstreute. Dann kamen die Reporter, um der Welt zu bezeugen, dass Geschichte geschrieben worden war: Ein Eckpfeiler der Apartheid war endlich in sich zusammengefallen. Dr. Koornhofs Ministerium »Zusammenarbeit und Entwicklung« konnte endlich seine wahre Bedeutung entfalten.

Wir hielten eine Andacht mit Gebeten und Danksagungen, um den Hungerstreik zu beenden und einen neuen Anfang anzukündigen. Viele Herzen waren gewonnen worden, und wir waren dankbar. Für den Kirchenvorstand von St. George war alles gerade noch rechtzeitig zu Ende. Das Osterkonzert konnte wie geplant durchgeführt werden. Es blieb ein Tag zur Vorbereitung. Händels Messias war ein passendes Programm.

Fast auf den Tag genau zehn Jahre zuvor war eine Handvoll Menschen zusammengekommen, um sich in friedlichen und entschlossenen Aktionen für das Ende der Passgesetze einzusetzen. Die Leute hatten uns gesagt, dies sei unmöglich. »Wir haben es 1960 versucht – schaut, was geschah. Die Frauen marschierten 1955 zu den Union Buildings in Pretoria – schaut, was geschah. Eure Kampagne kann nie erfolgreich sein, der Staat wird euch wie Ameisen zerstampfen.« Nun standen wir hier im Jahr 1982 – es war geschehen: Die Passgesetze waren außer Kraft. Meine Überzeugung hatte sich bestätigt: Alles ist möglich, wo zwei oder drei versammelt sind mit einem gemeinsamen Ziel, tiefem Glauben und ernsthafter Hingabe – bis hin zum Tod.

Aunt Sue fliegt

Das Ende der Passgesetze war für mich das Zeichen für einen Neuanfang und eine Bestandsaufnahme. Es war Zeit für Friedensinitiativen, die eine breitere Entwicklung der südafrikanischen Gesellschaft ins Auge fassten. Ich nahm mir mehrere Monate frei, um zu reisen und Friedensinitiativen auf der ganzen Welt zu besuchen und Leute zu treffen, einschließlich bekannter Personen wie Dom Helder Camara.

Aunt Sue war wie ich Mitglied einer kleinen religiösen Gemeinschaft, der Society of Friends, wie sich die Quäker nennen. Das eröffnete auch weltweite Verbindungen. Unsere lokale Gruppe entwickelte die Idee eines Friedenszentrums, um gegen Unruhe und Gewalt anzugehen. Viele Freunde aus der Schweiz, Deutschland, England und den USA unterstützten die Vision. Wir spürten, dass die Zeit reif war, mit der Vorbereitung für ein neues Südafrika zu beginnen. Die Tage der Apartheid waren gezählt, aber was würde danach kommen? Wir mussten anfangen, einen Plan für den Weg zum Frieden auszuarbeiten, der tiefer reichte als politische Veränderungen. So entstand das Quaker Peace Centre in Mowbray, dessen Geschichte ebenfalls manches Kapitel geschrieben hat.

Dank dem Quäker-Netzwerk erhielt Aunt Sue ebenfalls die Möglichkeit zu reisen. Ich hatte bei meinen Freunden vom *Quaker Peace and Service* in England angefragt, ob sie Aunt Sue unterstützen könnten. Sie sagten bereitwillig zu. Aunt Sue war im Grunde eine Frau mit starken ländlichen Wurzeln. Sie war es gewöhnt, geschäftig herumzuwerkeln, sich im Schlamm nasse Füße zu holen, um ein Feuer herum zu sitzen oder an Versammlungen im Freien teilzunehmen. Ihr Revier waren die Gemeinden auf dem Land. Und sie kümmerte sich um die Lebensbedingungen der ländlichen Bevölkerung.

Reisen über die Grenzen hinaus war ihr völlig fremd. Zuerst mussten wir einen Reisepass besorgen – in jenen Tagen keine leichte Aufgabe. Tatsächlich erwies sich aber Aunt Sue selbst als größtes Hindernis. Ich musste ihr klarmachen, dass sie mit dem Flugzeug fliegen würde und nicht mit dem Bus fahren konnte. Und dass Flugzeuge genau nach Plan abfliegen und nicht wie öffentliche

Verkehrsmittel in Südafrika losfahren, nachdem sich der letzte Fahrgast eingefunden hat. Ich dachte, sie hätte alles verstanden, bis ich an jenem Morgen zu ihr kam, um sie zum Flughafen zu bringen. Ich hatte zusätzliche Stunden eingeplant, da ich Aunt Sue kannte. Schon viele Male hatte ich in ihrem vorderen Zimmer Kaffee getrunken und auf sie gewartet. Sie war halt noch beschäftigt, vielleicht ein Kind zu waschen oder sich um einen unerwarteten Besucher zu kümmern. »Ich bin gleich soweit, Rommel!«, rief sie jeweils. Ich hatte mit den Jahren gelernt, geduldig zu sein. Wie leicht ist es für jemanden, der aus privilegierten Verhältnissen kommt, ungeduldig zu werden. Ich konnte einfach den Wasserhahn aufdrehen und unter die Dusche springen. Sie musste erst Wasser holen, es auf einem Gaskocher erhitzen und sich in einem kleinen Zuber in einem engen, überfüllten Schlafzimmer waschen. Unweigerlich erforderte ein Kind ihre Aufmerksamkeit. Ganz zu schweigen vom endlosen Strom der Besucher, die Hilfe brauchten und von denen nie einer fortgeschickt wurde. Heute aber konnte ich nicht lange warten. Denn die »South African Airways« waren nicht für Flexibilität bekannt.

Bei meiner Ankunft traf ich Aunt Sue, wie sie sich mit Nachbarn unterhielt, die ihr aufgeregt alle möglichen Sachen für die Reise gebracht hatten. Meine schlimmsten Befürchtungen bestätigten sich. Drei riesige vollgestopfte Koffer warteten. Oh Schreck! Sie hatte gepackt, als ob sie einen traditionellen Besuch bei Verwandten in der Transkei planen würde, wo man »Vorräte« einpackt, wie es bei den Xhosa genannt wird – Tonnen von Lebensmitteln für unterwegs sowie Mengen von guten Sachen für Verwandte und Freunde. Man begibt sich niemals mit leeren Händen auf eine lange Reise – das wäre äußerst unklug.

Ich sah die Menge an Gepäck und mir war klar, dass ich eine unafrikanische, radikale und einseitige Entscheidung zu treffen hatte. »Aunt Sue, es sind nur 20 Kilogramm erlaubt! Das bedeutet einen Koffer und eine kleine Tasche als Handgepäck! Du musst schnell auspacken und nur das Nötigste wieder einpacken – keine Decken und andere traditionellen Gegenstände, die schwer sind. Bitte, Aunt Sue!« So unerbittlich ich war, so unerbittlich beharrte sie darauf, dass jeder Gegenstand lebensnotwendig sei. Dieses eine Mal zeigte ich ihr nicht den nötigen Respekt. Ich kniete mich auf den Boden und begann in Windeseile ihre Sachen auszupacken. Die Situation entbehrte nicht der Komik. Sobald ich ein Teil auf die Seite legte, steckte es Aunt Sue in einen anderen Koffer. Das ging eine Weile so, wobei Argumente und Decken heftig hin und her flogen. Schließlich hatten wir das Ganze reduziert auf einen riesigen Koffer und ein ungewöhnlich großes Stück Handgepäck. Ich hoffte und betete, dass South African Airways das erlauben würde.

Wir erreichten den Flughafen und stellten dort fest, dass der eine Koffer hoffnungslos Übergewicht hatte. Glücklicherweise konnte ich einen Quäker, der kurz nach London flog, überreden, etwas von Aunt Sues Sachen mitzunehmen. So wiederholten wir die Prozedur am Flughafen noch einmal. Als ich die Abflughalle verließ, hatte ich die Arme voller Decken, Kissen, Töpfen und wer weiß, was sonst noch. Schließlich umarmte ich Aunt Sue zum Abschied und sah erleichtert, dass eine Mitreisende sie unter ihre Fittiche genommen hatte.

Als ich das nächste Mal von Aunt Sue hörte, befand sie sich in London. Sie war ganz schön herumgekommen und hatte Vorträge gehalten, durchaus üblich für eine Aktivistin aus Südafrika. Es gab viele Unterstützer, die dringend Informationen aus erster Hand brauchten. Aunt Sue hatte noch nie Europa im Winter erlebt. Sie machte mir Vorwürfe, weil sie ihre Decken nicht hatte mitnehmen können. Sie hatte noch nie so gefroren wie während der Zeit, als sie mitten im Winter in Großbritannien und Amerika auf Reisen war. Sie hatte keine Decken, die sie sich um die Taille wickeln konnte, wie es Frauen traditionellerweise im ländlichen Südafrika machen. Gleichzeitig gab sie aber zu, dass ihr Gepäck eine rechte Last war. Auch weil sie zusätzlich Geschenke von großzügigen Freunden erhielt.

Kurz vor ihrer Rückreise erhielt ich einen Anruf vom britischen Gastgeber, der über Aunt Sues wachsendes Gepäck äußerst besorgt war. Wie um alles in der Welt würde man das alles zurück nach Südafrika bekommen? Wir machten einen Aufruf bei Freunden und Sympathisanten, die Südafrikareisen planten. Dutzende Besucher brachten jeweils etwas mit – Bestimmungsort Aunt Sue, Nyanga,

Kapstadt. Es dauerte fast zwei Jahre, bis ihr gesamtes Gepäck wieder zu Hause war. Jedes Gepäckstück war eine Überraschung und löste große Freude aus. Denn das meiste hatte Aunt Sue schon vergessen.

Die Herrschaft der Gewalt

Nach einer kurzen Phase der Entspannung, in der man sich noch im Hochgefühl des Sieges über die Passgesetze sonnte, begannen einige von uns zu spüren, dass nun ein neuer Kampf im Gange war, der ein anderes Vorgehen erforderte. Die Stimmung im Land veränderte sich. Die Apartheid existierte noch immer. Die Passgesetze waren wohl abgeschafft, aber wirkliche Macht wurde der Mehrheit der Menschen immer noch verweigert – sie konnten weiterhin nicht wählen. Die Ressourcen jeglicher Art blieben fest in den Händen der Weißen. Wir waren eine gespaltene Nation mit extremen Unterschieden, regiert von Angst und Misstrauen, mit Privilegien für wenige und Entbehrungen für die Mehrheit.

Mitte der 80er-Jahre herrschte in der politischen Szene eine unglaubliche Intensität. Viele schienen zu glauben, dass die Apartheid in sich zusammenfallen würde, wenn wir alle ihr nur einen letzten Stoß versetzen würden. Wer nicht bereit war, diesem »Stoß« mit seiner eigenen Hand – und sei es mit Gewalt – nachzuhelfen, galt vielerorts als Verräter.

Eine große Zahl von Organisationen war entstanden. Die *United Democratic Front UDF* hatte begonnen, ihre Muskeln spielen zu lassen, genauso wie die erstarkende Gewerkschaftsbewegung. Spannungen zwischen den Anführern wurden durch den Staat angeheizt. Das Maß an Gewaltbereitschaft erhöhte sich, da die Revolutionäre sich gegenseitig kritisierten. Die Jahre 1985 und 1986 sahen ein Land voller Unruhen. Menschen verschwanden und wurden später erschossen, zerhackt oder verbrannt aufgefunden. Jede Beerdigung wurde zu einer politischen Versammlung und zum Anlass, nicht nur den Staat anzuklagen, sondern auch Kräfte, von denen man glaubte, dass sie mit dem Staat gemeinsame Sache machten. Leute wie ich, Aunt Sue und andere wurden heftig für die Bemühungen um friedliche Lösungen kritisiert, wo doch der bewaffnete Kampf notwendig sei.

Eine Revolution wird sehr gefährlich, wenn sie beginnt, sich gegen sich selbst zu richten. Es beginnt als ruhelose Unzufriedenheit unter denjenigen, die sich für die wahren Revolutionäre halten, und gedeiht in einer Atmosphäre der Angst und des Misstrauens. Aunt Sue war die Erste, die diesen fieberhaften Geist unter der Jugend spürte und versuchte, dies anzusprechen. Zuerst wurden ältere Mitglieder der Gemeinde in Misskredit gebracht. Sie hätten versagt, indem sie zugelassen hätten, dass die Apartheid zu einem Ungeheuer werden konnte. Die gewalttätigen Ausbrüche dieser Unzufriedenheit waren besorgniserregend.

Aunt Sue und ich besprachen die Situation, wie sie sich in Nyanga darstellte. Ich drängte sie, zu der Jugend zu sprechen, um einige der falschen Vorstellungen zu zerstreuen. Wir organisierten eine Versammlung mit Jugendvertretern in der katholischen Kirche in Langa, wo Father Des Curran arbeitete. Dies war die erste Versammlung voller Anschuldigungen, Gegen-Anschuldigungen, nutzloser Argumente und verzerrter Wahrnehmung im üblichen revolutionären Jargon. Nach einiger Zeit meldete sich Aunt Sue: »Ich habe das Gerede unserer jungen Leute gehört, dass wir Erwachsenen uns nicht gegen die Apartheid gewehrt hätten, dass wir Dinge zugelassen hätten, die zu den heutigen Verhältnissen geführt haben. Ich finde diese Anschuldigungen verstörend und schmerzlich. Ich weiß nicht, woher ihr diese Vorstellung habt. Erinnert euch bitte, dass dieses Regime in dreihundert Jahren zu dem geworden ist, was es heute ist, und die Macht von Weltreichen hinter sich hatte, während wir nur Stöcke und Steine und uns selbst hatten, um es zu bekämpfen.«

Aunt Sue erinnerte an die vielen Schlachten, die unsere Vorfahren gegen die Briten und die Buren gefochten hatten. Sogar als Jan van Riebeeck 1652 von Holland hierher gekommen war, hatte es Widerstand gegeben. »Habt ihr nicht von den *Pondo-Aufständen* gehört, vom Protestmarsch der Frauen auf Pretoria 1955, dem *Rivonia-Prozess* in den 60er-Jahren, von *Robert Sobukwe* und anderen, die noch immer auf Robben Island im Gefängnis sind? Habt ihr nichts gehört von unserem Sieg gegen die Passgesetze nach zehnjährigem Kampf? Wie können es einige junge Leute wagen, diesen Unsinn zu glauben, dass wir uns nicht gegen ein mächtiges Regime gewehrt hätten?«

Es sei nun an der Zeit, dass die Jugend unsere Anstrengungen respektiere, erklärte Aunt Sue. »Für einen erfolgreichen Kampf sind

Respekt und Selbstdisziplin wesentlich. Wenn wir einander nicht respektieren, werden wir bittere Früchte ernten. Das Erbe unserer Kinder und Kindeskinder wird eher Hass und Gewalt sein als Frieden und Wohlstand. Lasst es nicht zu, in die Irre geführt zu werden! Unser Kampf braucht jederzeit den Geist von Einigkeit und Würde.« Zum Schluss bedankte sich Aunt Sue: »Enkosi!«

Ein paar Augenblicke lang herrschte tiefe Stille. Ich dachte an Mahatma Ghandi oder Martin Luther King. Gewalt kann niemals gewaltfreie Ergebnisse hervorbringen. Die Früchte der eigenen Bemühungen wachsen aus dem Boden, den man bereitet hat. Aunt Sue hatte um Zurückhaltung gebeten, um Liebe und Toleranz über eine Ideologie hinaus. Einer der jungen Anführer erhob sich: »Diese unsere Aunt Sue ist wahrhaftig eine Heldin des Kampfes. Wir danken ihr für ihre Weisheit heute!« Leider war diese Erkenntnis von kurzer Dauer. Die Ruhelosigkeit und Arroganz der Jugend war allgegenwärtig. Gewalt, Angst und Misstrauen nahmen zu.

Die Reaktionen der Kirchen waren eigenartig. Es gab jene, die dem Pfad der traditionellen Theologie folgten und glaubten, wir sollten uns darauf konzentrieren, unsere Seelen zu retten und den Rest Gott zu überlassen. Und es gab jene, die der Befreiungstheologie folgten. Sie riefen zu radikaler Parteilichkeit mit den Armen und Unterdrückten auf und sahen bei den Armen nur das Gute und bei den Unterdrückern nur das Böse. Dabei wurde die wesentliche Botschaft von Jesus Christus ignoriert, nämlich selbst seine Feinde zu lieben.

Einige der weltberühmten Theologen präsentierten aus ihren bequemen Sesseln und Hörsälen heraus die erstaunlichsten Argumente – und mussten sich nie den Konsequenzen ihrer Theorien stellen. Sie hatten keine Antwort auf einfache Fragen: »Wie kann man dem Gebot Christi gehorchen, seine Feinde zu lieben?« Oder: »Wie sollen wir auf die Armen reagieren, die genauso fähig zu Gewaltakten und Unmenschlichkeit sind wie die Unterdrücker? Und die mit der gleichen Intensität nach Reichtum, Macht und Posten streben wie die Reichen?« Father Curran meinte nur milde und treffend: »Meine lieben Freunde, ich habe mein ganzes Leben lang unter den Armen gelebt und bin dabei zu der Erkenntnis gelangt, dass nicht alle Armen Engel sind!« Als es auf Seiten der jungen *Comrades* zu brutaler Gewalt kam, warben viele Befreiungstheologen für Toleranz und Verständnis. »Dies sind die jungen Löwen«, sagten sie. »Wir müssen ihre Bestrebungen verstehen!« Ein verbreitetes Schlagwort war »Befreiung vor Bildung« – damit wurde eine ganze Generation von Jugendlichen von der Schule ferngehalten.

Im Township Uitenhague außerhalb von Port Elizabeth beobachteten wir die ersten gewaltsamen Ausbrüche einer Revolution, die sich gegen sich selbst wandte. Kinkini hieß ein Familienvater, der im Township ein Geschäft besaß – er wurde als Verräter angeklagt und von einem von Sprechchören angefeuerten Mob durch *Necklacing* getötet. Bei dieser »Halskrause« wurde einer Person ein Autoreifen um den Hals gehängt, sie wurde mit Benzin begossen und angezündet. Die Art und Weise dieses Mordes an Kinkini war so entsetzlich, dass sie Eingang in alle Zeitungen fand. Bald verbreitete sich diese Methode. Sie wurde zur neuen Waffe, mit der einige in der Bewegung andere zwangen, einen klaren Standpunkt gegen die Apartheid einzunehmen. Wehe dem, der als Verräter oder Informant angesehen wurde. Wer nicht 110 Prozent hinter den Taten des Mobs stand, war ein Verräter. Das gefürchtete Wort war »Impimpi« – Verräter oder Informant.

In Kapstadt nahmen wir die zunehmende Kluft zwischen verschiedenen Fraktionen der Bewegung wahr. Es brauchte nur ein traumatisches Ereignis – dann schlossen sich Leute einem von zwei gegnerischen Lagern an und Gewalt flammte auf. Wie es so oft der Fall ist, spielten menschliche Missverständnisse eine Rolle. Die UDF war zu einer dominierenden Kraft in der politischen Szene geworden. Doch sie hatte wenig Erfahrung im Umgang mit traditionellen *Xhosa*-Führern in den informellen Siedlungen.

Das Gerücht kam auf, dass die Regierung Crossroads an einem bestimmten Tag niederreißen wolle. Die UDF berief eine Versammlung von Führern der informellen Siedlung. Es wurde ihnen vorgeschlagen, an diesem Tag in der ganzen Stadt Massendemonstrationen durchzuführen, kein Arbeiter sollte zur Arbeit gehen. Die Führer der informellen Siedlungen zeigten großes Interesse. Sie hatten vorher noch nichts von der geplanten Zerstörung gehört. Ihr Gefühl war, dass sie diese Neuigkeit ihren Gemeinden überbringen und mit ihnen zusammen über das Vorgehen entscheiden müssten, bevor sie einem Streik zustimmten. Dies war die übliche Entscheidungsfindung in den traditionellen Gemeinden. Leider verstanden die UDF-Leute dies nicht. Viele von ihnen waren Weiße oder Farbige und sie waren entschlossen, ihre Strategie durchzudrücken. Sie hatten absolut kein Verständnis dafür, dass man eine Sache in den eigenen Kreisen ausführlich durchsprechen und alle anhören wollte, wie sich das bei den Xhosa gehörte.

Am festgesetzten Tag organisierte die UDF schwarze junge Männer aus ihren Reihen als Streikposten, damit die Arbeiter ihrer Arbeit fernblieben. Doch die Menschen in Crossroads und Nyanga Bush waren bezüglich der angekündigten Zerstörung unsicher und wollten lieber auf klare Beweise warten. Als die Bewohner von Crossroads auf der Straße zu Taxiständen und Bushaltestellen liefen, um zur Arbeit zu gehen, hielten Jugendliche aus der UDF sie an und forderten sie auf, wegzubleiben. Als sich einige Arbeiter weigerten, wurden sie gewaltsam angegriffen oder sogar angezündet. Die Arbeiter schlugen mit Nilpferdpeitschen zurück und schrien: »Wir lassen uns nicht von Kindern diktieren, was wir zu tun haben!« Völliges Chaos brach aus. Die Polizei hatte ihren großen Tag und konnte vom Rande aus der so genannten »Gewalt von Schwarzen gegen Schwarze« zuschauen – genau von den Kräften angeheizt, die die Polizei zu unterdrücken versuchte. Sie machten tragischerweise ihren Job besser, als die Polizei oder bezahlte Provokateure es selbst je hätten tun können.

Am nächsten Morgen fanden sich schreckliche Szenen in den Zeitungen. Die Aufmerksamkeit richtete sich nun auf die Gewalttätigkeit und das disziplinlose Verhalten der Leute, die den Anspruch erhoben, das Land regieren zu wollen. Unglücklicherweise konnte die entfesselte Gewalt nicht mehr kontrolliert werden. Die »jungen Löwen« polarisierten die Menschen. Man war entweder ein *Witdoek* oder ein traditioneller Schwarzer, oder man gehörte den revolutionären Kräften für Veränderung an. Der Konflikt wurde von der

Polizei natürlich noch angeheizt. Um ihre Häuser zu schützen, gingen die Leute oft nicht zur Arbeit. Diese gewaltsamen Ausschreitungen dauerten mehrere Monate.

Halskrausenmorde nahmen überhand. Die Gegend um den Taxistand in der Nähe von Aunt Sues Haus wurde zum häufigen Schauplatz von Tötungen dieser Art. Wer nur entfernt mit dem »Regime« verbunden war oder von dem man glaubte, er setze sich nicht so für den Freiheitskampf ein, wie er sollte, wurde gefesselt und angezündet. Die Halskrausenmorde hingen mit den »Volksgerichten« zusammen. Diese inoffiziellen »Gerichte« wurden von jungen Leuten organisiert und geleitet. Ihre Existenz erzürnte die älteren Mitglieder der Gemeinde. Für sie war dies nicht nur dreist, sondern ein Schlag ins Gesicht der kulturellen Tradition. Anmaßende junge Männer, kaum älter als 20 Jahre, fällten böse Urteile über jeden, der als Feind der Revolution angesehen wurde. Sie scheuten sich nicht, alle möglichen Angelegenheiten zu beurteilen, die nichts mit Politik zu tun hatten. Sie behandelten Streitigkeiten zwischen Rivalen und gaben selbst zu Ehekonflikten ihr Urteil ab. Die übliche Strafe waren die »Halskrausen«.

Es gab Beispiele, wo Menschen eigene Verwandte auf diese Weise töteten, wobei sie manchmal aus Angst zur Teilnahme am Mord gezwungen wurden. Es herrschte eine Atmosphäre des Terrors, die Herrschaft eines wild gewordenen Mobs. Gewalt begann Alltag zu werden. Die Leute in den Siedlungen gewöhnten sich daran, am Straßenrand Menschen zu sehen, die wie eine Fackel brannten. Die Gewaltspirale begann sich zu drehen. Als die Menschen gegenüber den unmenschlichen Taten gleichgültig wurden, akzeptierten sie damit weitere Gräueltaten. Die Täter wurden immer dreister und rücksichtsloser.

Wir trafen uns weiterhin in Aunt Sues Haus zur Besprechung von Strategien gegen dieses Schreckensszenario. Schließlich wurde Aunt Sue aktiv. Sie sah, wie eine alte Frau von einer Gruppe »junger Löwen« weggeschleppt wurde, wobei die Jugendlichen »Impimpi! Verräterin!« schrien. Aunt Sue spürte, dass man nun etwas unternehmen musste, selbst wenn es den eigenen Tod bedeutete. Die

Autorität musste wiederhergestellt werden. Die Situation war unerträglich geworden.

Dank meiner Beziehung zu Desmond Tutu war es nicht schwer, ihn dazu zu bewegen, Friedensinitiativen zwischen den feindlichen Fraktionen zu unterstützen. Die Zustimmung der Fraktionen war schwieriger – auch einen Ort zu finden, den alle Seiten akzeptieren konnten. Wir mussten bedenken, dass die Polizei bestimmte Anführer suchte. Sobald ein Versammlungsort bekannt würde, käme sie, um die Anwesenden zu verhaften. Wir einigten uns schließlich auf den Plan, mehrmals die Fahrzeuge zu wechseln und drei verschiedene Versammlungsorte vorzusehen, von denen dann einer – nur zweien von uns bekannt – der eigentliche Versammlungsort sein würde. Nach intensiver Planung und langen Diskussionen samt »Treffen bezüglich eines Treffens« konnten wir schließlich die erste Versammlung abhalten.

Dann kam eines Abends Aunt Sue spät zu mir nach Hause und sagte, dass ich die nächsten paar Tage unter allen Umständen dem Township fernbleiben müsse, es gebe einen Auftrag, mich zu töten. Ich fühlte mich verpflichtet, mich den Drohungen nicht zu beugen, da ich die Erfahrung gemacht hatte, dass man nicht mehr arbeiten kann, sobald man der Furcht nachgibt. Doch dieses Mal befahl mir Aunt Sue, ihr zu gehorchen. Mein Bruder Alan, eine Führungsperson in der UDF, bestätigte, was Aunt Sue gesagt hatte. Ich fügte mich, bis Aunt Sue einige Tage später anrief und sagte, alles sei wieder okay und ich könne mich frei bewegen. »Was war da denn los, Aunt Sue?«, wollte ich wissen. »Mach dir keine Sorgen, wir haben es geschafft, mit gewissen Leuten fertigzuwerden«, sagte Aunt Sue vergnügt. »Aber wovon reden wir?«, fragte ich aufgebracht. Sie erklärte, sie habe sich an Freunde gewandt, weil mein Leben bedroht gewesen sei. Am nächsten Tag bekam sie den Beschied, sie solle sich keine Sorgen mehr machen. »Sie sagten einfach einigen entscheidenden Leuten beim ANC und der UDF, dass ihr eigenes Leben nichts mehr wert sei, wenn dir etwas passiere, und wenn sie fliehen würden, könnten sie niemals zurückkommen – auch ihre Familien wären in Gefahr ...« Ich war entsetzt. Aunt Sue meinte nur: »Oh, du kennst unsere Leute. Sie sind nicht zu unterschätzen, besonders in dieser Atmosphäre von Spannung und Gewalt. Kein vernünftiger Mensch würde an ihren Worten zweifeln.« Ich war überrascht und hatte ein schlechtes Gewissen, da die eingesetzten Mittel allen meinen Überzeugungen widersprachen. Dennoch stieß ich einen Seufzer der Erleichterung aus.

Der Versammlungsort unserer ersten Zusammenkunft war das Dominikanerinnenkloster in Rondebosch. Celeste Santos, eine ehemalige Nonne, hatte das Treffen organisiert. Mehrere Fahrzeuge brachten die feindlichen Fraktionen zum Versammlungsort. Jene wurden größtenteils von Father Des Curran gefahren. Der zuverlässige Des stand immer noch auf der Seite der Konservativen, war jedoch stets bereit, seine Christenpflicht zu erfüllen. Die erste Sitzung dauerte einen Tag. Jede Seite beschuldigte die andere, unmenschliche Gräueltaten verübt zu haben. Den ganzen Tag ging es nur darum, Meinungen über einander zu äußern und all die Frustration, die Wut und den Schmerz von vielen Monaten abzuladen.

Ein zweites Treffen fand unter dem Vorsitz von Desmond Tutu statt. Der Versammlungsort lag näher bei den Townships. Wieder war es eine langwierige Angelegenheit, weniger hitzig, aber es ging um ähnliche Themen. Am Ende wurde eine Vereinbarung getroffen, Gewalt und Racheakte zu beenden. Alle mussten akzeptieren, dass es auf jeder Seite Opfer gegeben hatte. Doch wir hatten nur mit der Führungsebene der Fraktionen gesprochen. Wie konnten die jungen Leute an der Basis dazu gebracht werden, mit dem Kämpfen aufzuhören? Es wurde ein kleines Komitee gegründet, zu dem Priester aus den Townships, verschiedene Vertrauensleute, Aunt Sue und ich gehörten. Desmond Tutu verpflichtete alle Anwesenden, in ihren Kreisen auf das Ende der Gewalt zu dringen.

Fürs praktische Vorgehen brauchten wir ein weiteres Treffen möglichst in einem größeren Kreis. Es musste umfassender und eindrucksvoller sein. Wir planten eine Friedenskonferenz im Holiday Inn Hotel, oberhalb des Eastern Boulevard mit einem schönen Ausblick auf die Table Bay. Dieser Ort war weit weg von den verheerenden Lebensbedingungen in den Townships und inoffiziellen

Siedlungen, und noch weiter weg von der Gewalt und Hässlichkeit. Die Transporte, das Essen usw. sponserte ein Unternehmen. Mehr als 100 Delegierte nahmen teil.

Die Konferenz begann wieder mit Beschuldigungen und Gegen-Beschuldigungen. Es gab Versuche, die Ursachen der Probleme aufzudecken oder Gründe für ein Scheitern zu finden. Das zog sich während des ganzen Vormittags hin. Kleine Gruppen verschwanden ab und zu in die Toiletten, um sich intern zu beraten. Es gab immer noch eine Menge Wut und Uneinigkeit. Zum Mittagessen waren wir von einer Lösung weit entfernt.

Beim Essen standen die Gruppen vor den Buffets Schlange. Wir gingen den Reihen entlang und versicherten den Leuten, dass sie so viel essen konnten, wie sie wollten. Diese Welt eines Restaurants für Reiche war den meisten Teilnehmern völlig fremd. Nun wurden sie konfrontiert mit einem üppigen Angebot an Fleisch, Fisch und Geflügel, gebratenem Gemüse, Salaten und einer riesigen Auswahl von Desserts. »Kann ich etwas von jedem dieser Gerichte hier haben?«, fragte mich ein Teilnehmer. Er glaubte mir nicht recht und bat den Ober um ein Steak. Der Comrade wollte noch ein Stück – und er bekam es. Er zeigte auf ein Hühnchen – und er bekam es. So ging es weiter, bis sein Teller so vollgeladen war, dass man kaum noch sein Gesicht dahinter sehen konnte. Die anderen Teilnehmer folgten seinem Beispiel, im Luxus zu schwelgen.

Schließlich war das Mittagessen vorbei. Wir kehrten zu unserer Arbeit zurück. Im Konferenzraum spielte sich nun eine erstaunliche Verwandlung ab. Die wütenden Löwen vom Vormittag zeigten sich am Nachmittag als Lämmer. Die Delegierten saßen satt und entspannt auf ihren Stühlen. Einwände und Beschuldigungen wurden schwächer. Wir kamen rasch zu einer Vereinbarung, die Feindseligkeiten einzustellen. Als wir die Strategien zur praktischen Durchführung ausarbeiteten, gab es keine Streitigkeiten. Alle blieben kooperativ. Die Idee war, ein Netz von Leuten aufzubauen, die augenblicklich verfügbar waren und einschreiten konnten, wo immer gerade ein Halskrausenmord verübt werden sollte. Wir einigten uns auf einige zentrale Orte, die als Schauplatz bekannt waren, und wir erarbeiteten einige Parolen zur Verständigung. Ein Reverend übernahm eine Schlüsselposition als Kontaktstelle, ebenso Aunt Sue und einige andere. Nach wochenlangen Diskussionen verfügten wir über einen praktikablen Aktionsplan, um die Feindseligkeiten zu beenden. Wir schlossen unsere Konferenz mit einem Aufruf zum Gebet. Alle neigten die Köpfe, als wir um Kraft baten, die schwierige Situation zu überwinden.

Jetzt ging es darum, Leute in der Nähe der Gräueltaten dazu zu bringen, sofort mit unserer Gruppe Kontakt aufzunehmen, falls ein Halskrausenmord verübt werden sollte. Die Freiwilligen würden dann sogleich erscheinen, um die Gräueltat zu verhindern. Dabei hofften wir auf die Unterstützung durch die Bewohner der Umgebung. Der Plan funktionierte besser, als wir uns erhofft hatten. Die Leute hatten offenbar die Gewalttätigkeiten bis zum Überdruss satt. Sobald einer oder zwei aus unserer Gruppe es wagten, einzugreifen und sich den Halskrausenmorden entgegenzustellen, kamen die Leute aus der Umgebung sofort in großer Zahl zu Hilfe. Die Initiative verbreitete sich schnell. Immer wieder wurden nun Halskrausenmorde verhindert, weil nur eine Person anfing, sich dagegen zu wehren – sogleich wurde sie von der ganzen Nachbarschaft unterstützt. Sisekho, das Backsteinprojekt bei Aunt Sues Haus, war ein Informationszentrum; dort war 24 Stunden am Tag jemand stationiert, der andere kontaktierte, sobald es einen Hinweis auf Unruhen gab.

Wir veranstalteten mit unserer kleinen Gruppe einige Gebetsabende, bei denen Father Des Curran und Aunt Sue immer anwesend waren. Eines Abends hatten wir gerade unsere Gebete beendet, als Nomangesi einen Anruf von ihrer Nachbarin erhielt, die schrie, dass ihre zwei ältesten Kinder, Tembelani und Ndileka, gerade von einer Gruppe mit Halskrausen angegriffen würden. Die Gruppe hatte schon mit aggressiven Sprechchören begonnen. Nun waren wir gefordert. Aunt Sue wurde fast verrückt vor Zorn, Frustration, Angst und allen möglichen Gefühlen, die man sich vorstellen kann. Ich schaute Father Des an und sagte: »Des, wir müssen gehen. Können wir Ihren Kombi benutzen? Ich denke, zwei von uns sollten gehen, während die anderen hier bleiben und beten.« Wortlos griff der Pfarrer nach seinen Schlüsseln, und wir fuhren los nach New Crossroads. Eine Menschenmenge hatte sich versammelt und schon waren Sprechchöre ausgebrochen. Die Leute mussten sich in einen tranceartigen Zustand versetzen, um an solch einem entsetzlichen Akt der Unmenschlichkeit teilzunehmen. Als wollten sie sich auf diese Art von der Schuld an ihrem Tun reinwaschen, indem sie nicht spürten, was sie taten.

Es ist erstaunlich – das Letzte, was einem in einer solchen Situation in den Sinn kommt, ist die Todesangst. »Wenn du tust, wovor du Angst hast, ist das der Tod der Angst«, sagt ein Spruch. So hatte ich es im Gefängnis erfahren. Wenn man es mit dem Bösen zu tun hat, übergibt uns der Unterdrücker das wichtigste Werkzeug der Unterdrückung – es ist unsere eigene Angst. Lassen wir sie hinter uns, so wird der Unterdrücker machtlos, und wir werden ausgestattet mit Würde und Autorität. Macht und Autorität klingen zwar ähnlich, aber in Wirklichkeit stammen sie aus entgegengesetzten Lagern. Macht ist eine Kraft, die durch physische Mittel ausgeübt wird oder durch Institutionen, die diese Mittel repräsentieren. Autorität ist anders. Sie hat wohl eine göttliche Wurzel. Christus hatte Autorität. Gandhi sprach mit Autorität und Mandela strahlte selbst im höchsten Alter Autorität aus.

In diesem Fall liefen wir einfach mitten in die Menschenmenge hinein, packten die beiden halbnackten Jungen und führten sie weg zum Kombi – der Mob war völlig verstummt. Als wir davonfuhren, brach in der Menge ein Tumult aus. – Was war geschehen? Eine bestimmte Art von Autorität bewirkt eine einzigartige Reaktion. Gegen Würde, Ruhe und Güte gepaart mit Bestimmtheit, Glaube und Liebe können Brutalität und Gewalt nichts ausrichten. Gewalt braucht Angst und Aggression, um zu gedeihen. Auch in diesem Fall waren die Aggressoren wohl direkt mit der eigenen Humanität konfrontiert worden. Wie im Fall des Polizisten im No Name Camp oder bei den Treffen mit Gangs im Township.

Wir kehrten voller Freude und Dankbarkeit zu unserer Gebetsversammlung zurück. Dank dieser kleinen Gruppe und der Unterstützung der Nachbarn hörten die Halskrausenmorde in Kapstadt bald endgültig auf. Nicht durch Zufall, sondern durch Planung, Glaube und menschliche Zusammenarbeit.

Endlich war so etwas wie Ordnung wiederhergestellt. Monate später wurden Mitglieder unserer Gruppe wieder gerufen, um ein Aufflammen von Gewalt in der informellen Siedlung HTC zu ersticken. Dort terrorisierten sich feindliche Fraktionen, die durch eine Straße getrennt waren. Wieder organisierten wir Versammlungen mit Führern der beiden Seiten und erreichten eine Vereinbarung. Die Polizei erzürnte beide Seiten, indem sie die Gemeinschaften mit Stacheldraht umzäunte. Wir konnten sie zum Abzug bewegen, aber die Gewalttätigkeiten gingen weiter. Schließlich bat man uns, den Frieden zu sichern, indem wir einfach anwesend waren. Wir patrouillierten auf der Straße zwischen den Gruppen und einigten uns auf Regeln. Wir erklärten unmissverständlich, dass wir gehen würden, wenn sie diese Regeln brächen, und sie wären dann wieder sich selbst überlassen.

Einmal mehr war es erstaunlich, wie wir erfolgreich den Frieden erhalten konnten. Dabei gingen nur zwei Leute auf Patrouille. Wir hatten nichts als unsere bloßen Hände und unseren Mut als »Waffen«, doch wir waren mit einer Autorität ausgerüstet, die uns die beiden kriegerischen Fraktionen selbst verliehen hatten. Die Leute auf beiden Seiten sorgten dafür, dass wir in den Nächten jederzeit Kaffee bekamen. Sie baten uns dringend, nicht wegzugehen. Solange wir da waren, fühlten sie sich sicher. Es war völlig unlogisch, denn wir hatten keine Macht, jemanden aufzuhalten, der eine Gewalttat verüben wollte. Ein fundamentaler Teil unseres Kampfes bestand darin, in einer Gemeinschaft Autorität wiederherzustellen, die durch den Missbrauch von Macht verwüstet war. Aunt Sue selbst war die Verkörperung solch einer Autorität und für viele ein Leuchtturm in der Finsternis.

Aunt Sue bekam für ihre Rolle nie eine Anerkennung vom ANC. Es ist eine Tragödie, dass sie von den Leuten, die von ihren Taten am meisten profitierten, niemals einen Dank erhalten hat. Sie gehörte zeitlebens zu den vielen einfachen, mittellosen Personen, die in einem bescheidenen, nur unvollständig renovierten Haus lebten.

Sie musste im Alter noch mit einfachen Hausarbeiten Geld verdienen, um ihre kleine Rente aufzubessern, bis auch das nicht mehr möglich war. Sie hat mich unendlich inspiriert. Ich wünsche mir, dass viele Menschen ihren Beitrag kennen und nicht nur Gott allein davon weiß.

Francis, der Verwandlungskünstler

Nach den Ereignissen von Modderdam hatte Francis Green das Land verlassen (siehe Kapitel »Das Drama von Modderdam«). Doch der Ruhestand auf der Isle of Man entsprach nicht seiner Vorstellung von »Greisentagen«, wie er das nannte. Schon bald nach der Abreise aus Südafrika wurde er ruhelos und unleidlich. Jeden Tag guckte er aus dem Fenster des neuen Hauses auf der Isle of Man und starrte auf den Hutchenson Square, einen schönen kleinen Platz, der durch Abfall und von Kindern mutwillig zerstörte Blumen verunstaltet war. Die Unordnung machte ihm so sehr zu schaffen, dass er daran ging, die Situation mit gewohntem Elan, Takt und Behutsamkeit zu verändern.

Jeden Tag auf dem Platz zu sein und sich mit den Kindern und ihren Müttern anzufreunden, wurde zu seiner Aufgabe. Bald hatte er die Kinder dazu gebracht, Spiele zu spielen, in denen sie weggeworfene Dinge aufhoben. Als ein kleines Kind abgerissene Blüten von Narzissen herumliegen ließ, sammelte Francis sie auf, machte einen kleinen Strauß daraus und schenkte ihn der Mutter des Kindes. Dabei sagte er: »Liebe Mrs. Jones, ich glaube, diese schönen Blumen, die vom kleinen Johnny hier gepflückt wurden, waren als spezielles Geschenk für Sie gedacht. Freuen Sie sich darüber!« Natürlich dankte ihm die Mutter überschwänglich und schimpfte mit Johnny, dass er die Blumen gepflückt hatte. Das alles verbreitete sich, und recht bald gehörten die Verunreinigung des Platzes und das Abreißen der Blumen der Vergangenheit an. Die städtischen Arbeiter, die sich um die Reinigung nie besonders gekümmert hatten und, wie Francis es ausdrückte, statt dessen einen Weltrekord im Teetrinken aufstellten, waren erstaunt. Eines Tages tauchten sie auf und der Platz war makellos. »Hallo, hallo, wer war denn da?«, wollten sie wissen. Die Veränderung von Hutchenson Square war vollkommen.

Doch Francis brauchte mehr Herausforderung. Er war der geborene Geschäftsmann. In jungen Jahren hatte er in England als Verkäufer bei Marks & Spencer gearbeitet. Schnell war er zum Manager aufgestiegen. Dann machte er sich selbständig, kaufte und leitete mehrere Unternehmen. Er wälzte jede Firma um und verkaufte sie dann mit enormem Profit. Alles, was er anfasste, schien sich in Gold zu verwandeln. Jedoch bewahrte er eine Einfachheit und Demut, die für mich eine Lektion in wahrer Menschlichkeit waren.

Als Francis das Land verließ, arbeitete ich als Entwicklungsbeauftragter für den Südafrikanischen Kirchenrat unter Desmond Tutu, dem damaligen Generalsekretär. Ich musste finanzielle Mittel für die vielen Entwicklungsprojekte auftreiben, die im ganzen Land eingerichtet wurden, um die Armen und Unterdrückten zu unterstützen. Den meisten dieser Projekte fehlten unternehmerische Ideen und so scheiterten sie, weil ihnen das Geld ausging. Sie brauchten jemanden, der sie mit entsprechender Erfahrung auf den Weg zu nachhaltiger Existenz bringen konnte.

Eines Tages sprach ich mit Francis am Telefon. Er tönte frustriert: »Alter Junge, dieser Ruhestand macht mir zu schaffen. Ich langweile mich zu Tode. So sehr ich es auch gehasst habe, in einer Apartheidgesellschaft zu leben, habe ich mich doch wenigstens lebendig gefühlt. Ich vermisse es, den verbohrten Burschen im Club die Meinung zu sagen und mit ihnen wegen ihrer konservativen Ansichten zu streiten. Wenn es etwas gibt, was ich in Südafrika tun kann, sag es mir! Ich stehe im Handumdrehen wieder bereit!« Wow.

Ich beschloss, Francis beim Wort zu nehmen. Ich traf mich mit der Leitung des Kirchenrates und schlug vor, mit einem erfahrenen Geschäftsmann einigen Projekten im Eastern Cape den benötigten Auftrieb zu geben. Alle waren begeistert. »Wann kann solch eine Person anfangen?«, fragte Father Bill Buckley. »Ja, ein Verwalter, das ist es, was wir brauchen«, stimmte Reverend Alf Dlamini ein. »Und der Ort, an dem man beginnen sollte, ist Dimbaza, mit den Khula Home Industries«, fügte Reverend Jolobe hinzu. Man stimmte zu. Francis wurde gebeten herzukommen, um zuerst Khula Home Industries auf eigene Füße zu stellen.

»Francis, Sie werden gebraucht«, waren meine ersten Worte bei unserem nächsten Telefongespräch. »Wann, wo und wobei, mein alter Junge?«, fragte Francis. »Sie werden armen Frauen auf dem Land helfen, ihre Nähprojekte zum Laufen zu bringen. Wenn ihre kleinen Geschäfte erfolglos bleiben, schließen sie sich den Tausenden an, die in die Städte strömen und dann wieder deportiert oder ins Gefängnis geworfen werden.« Er stimmte zu und fragte nur noch, wann er vor Ort sein solle …

Francis besprach den Plan mit seiner Frau Trixy. Sie würde auf der Isle of Man bleiben, bis sich Francis eingelebt hätte. Er nahm einen Flug nach Südafrika mit Zwischenhalt in Zürich. Zur gleichen Zeit war ich auf dem Weg nach Europa, um mit Anti-Apartheid-Gruppen ein Netzwerk aufzubauen und Geldquellen zu erschließen. Wir trafen uns in einer kleinen Bar im Flughafen Zürich. Ich betrat das Lokal und sah Francis Greens dünne Gestalt an der Bar. Er nippte an einem Whisky und rauchte eine Zigarette – mit seiner langen, dünnen Zigarettenspitze. Erinnerungen strömten durch meinen Kopf. Wie ich diesen quirligen Kerl liebte! Da war er nun. Alles, was er bei sich trug, war ein kleiner, abgenutzter alter Lederkoffer, der kaum genug Gepäck für eine Woche enthalten konnte. War ihm klar, worauf er sich eingelassen hatte? Er schien nicht angemessen ausgerüstet zu sein für die neue Aufgabe.

Ich rief seinen Namen und wir umarmten uns herzlich. Dann erzählten wir uns alles, was uns in den letzten vierzehn Monaten widerfahren war. Wir redeten stundenlang, tauschten Erinnerungen, Gedanken und Gefühle aus und kamen schließlich aufs Geschäftliche zu sprechen. Die Gruppe der Näherinnen arbeitete in einem Raum neben einer Kirche im Township Dimbaza in der Nähe von King Williams Town im Eastern Cape. Dimbaza war eine »Abstellkammer« für ehemalige Gefangene aus Robben Island, die dort dann als Verbannte oder unter Hausarrest leben mussten. Es war eine heikle Gegend, sowohl für die Regierung als auch für die Menschen, die meist höchst politisiert und frustriert waren. Der Führer der *Black-Consciousness*-Bewegung, *Steve Biko,* stammte aus Dimbaza, wie andere prominente Figuren der Befreiungsbewegung. Francis war mit der Gegend vertraut, da er in der Vergangenheit auch dort Unternehmen geleitet hatte, zum Beispiel in der nahe gelegenen Stadt East London. Er wohnte bei Father Fritz Fitzimmons in King Williams Town, von wo aus Dimbaza mit dem Auto schnell zu erreichen war.

Das brachte mich auf das Thema Geld. Ich sprach vorsichtig sein kleines Gepäck an. Hatte er gehofft, mehr Sachen zu kaufen, wenn er in Südafrika war? Der Kirchenrat konnte ihm weder einen Cent bezahlen noch Transportmöglichkeiten anbieten. »Habe ich Sie um Geld gebeten?«, fragte er. »Sagen Sie mir einfach, wo ich sein soll, und ich werde dort hinkommen. Was das Gepäck betrifft ... nun, was braucht ein Mensch wirklich im Leben? Kleidung zum Wechseln, etwas Unterwäsche und ein paar sonstige Sachen. Ich habe keine Lust mehr, mein Leben mit Dingen vollzustopfen, die ich nicht mitnehmen kann. Nein, mein Lieber, dies ist wirklich alles, was ich jemals brauchen werde. Ich wünsche Ihnen alles Gute bei Ihren Unternehmungen in Europa und freue mich darauf, Sie bald in King Williams Town zu sehen!«

Nicht lang danach kam ich nach Südafrika zurück und machte mich auf nach King Williams Town zu Francis. Wir hatten beschlossen, dass er auf meine Rückkehr wartete, bevor er die Frauen von Khula Home Industries traf. Die Zeit bis dahin würde er nutzen, sich einzuleben und seinen Mitbewohner kennenzulernen. Es war Juni, mitten im Winter. Ich parkte an der Durban Street Nr. 23 und dachte, was für ein schäbiger Kasten das Haus doch war. Das bestätigte sich im Innern des Gebäudes, wo ich meine zwei alten Freunde Father Fritz und Francis traf. »Ich bin völlig entsetzt über den Zustand des Hauses«, sagte Francis: »Dieser arme Priester muss hier hausen, während der übrige Klerus in großem Stil lebt!« Ich musste ihm Recht geben. Das Haus war wie ein Tunnel für den Wind. Vorne und an der Rückseite hatte es klapprige Türen, die oben und unten einen Spalt frei ließen. Die Wände waren voller Risse. Der Wind fegte förmlich durchs Haus und verursachte einen ständigen kalten Zug. Der einzige Ort der Wärme war das Bett, wenn man unter möglichst vielen der dünnen Decken lag.

Father Fritz freute sich, denn sein kärglicher Speiseplan hatte sich über alle Maßen verbessert, seit Francis eingezogen war. »Ich habe noch nie jemanden getroffen, der von Dosenbohnen und Eiern lebt wie unser Freund Fitzimmons hier.« Francis schüttelte seinen Kopf: »Dosenbohnen und Eier, ich bitte dich!« Fritz murmelte etwas von einfachen Dingen, die gut genug seien für Kirchenleute. Er war auch zu seinen besten Zeiten nicht sehr gesprächig gewesen, außer wenn der Whisky floss – auch das hatte sich mit Francis über alle Maßen verbessert. Der aber kommentierte, er könne hier nur länger bleiben, wenn es einige Veränderungen gebe, besonders bei der Toilette und der Dusche! »Ich bin gekommen, um den Armen zu helfen. Aber das kann ich kaum tun, wenn ich in einem Rattenloch wohne. Auf diese Weise kann ich niemandem helfen. Ich muss mit dem Bischof sprechen!«

Es war eine Freude, den scherzhaften Umgangston zwischen Fritz und Francis zu beobachten. Alle Unterhaltungen endeten schließlich beim Thema Apartheid und der Bösartigkeit der Sicherheitspolizei in der Gegend. Die Polizisten waren berüchtigte Killer und richteten ihr wachsames Auge auch ständig auf die Durban Street Nr. 23. Fritz und Francis wurden häufig mitten in der Nacht mit Telefonanrufen belästigt. Eines Nachts, während ich dort war, schellte das Telefon und Fritz nahm ab. »Du negrophiler Bastard!«, ertönte eine wütende Stimme. »Wie schreibt man das, Sir?«, fragte der Father. Der Anrufer knallte den Hörer auf. Francis und ich brachen in schallendes Gelächter aus. Einige Tage lang war Ruhe.

Um 1979 war Dimbaza eine seltsame Mischung aus schlimmer Armut inmitten eines scheinbar blühenden Industriegebietes. Das Township Dimbaza war ein Labyrinth aus Kieswegen, die sich während der Regenzeit in Schlammlöcher verwandelten. Dazwischen lagen verstreut dürftige kleine Häuser, die an das berühmte Lied von den »Little Boxes«, den kleinen Schachteln, erinnerten. Die Apartheidregierung hatte in dieser Gegend etwa 100 Fabriken eingerichtet und Unternehmen aus dem Ausland eingeladen sich hier niederzulassen, wobei sie üppige Subventionen anbot. Keines dieser Unternehmen produzierte wirklich etwas – das ganze »Industriegebiet« war eine Täuschung, um die Illusion zu erwecken, dass die als »getrennte Entwicklung« gepriesene Apartheid funktionierte. Die Unternehmen aus Taiwan, China, Israel usw. nahmen etwa vier Dollar pro Woche ein, die sie für jeden Arbeiter erhielten, den sie beschäftigten. Sie gaben jedem Arbeiter zwei Dollar und sackten den

Rest ein. Natürlich hörten die Subventionen nach den demokratischen Wahlen 1994 auf – diese »Industrie« brach sofort zusammen und hinterließ nur die leeren Hüllen der Fabriken.

Die Frauen von Khula Home Industries waren informiert, dass ein Mann namens Francis Green kommen würde, um zu helfen. Wir parkten bei der anglikanischen Kirche und betraten den kühlen, schwach beleuchteten Raum hinter der Kirche, wo die Frauen Schuluniformen und traditionelle Xhosa-Kleidung herstellten. Sophie war die Leiterin der Gruppe und nicht mehr die Jüngste. Ich stellte sie Francis vor. Sie gaben sich respektvoll die Hand. Ihr Englisch war schlecht, und er konnte kein Xhosa. »Liebe Freunde«, begann Francis, »ich komme von weit her, da ich von Eurer Situation gehört habe. Ich habe keine Ahnung, ob ich helfen kann oder nicht. Ich bin hier um zu lernen, und wenn ich denke, dass es ein Gebiet gibt, wo ich helfen kann, will ich es gerne tun. Wenn ich jedoch das Gefühl habe, dass ich helfen kann, müssen Sie mir vertrauen und mir helfen zu helfen, indem Sie genau das tun, was ich sage.« Sophie meinte nur: »Mr. Green, wir brauchen Ihre Hilfe, bitte, Sir!« Damit begann eine Umgestaltung, die sich in mehr als einer Weise als Offenbarung erweisen sollte.

Am folgenden Montag kam Francis in Khula an und machte sich an eine detaillierte Inspektion. Jede Handlung danach war peinlich genau und gründlich. Jeder Stein wurde umgedreht, jeder Schrankwinkel ausgestaubt, jeder einzelne Aspekt des Unternehmens untersucht und verändert. Zuerst prüften er und Sophie alle Schränke. Sie waren vollgestopft mit Schuluniformen, Stoffteilen, Perlenarbeiten, Rechnungen und Aufträgen, eine völlige Desorganisation. Es gab kein erkennbares System der Buchhaltung und keine richtige Bearbeitung der vielen unbezahlten Aufträge, die schon vor Monaten hinausgegangen waren. Die Frauen waren geschickt im Nähen, aber hoffnungslos überfordert von der Buchhaltung. Die meisten von ihnen waren Analphabeten. Eine junge Frau berührte Francis tief. Ihr Name war Grace. Sie konnte weder laufen noch hatte sie einen Rollstuhl. Sie lief auf Händen und Knien, zwei Kilometer nach Khula jeden Morgen und zwei Kilometer wieder zurück nach Hause.

Der Zustand der Hände und Knie dieser armen Frau rührte uns beide zu Tränen. Grace hatte außerordentliche Fertigkeiten bei der Arbeit mit Perlen und bei der Verzierung traditioneller Kleidung. Nach ein paar Wochen hatte Francis sie mit speziellen Polstern für Hände und Knie ausgerüstet, und er sorgte dafür, dass jemand sie im Auto mitnahm, so dass sie einigermaßen bequem zur Arbeit kommen konnte.

Schon in den ersten Tagen entdeckte Francis, dass das Projekt mit seinen Verbindungen zur Kirche viele Trittbrettfahrer zu haben schien, Leute, die mitmischten und sich bei den Finanzen selbst bedienten – mit den »Projektgebühren« und anderen obskuren Abgaben. Je mehr Francis nachbohrte, desto wütender wurde er. Schließlich entschied er sich für ein Vorgehen, das einigen Mut und Taktgefühl erforderte. Er bat um ein Treffen mit dem örtlichen Kirchenrat, wo er rasch die heiklen Punkte ansprach: »Meine lieben Freunde, ich bin sehr dankbar, dass Sie solches Vertrauen in meine Fähigkeiten gesetzt haben, um bei diesem interessanten Projekt zu helfen. Ich habe es untersucht und möchte einige Beobachtungen und Forderungen vorbringen. Diese Frauen brauchen Unterstützung. Aber was sie keineswegs brauchen, ist mehr Geld. Sie ertrinken in den ständigen Geldspenden. Das muss sofort aufhören! Sie haben nämlich die Möglichkeit, ihr Geld selbst zu verdienen! Genau das werden sie nun tun. Zuerst brauchen sie ein eigenes Bankkonto, zu dem nur sie eine Vollmacht haben. Es gibt zu viele Leute, einschließlich einiger Reverends, die bei den Finanzen ihre Finger im Spiel haben. Das muss mit sofortiger Wirkung aufhören. Habe ich Ihre Zustimmung, meine Herren?« Es herrschte verblüffte Stille, als die ehrenwerten Reverends zuerst einander anschauten, dann auf den Boden guckten und zum Schluss sich wieder gegenseitig fixierten. Schließlich sprach der Vorsitzende: »Wir danken Ihnen, Mr. Green, für Ihre Erkenntnisse. Ja, Sie können mit unserer vollen Mitarbeit rechnen. Berichten Sie uns wieder, wenn Sie denken, dass Fortschritte erzielt worden sind!«

Als Nächstes stattete Francis dem Manager der Standard Bank in King Williams Town einen Besuch ab. Er stellte Sophie dem Manager vor und fragte, ob er das Projekt kenne, das sie leitete. Der Manager kannte diese Gruppe. »Haben Sie eine Vorstellung davon, wer diese Frauen sind und was sie mit diesem kleinen Projekt erreichen wollen?«, fragte Francis. »Ihre Institution könnte hier einen Beitrag leisten, um das Elend der Armen in dieser Stadt zu lindern. Verzichten Sie auf einen Teil der Bankgebühren, die solche Gruppen jeden Monat bezahlen müssen. Dieses Geld sollte besser für neue Investitionen benutzt werden und den Bestand dieses Frauenprojekts sichern!« Francis berichtete anschaulich von den Lebensbedingungen der Frauen in diesem Projekt. Der Bankmanager war sichtlich bewegt. Francis und Sophie verließen die Bank mit der Zusage, dass alle laufenden und künftigen Bankgebühren ausgesetzt würden.

Die nächste Zielscheibe war die kleine Buchhaltungsfirma, die der Gruppe bei ihren Geldangelegenheiten half. Francis hatte alle Fakten und Zahlen zur Verfügung und wusste, dass diese Firma mehr abschöpfte, als ihr zustand. Er stellte sie zur Rede. Seiner Meinung nach schuldeten sie es den Armen, dafür zu sorgen, dass Projekte wie dieses überleben konnten, statt sie auszupressen. Er legte ihnen nahe, auf alle Gebühren zu verzichten und fürs jährliche Audit nur ein Minimum zu verlangen. Die schockierten Buchhalter waren sprachlos und stimmten zu.

Als Nächste standen die Schuldner auf seiner Liste. Er nahm Sophie überallhin mit. Die beiden fuhren in ganz King Williams Town und Dimbaza herum und besuchten jeden Schuldner regelmäßig, bis bezahlt wurde. Ein Schulinspektor hatte vor zwei Jahren einen Auftrag für Kleidung erteilt, die Ware bekommen, aber nie gezahlt. Es erwies sich als schwierig, ihn zu fassen zu kriegen, da er nie in der Stadt war oder jeweils in einer Versammlung saß, wenn Francis nach ihm fragte. Doch Francis besuchte die Arbeitsstelle des Inspektors, erkundigte sich nach dessen Auto und wartete drei Stunden, bis der Schuldner auftauchte. Dann stürzte er sich auf ihn ... Es gelang ihm, fast das gesamte Geld sofort zu bekommen und den Rest am folgenden Tag.

Sophie hatte keine Erfolge erhofft, sich aber verpflichtet gefühlt, mit Francis zu gehen. Nun veränderte sich ihre Haltung völlig. Geld begann sich auf dem Bankkonto anzusammeln. Sophie gewann an Selbstvertrauen und sah allmählich, wie kleine Schritte Wunder bewirken können, wenn sie mit Überzeugung und Entschlossenheit getan werden. Nun ging es an die Umgestaltung des Arbeitsplatzes selbst.

Die kleine Manufaktur bestand aus einem rechteckigen Raum von ungefähr zehn mal vier Metern. Als Erstes ließ Francis die Abtrennung niederreißen, die den Raum zweigeteilt hatte. Er entfernte auch einige Schränke, die nur als Stauraum für unnötigen Krimskrams dienten. »Liebe Sophie«, erklärte er dann, »wir können nicht in einem vollgestopften Raum arbeiten. Sauber und ordentlich, darauf kommt es an! Die Leute sollen sich nicht verstecken, sich nicht unterhalten oder essen, wenn sie arbeiten. Ein Arbeitsplatz ist ein Arbeitsplatz – das ist meine Einstellung!« Sophie stimmte zu.

Die Herausforderung für Francis war, die Frauen so auszubilden und neu zu organisieren, dass die Veränderungen nachhaltig wirken konnten, auch lange nach seinem Weggang. In den ersten Wochen, während die Frauen aufräumten und die Schulden eingetrieben wurden, dachte er über dieses Problem nach. Viele seiner Ideen diskutierte er mit mir. Ich wies ihn darauf hin, dass in einem ländlichen Umfeld wie diesem, wo Lesen und Schreiben ein Problem war, alles so gut wie möglich visuell dargestellt werden müsste. Eines Tages erhielt ich einen Anruf von Francis, der ganz aufgeregt war: »Mein lieber Junge, ich habe die Lösung gefunden. Kommen Sie in den nächsten Wochen vorbei – ich kann das Problem jetzt regeln.« Wir trafen uns zum Abendessen in einem örtlichen Restaurant und unterhielten uns ausgiebig. Zusammen mit Fritz Fitzimmons brachten wir uns auf den neuesten Stand beim Klatsch über die Katholische Kirche, zerpflückten die Befreiungstheologie mit all ihren Widersprüchen und besprachen schließlich, was im Kirchenrat geschah. Am folgenden Tag besuchten wir Khula. Ich war verblüfft, als wir das Gebäude betraten – es war völlig verändert. Auf der Straße wies ein großes Schild auf Khula Home Industries hin. Drinnen strahlte Sophie übers ganze Gesicht. Alle hatten einen Gang höher geschaltet. Der ganze Raum strahlte Effizienz und Organisation aus. Alles war sauber, die

Arbeitsflächen aufgeräumt und jeder Teil des Raumes hatte eine spezifische Funktion. Die Anordnung erleichterte einen logischen Arbeitsablauf, von der Annahme einer Bestellung bis zur Erledigung des Auftrags.

Francis hatte den Arbeitsablauf mit den Frauen in Rollenspielen eingeübt, und sie beherrschten ihn routinemäßig. Sie führten mir das System vor. Ich war so beeindruckt, dass ich alle Schritte auf Video aufnahm, um es als Trainingsmittel bei anderen Gruppen einzusetzen:

- Der Ablauf beginnt mit dem Besuch einer Kundin in der Manufaktur.
- Eine Mitarbeiterin von Khula Home Industries begrüßt die Kundin mit einem Lächeln. »Was kann ich für Sie tun, Madam? Hier geht es zur Abteilung mit unseren Mustern. Hier sehen Sie Beispiele unserer Arbeit, mit den Preisen.«
- Die Kundin geht zur Abteilung mit den Mustern, trifft eine Auswahl, bestellt und unterschreibt.
- Dann wird wenn nötig Maß an der Kundin genommen.
- Der Auftrag wird samt Termin der Fertigstellung sofort an die Pinnwand gehängt, die sich gut sichtbar vorne im Raum befindet.
- Die Stoffe für den Auftrag werden dann zugeschnitten und genäht.
- Der Auftrag geht zu den Arbeiterinnen für Perlenarbeiten und wird fertiggestellt.
- Es geht weiter zum Bügeln.
- Das Ganze wird sauber verpackt.
- Am letzten Arbeitstisch kommt die Rechnung oben auf das Paket.

Alle Aufträge sollten innerhalb einer Woche erledigt, freitags möglichst alles ausgeliefert sein. Streng beachtet wurde die Regel, dass am Montag alles fertig war. Jede Bestellung wurde in einer anderen Farbe aufgeschrieben.

Die einfache Strategie eines sauber und logisch geordneten Arbeitsplatzes revolutionierte Khula Home Industries. Francis überwachte und regelte das System viele Monate lang. Er trainierte die Frauen und leitete sie an, bis sie alle Aspekte ihres Unternehmens verstanden und Vertrauen in ihre Fähigkeiten bekamen – nicht nur beim Nähen.

Ab und zu ging Francis von Arbeitsplatz zu Arbeitsplatz und kontrollierte, dass die Frauen an jeder Station genau wussten, an welchem Auftrag sie arbeiteten und wann der Abgabezeitpunkt war. Wehe denjenigen, die unklar oder verworren waren. Sie bekamen einen spielerischen Schlag auf die Finger. Den Frauen tat die Aufmerksamkeit gut und ihr Geschäft begann zu florieren. Sie erschienen alle pünktlich, arbeiteten stetig und gingen erst, wenn die Arbeit des Tages erledigt war. Sie waren bereit, wenn nötig an Wochenenden oder Feiertagen zu arbeiten. Natürlich widerspiegelte auch ihr Bankkonto die Veränderungen. Es lag genug Geld auf dem Konto, um jeder Mitarbeiterin ihren Wochenlohn zu bezahlen und auch wieder in das Geschäft zu investieren.

Interessanterweise weigerten sich die Frauen in späteren Jahren standhaft, Änderungen an dem System vorzunehmen, das sie gelernt hatten. Denn es funktionierte, sie kannten es gut und hatten es mühsam gelernt. Keinesfalls wollten sie von der Routine abweichen, die Francis ihnen eingeschärft hatte. Khula Home Industries wurde als erfolgreiches Entwicklungsprojekt bekannt und zu einer Art Modell, von dem andere Nähgruppen lernten. Francis hatte demonstriert, dass man ohne Kenntnis der afrikanischen Sprache, ohne ausgefallene Technik und nur mit gesundem Menschenverstand, gutem Willen und Entschlossenheit eine Situation der Verzweiflung und Hoffnungslosigkeit umkehren konnte in Erfolg und wirklichen Stolz.

Insgesamt verbrachte Francis fast ein Jahr in King Williams Town und half nicht nur Khula Home Industries, sondern auch einem Nähprojekt in Keiskammahoek. Schließlich ging er zurück nach Kapstadt, um einige Zeit mit seinen Kindern und seiner lieben Trixy zu verbringen, die nach Südafrika gekommen war. Nach langen Diskussionen entschloss sich die ganze Familie, nach Neuseeland überzusiedeln. Einige Jahre später verstarb Francis Green an einem Aneurysma. Ich werde diesen liebenswürdigen, tatkräftigen alten Mann nie vergessen. Er hatte den Mut eines Löwen und die Sanftheit eines Lamms, wenn er den Armen half, goss aber Höllenfeuer, Pech und Schwefel aus über jene, die für Ungerechtigkeiten verantwortlich waren. Gott segne dich, lieber Francis.

Unser gemeinsamer Freund Father Fritz arbeitete viele Jahre lang als Gemeindepriester weiter. Ich hatte das Privileg, drei Jahre lang bei ihm in der Durban Street Nr. 23 zu wohnen, nachdem ich Kapstadt verlassen hatte, um im Eastern Cape zu arbeiten. Fritz wurde schließlich nach Colesburg im Free State versetzt, wo er unter tragischen Umständen durch entlassene Sträflinge ums Leben kam, denen er vertraut und zu helfen versucht hatte. Ich blieb weiterhin im Haus Nr. 23, das ich 18 Jahre lang als Büro benutzen konnte, bis es der Bischof für andere Zwecke einsetzte.

Leen, ein Herz für Verfolgte

Maasluis war ein kleines holländisches Fischerdorf, ein hübscher Ort mit kleinen Restaurants und Promenaden am Hafen, gesäumt von typischen niederländischen Häuserzeilen. Hier wurde Leen van Burg geboren; seine Eltern waren einfache, fleißige Leute, sein Vater war Fischer. In seiner Kindheit und Jugend hatte Leen eine enge Beziehung zu seinem Pastor oder Dominee, wie sie dort genannt wurden. Dieser Mensch repräsentierte für den jungen Leen die Kraft des Guten. Er beschaffte Leen einige Jahre später auch ein Stipendium für die Universität.

Während seines ersten Studienjahrs wurden die Niederlande durch Nazi-Deutschland besetzt. Leen schloss sich einer kleinen Gruppe unter der Führung seines Pastors an – Studenten, die deutsche Juden retteten, sie versteckten und nach England oder in andere Länder schmuggelten. Leen glaubte leidenschaftlich an die Sache. Zwar wurden die jungen Leute ein Stück weit auf ihre gefährliche Aufgabe vorbereitet, aber nur sehr minimal. Dass seine Taten sein Leben ernsthaft gefährden könnten, kam Leen nicht in den Sinn. Er wollte nur helfen.

Seine allererste Aufgabe war, ein junges jüdisches Paar aus Holland nach England zu schmuggeln und alles Notwendige zu arrangieren, damit sie sicher durch Holland und zum wartenden Schiff kamen. Unglücklicherweise war jedoch ein Informant darunter. Die gesamte Gruppe samt Pastor wurde verhaftet. Leen kam nach Amersfoort in eines der Transitlager für Kriegsgefangene, wo viele Menschen starben. Er entkam zwar dort dem Tod, wurde aber danach von einem Ort zum anderen verlegt, bis er schließlich im berüchtigten Konzentrationslager Dachau landete. Alle seine Freunde kamen in diesem Lager um, genauso wie der junge Mann, dem sie zu helfen versucht hatten. Die junge Frau hingegen überlebte irgendwie. Besonders schlimm für Leen war, als er 1945 nach seiner Rettung aus Dachau erfuhr, dass sein Pastor gleich nach der Verhaftung erschossen worden war. »Ich fühlte mich, als wäre etwas aus meinem Innersten herausgerissen worden«, erinnerte er sich.

Leen hatte einen tiefen Glauben: »Ich war überzeugt, dass der gütige Gott mich durch diese Zeit in meinem Leben geleiten würde, selbst als Freunde und Insassen um mich herum vor Hunger starben. Obwohl meine eigene Gesundheit sich verschlimmerte, gelang es mir, guten Mutes zu bleiben.« So konnte er eines Tages in sein Dorf zurückkehren. »Wir waren völlig benommen, nachdem die Alliierten uns wundersam aus Dachau befreit hatten. Es herrschte ein großes Durcheinander, auch als wir zur ärztlichen Behandlung gingen. Schließlich wurden wir zu verschiedenen Sammelstellen transportiert und weitergeschickt.« Leen fand sich plötzlich in einer vertrauten Umgebung wieder, die nicht sehr unter Kriegsschäden gelitten hatte. Er hatte keine Gelegenheit gehabt, seine Eltern über die Heimkehr zu informieren. Sie glaubten, er sei tot – die Welt hatte über die Zustände in Dachau Kenntnis erhalten. Sie wussten auch, dass die Leute aus dem Widerstand gewöhnlich sofort erschossen wurden – wie sein Dominee. Leen erzählte mir die Szene, wie er sich dem kleinen Hafen in Maasluis genähert hatte, wo seine Eltern lebten: »Es war später Nachmittag, die Zeit, wo sie üblicherweise einen Spaziergang am Kai machten. Ich kann meine Gefühle nicht beschreiben, als ich sie Hand in Hand erblickte. Der Schock und die Emotionen, als sie mich erkannten, sind unbeschreiblich. Längst verloren geglaubte Tränen brachen aus mir heraus. Auch meine Eltern konnten alles kaum glauben und vergossen Tränen der Freude.« Leen erklärte mir, dass seine kurze Zeit in der niederländischen Untergrundbewegung durch die Verhaftung und das Konzentrationslager abrupt abgebrochen war. »Doch das Bedürfnis zu helfen bestand immer noch. Ich fühlte, dass ich in Südafrika mein ursprüngliches Engagement für unterdrückte Menschen einbringen konnte. Hier waren Millionen von Menschen, die ebenfalls um ihre Freiheit kämpften.«

Ich traf Leen van Burg das erste Mal 1975 im Christian Institute in Mowbray bei Kapstadt. Er fiel mir auf als einfacher, freundlicher Besucher aus Holland. Er wollte so viel wie möglich über die Lebensbedingungen der Menschen erfahren. Später erst erfuhr ich, dass er als internationaler Anwalt und Berater in Brüssel in allen möglichen

Komitees vertreten war, die für unseren Kampf hilfreich sein konnten. Insbesondere gehörte Leen »De Kleine Klub« an, einer kleinen Gruppe von Schlüsselfiguren wie Jone Bos, Direktor des Hilfswerks *ICCO*, Albert van der Heuvel, Vorsitzender des Programms zur Bekämpfung von Rassismus des *Weltkirchenrates* und Generalsekretär der Hervormde Kerk, der Reformierten Kirche in Holland.

Leen schaffte es über den Zeitraum von 15 Jahren, mindestens einmal pro Jahr nach Südafrika zu reisen. Er hatte eine ältere Tante in Pretoria, die immer seine Rechtfertigung war, das Land zu besuchen. In jenen Tagen war es für jemanden mit Verbindungen zu Menschenrechtsorganisationen sehr schwierig, nach Südafrika einzureisen. Leen konnte für die verschiedenen Hilfswerke Leute besuchen, Fakten herausfinden und sie auf dem Laufenden halten. So kam es, dass er während jener hektischen Periode, als man in Südafrika die Massen organisierte, zu einem entscheidenden Verbindungsglied zu den Unterstützern in der Ferne wurde. Leen fühlte sich der Kirche tief verbunden. Ob Befreiungstheologie, Entwicklungshilfe, Eintreten für die Menschenrechte, Widerstand im Untergrund oder um »den Mächtigen die Wahrheit zu sagen«. Für ihn bedeutete es, Gottes Hände und Füße auf der Erde zu sein. Dafür setzte er sein Leben ein und reiste unermüdlich durch Südafrika.

Leen traf keine festen Verabredungen und führte keinen Terminkalender. Stattdessen schrieb er ausführliche Notizen in der winzigsten und unleserlichsten Handschrift, die man je gesehen hat. Er bewahrte sie auf separaten Blättern in hundert verschiedenen Notizbüchern auf. Von jedem Treffen schrieb er einen Bericht in seiner klitzekleinen Handschrift und schickte ihn nach Holland – nur stückweise, so dass die Polizei nie etwas Belastendes fand. Doch die Sicherheitskräfte mussten sich über seine Aktivitäten und Kontaktpersonen völlig im Klaren gewesen sein. Sie hielten sich aber mit einer Verhaftung zurück, weil er durch sein Bewegungsprofil interessante Hinweise auf ein ganzes Netzwerk abgab.

Leen startete immer von Johannesburg aus, verbrachte einige Tage bei seiner Tante in Pretoria und reiste dann weiter zu verschiedenen Personen, deren Namen sich wie ein Who's Who der

Menschenrechtsaktivisten jener Zeit lesen: Beyers Naudé, der kurz nach Leens erstem Besuch mit einem Bann belegt worden war, Reverend Wolfgang Kistner vom Südafrikanischen Kirchenrat oder die Reverends Cedric Mason und Sam Buti, Rechtsanwälte der Menschenrechtsbewegung wie der spätere Justizminister Dullah Omar, Shan Chetty, Mdlalana, Richard Rosenthal oder Griffith Mxenge waren ihm besonderes wichtig. Durch ihre Arbeit machten sie Unrecht und Grausamkeit einer breiten Öffentlichkeit bekannt. Über die meisten Tatsachen wusste die südafrikanische Bevölkerung nicht Bescheid, da die Regierung die Berichte über bestimmte Fakten verboten hatte. Deshalb wussten interessierte Organisationen und Einzelpersonen in andern Ländern weit mehr über die Apartheidregierung als die Südafrikaner selber.

Die niederländische Botschaft versorgte Leen von Zeit zu Zeit mit der nötigen Unterstützung – er erhielt finanzielle Mittel, die er in aller Stille abholte und sie denen zuführte, die sie brauchten. Am Ende seiner Reisen trafen uns Leen und ich jeweils und gingen die Liste der Anfragen durch. Jede einzelne wurde gründlich erörtert. Bei all seinen Entscheidungen machte er kaum Fehler. Mal gab es einen korrupten Rechtsanwalt oder eine problematische Person, aber generell war er erfolgreich. Wenn man dies mit dem Ausmaß an Verwaltung und Bürokratie vergleicht, die heute nötig ist, um mit Hilfsorganisationen etwas zu bewirken, kann man nur darüber staunen, was Leen geleistet hat. Mit einem Handschlag und ein paar kryptischen Notizen wurden Entscheidungen mit außerordentlicher Wirkung getroffen.

Ein Beispiel: Ende der 70er-Jahre gab es in Südafrika das starke Bedürfnis nach einer gemeinschaftlichen Zeitung, die verstreute und unterdrückte Gruppen stärken könnte. Johnny Issel und Rashid Seria, Reporter beim »Cape Argus«, waren Schlüsselfiguren dieser Idee. Ich arrangierte ein Treffen der beiden mit Leen. Bereits ein paar Monate später erschien die Zeitung erstmals. Sie schaffte an der Basis so wirksam ein Bewusstsein für Menschenrechtsfragen, dass der Staat sie verbot. Immer wieder tauchte sie auf und bestand mindestens zwanzig Jahre. Und sie beeinflusste viele ähnliche Medien, einschließlich der beliebten Kinderzeitung »Molo Songololo! Guten Morgen, kleiner Wurm!«, die 1979 gegründet und entscheidend vom Schweizer Fastenopfer unterstützt wurde und heute noch existiert.

1977 war ein schwarzes Jahr in der Geschichte von Südafrika. *Steve Biko* und viele andere Aktivisten wurden verhaftet und ins Gefängnis geworfen, Modderdam dem Erdboden gleichgemacht, Dutzende von Organisationen verboten und viele Führungspersonen unter Hausarrest gestellt. Eine der ersten verbotenen Organisationen war das *Christian Institute,* gegründet von Dr. Beyers Naudé, einem ehemaligen Mitglied des *Broederbonds* und Oberhaupt der mächtigsten regionalen Kirchensynode der Afrikaaner. Er hatte beschlossen, seiner Beteiligung an der Apartheid ein Ende zu setzen. Damit wurde er in den Augen seiner Afrikaaner-Mitbürger zum Verräter an seiner Nation und quasi aus der weißen Gesellschaft ausgestoßen. Zusammen mit einer Handvoll anderer Priester wie etwa Reverend Theo Kotze, auch ein Afrikaaner, hatte er diese alternative christliche Körperschaft gegründet. Die Mission seines Instituts sollte es sein, christliches Zeugnis abzulegen gegen die Apartheid in einer kompromittierten Kirche, die behauptete, die Apartheid abzulehnen, in der Praxis jedoch untätig blieb. So wurde Mowbray ein beliebter Versammlungsort für Aktivisten.

Durch Beziehungen zu diesem Christian Institute erfuhr Leen van Burg von den schändlichen Passgesetzen und begann seine Bedenken der Welt mitzuteilen. Er sorgte dafür, dass Fotos und Berichte an das niederländische Parlament und die Kirchengemeinden geschickt wurden, und er traf sich immer wieder mit dem niederländischen Botschafter. Durch das Verbot des Instituts verloren mehrere Leute ihre Arbeitsstelle. Eine von ihnen war Florrie De Villiers, die Hausmutter in Mowbray, die alle Besucher mit Suppen und kräftigen Mahlzeiten versorgt hatte. Diese energiegeladene Frau wurde in meine damalige Organisation integriert und Leen sorgte für die Finanzierung.

Mit Florries Wandel von der Köchin zur Organisatorin wurden ihre wahren Fähigkeiten freigesetzt. Sie machte mich mit ihrer Freundin Maggie Oewies bekannt, die begonnen hatte, mit den

Prostituierten zu arbeiten, die ihr Gewerbe am Ufer des Liebeeck River in Kapstadt ausübten. Diese Frauen – von allen ausgenutzt, einschließlich der Polizei – waren extrem verletzlich. Maggie hatte für sie ein starkes Netz und einen Begegnungsort aufgebaut, wo sie sich sicher fühlten und Beratung bekamen. In meiner Organisation halfen sie nun mit bei der Bildung von Bewohnerkomitees in den zerstreuten Gemeinden der Umgebung von Kapstadt, keine leichte Aufgabe angesichts völlig fehlender Infrastruktur. »Wir können etwas bewirken, weil wir unter denselben Bedingungen leben wie die Leute, denen wir helfen«, pflegten Florrie und Maggie zu sagen. Ihr Engagement veränderte die soziale Struktur in den *Squatter-Camps.*

Manchmal gab es Spannungen, weil Florrie und Maggie sich über manche Zustände aufregten und sofort etwas unternehmen wollten. Doch in der afrikanischen Kultur gehört es zu einem Entscheidungsprozess, dass man alle informiert, um Rat fragt, sich Zeit nimmt und ausdiskutiert. Selbst die besten Ideen müssen den entsprechenden Prozess durchlaufen, so dass sich niemand übergangen fühlt. Florrie und Maggie konnten die erschreckenden Arbeitsbedingungen nicht übersehen, unter denen viele Frauen arbeiteten. Hausangestellte waren die am wenigsten respektierte Gruppe; sie wurden oft misshandelt und hatten keine Stimme. Ihre Zahl ging in die Millionen. Maggie und Florrie stellten einen praktischen Plan zusammen, um dieser unterdrückten Gruppe neue Hoffnung zu bringen, durch die Gründung einer Gewerkschaft der Hausangestellten, der Domestic Worker's Union in den frühen 80er-Jahren.

Wer sich dieser Idee am meisten widersetzte, waren interessanterweise die Männer der Gewerkschaftsbewegung. Sie wollten nichts zu tun haben mit einer von Frauen gegründeten Gewerkschaft und verlangten, dass diese unter ihrer männlichen Flagge laufen müsse oder sonst keine Unterstützung erhalte. Florrie und Maggie lehnten ab und verdoppelten ihre Anstrengungen. Eine große Anzahl von Frauen war auf ihrer Seite, während die bisherigen Gewerkschaften keine Verbindung zu Frauen hatten. Es brauchte etliche Jahre, bis Florrie und Maggie endgültig in die männliche Welt der Gewerkschaften vordrangen.

Hausangestellte waren die am schlechtesten bezahlte Gruppe aller Arbeiter; die Finanzierung der eigenen Organisation war nur eingeschränkt möglich. Hier trat einmal mehr Leen von Burg wirkungsvoll auf den Plan. Er fand Unterstützung, solange die Gewerkschaft sie brauchte. Florrie wurde die erste Präsidentin. Die Gewerkschaft erreichte erhebliche Verbesserungen bei den Arbeitsbedingungen der Hausangestellten – Regelungen, die heute in Gesetzen festgeschrieben sind. Die South African Domestic Service and Allied Workers Union SADSAWU ist auch heute noch eine der wenigen von Frauen geführten Organisationen innerhalb der Gewerkschaftsbewegung.

Während der 80er-Jahre gab es so viele Menschenrechtsaktivitäten, Gruppen und Organisationen, dass einem der Kopf schwirrte, wollte man mit der Aufbruchsstimmung dieser Jahre mithalten. Leen van Burg variierte seine Formen der Unterstützung. Es konnten politische Organisationen sein wie die Hausangestellten-Gewerkschaft oder auch einzelne Menschen, die er oft mit seinem eigenen Geld finanzierte und die heute wichtige Rollen im neuen Südafrika innehaben. Nachdem Südafrika befreit war, besuchte Leen in seinen letzten 15 Lebensjahren das Land nicht mehr. Aber er zeigte weiterhin ein starkes Interesse an den Entwicklungen. Er starb 2008 in seinem Haus in Leersum, wo er mit seiner Frau Rien seine letzten Tage verbracht hatte. Sein stetiger Durst nach Gerechtigkeit war für Südafrika ein großes Geschenk gewesen.

Die Friedensstifter von Mannenberg

Mitte der 70er-Jahre arbeitete ich eng mit der *Muslim Assembly* zusammen und beschäftigte mich unter anderem mit der Organisation von Messen und Märkten. Während dieser Zeit erhielt ich einen Anruf von Phillip Davids aus Mannenberg mit der Bitte beim Aufbau eines konstruktiven Gemeinschaftslebens mitzuwirken. Mir war dieser offene Mensch mit seinem engelhaften Lächeln gleich sympathisch. Ich sollte noch entdecken, dass er sehr ernst sein konnte, wenn es die Situation erforderte.

Mannenberg war eine dicht besiedelte Gemeinde, von den Architekten der Apartheid hingeklotzt, nachdem sie *District Six* niedergewalzt und die Einwohner in brandneue, zusammenhanglose Fragmente von »Gemeinden« umgesiedelt hatten. Die alten Nachbarschaftsstrukturen waren verschwunden, wo die Menschen sich kannten und aufeinander Acht gaben und damit eine geschützte Umgebung schufen. Hier fanden sich die Bewohner Kilometer weit von der Stadt und den Arbeitsplätzen entfernt. Sie waren gezwungen, mit dem Bus zu fahren, während sie vorher zu Fuß hatten gehen können. Sie waren mit Leuten zusammengewürfelt, die sie nicht kannten. Frustration und Wut erfasste die Menschen, was sie aneinander ausließen. Die Kriminalität stieg rapide an.

Auch für diese Situation war der Staat verantwortlich mit seiner Politik der Privilegien für einige und der Unterjochung der anderen. Weit entfernt von der sandigen Ödnis von Mannenberg und anderer Townships lagen die privilegierten, grünen Vororte der Weißen, immer abgeschirmt von der harten Realität, geschützt durch Polizei und Armee. Die Konsequenzen spürten jene am intensivsten, deren Gemeinschaften nun auseinandergerissen waren. Alle Arten von Lastern kamen zum Vorschein. Häusliche Gewalt war eine solche Auswirkung, Bandenunwesen eine andere.

Phillip Davids bot mir Einblick in diese Probleme von Mannenberg; im Mittelpunkt stand die Rolle der Gangs. Einige von ihnen zählten über 1.000 Mitglieder. Die schlimmsten waren die »Fancy Boys« und die »Mongrels«, die »26s« und die »28s«, deren Kontrollzentren die Gefängnisse waren. Die Mitglieder dieser Gangs waren hart und rücksichtslos. Ihre Form der Vergeltung war tödlich. Niemand, dem sein Leben lieb war, durfte sich ihnen entgegenstellen. Wie konnte eine Gemeinschaft mit dieser zusätzlichen Art von Unterdrückung fertigwerden, welche sich durch die vom Staat geschaffene Zwangslage noch verschärfte? Die Menschen fühlten sich hilflos wie Schachfiguren in einem gesellschaftlichen Spiel, in dem die Gangs die Oberhand behielten und das Leben unerträglich machten. Die Tatsache, dass Phillip und eine kleine Gruppe sich ernsthaft bemühten, das Problem mit den Gangs anzugehen, beeindruckte mich sehr. Ich wollte ihnen meine volle Unterstützung zukommen lassen. Das Township bestand vollständig aus paarweise angeordneten Wohnblocks. Es lag meilenweit entfernt von den Arbeitsplätzen. Wer spät am Abend nach Hause kam, war durch die Gangs, die nachts die Straßen unsicher machten und die Leute terrorisierten, ernsthaft bedroht.

Phillip stellte mich Mr. Smith vor, seinem wichtigsten Helfer. Die beiden hatten es in aller Stille geschafft, die Bewohner der verschiedenen Höfe in harmlos aussehenden »Dart Clubs« zu organisieren, die sich jeden Freitagabend trafen. Der wahre Grund für die Zusammenkünfte war, ein Gefühl der Stärke und der Solidarität in der Gemeinde zu fördern und sich gegen die Gangs zu wehren. Die Anlässe mit Dart-Turnieren und Grill-Abenden erschienen unverdächtig. Sie gewannen genügend Mitglieder, um sich offen als eine Art Club zu erklären, und ließen sich Uniformen nähen, die aus orangefarbenen, fluoreszierenden Jacken bestanden mit den Namen der entsprechenden Höfe auf dem Rücken. Für Notfälle hatten sie ein Kommunikationssystem zwischen den Mitgliedern geschaffen mit einem Auslöseschalter in jedem Hof.

Die Bedeutung der deutlich sichtbaren *Braais* bestand in der offenen Präsenz, einem nicht terrorisierten und nicht eingeschüchterten gemeinsamen Vergnügen. Eine Demonstration von Gemeinschaftsgeist angesichts feindlicher Kräfte. Als Nächstes begannen die Bewohner ihr Alarmsystem zu testen. Ein Mitglied löste den Alarm aus, sofort strömten die Leute aus den Wohnungen und versammelten sich an einem zentralen Ort – mehr als eintausend an der Zahl! Das konnte den Gangs nicht entgangen sein. Es war ihnen klar, dass sich etwas zusammenbraute. Aber es war keine Drohung ausgesprochen worden, so gab es keinen Grund zuzuschlagen.

Nach kurzer Zeit wurden die Braais vom Freitagabend zu Aktionen der Wachsamkeit über das ganze Wochenende ausgedehnt. Die Männer rüsteten sich mit Deckeln von Mülltonnen als Schilde aus und mit etwas, das damals »Aufrechter Gang« genannt wurde – es war nichts anderes als der Stiel einer Hacke – mehr dazu benutzt, auf Tonnendeckel zu hauen und durch Lärm zu drohen als damit zu prügeln. Ein großartiges Gefühl von Solidarität und Aufmerksamkeit entstand, wenn diese Männer des Nachts zusammen durch die Straßen wanderten und auf die Tonnendeckel schlugen, um damit ihre Präsenz zu zeigen.

Es dauerte nicht lange, bis es zu Zusammenstößen mit den Gangs kam. Beim ersten Ton einer Sirene strömten in kürzester Frist mehr als 10.000 Personen zur Unterstützung zusammen. Das musste nur einmal passieren – die Wirkung war deutlich spürbar. Mannenberg erlebte ein Gefühl der Befreiung und wurde zu einer der friedlichsten Gemeinden. Es war angenehm, dort zu wohnen. Eine junge Frau oder ein Betrunkener konnten in einer Freitagnacht ohne Furcht durch die Straßen laufen. Die Mitglieder der Dart Clubs waren präsent, wachsam und organisiert. Sie patrouillierten mit Engagement und Disziplin und dem Gefühl, etwas Sinnvolles zu tun. Sie zeigten nur, dass sie da waren und griffen niemals an. Sie standen zur Verfügung, nachts jemanden nach Hause zu begleiten. Sie wurden von Frauen und Kindern mit Zuneigung und Dankbarkeit betrachtet und von den Gangs in gewisser Weise akzeptiert.

Es war natürlich nicht leicht, das Niveau von Verantwortlichkeit gegenüber der Gemeinschaft und die kollektiven, disziplinierten Aktionen zu erhalten. Es gab immer wieder Mitglieder, welche die Dinge weitertreiben wollten in Richtung Bürgerwehr. Das erforderte eine starke Führung und Kontrolle und kreative nächste Schritte. Die Führungspersonen in der Gruppe entwickelten die Idee von Fußball- und Netzball-Ligen mit eigenen Teams aus jedem Hof. Das half, die Jugend an Bord zu bringen – ein wesentlicher Aspekt für die gute Stimmung.

Als Nächstes entwickelten wir das Konzept der Mannenberg-Messe. Daran wollten wir so viele Gemeindemitglieder wie möglich beteiligen. Die umliegenden Geschäfte und Unternehmen wurden einbezogen. Sie alle hatten noch eine gewisse Furcht vor Mannenberg, dem Township mit dem Spitznamen »Kill me Quick«. Nun gab es die Möglichkeit, dieses Image zu ändern. Die Gemeinde konnte etwas Neues, Positives und Erfreuliches tun und gleichzeitig ein wenig Geld verdienen für wichtige Projekte in der Gemeinde. Die Mannenberg-Messe erreichte all diese Ziele. Sie dauerte neun Tage lang, und war ein Aushängeschild für die Friedensstifter im Township, für die Männer und Frauen, die gegen die Gangs aufgestanden waren und sich organisiert hatten mit Mülltonnendeckeln und Stöcken. Ihre Anwesenheit garantierte, dass während des ganzen Anlasses kein Verbrechen verübt wurde, abgesehen von Störungen durch ein paar Betrunkene, die höflich nach Hause begleitet wurden.

Mit dem erfolgreichen Start der Friedensarbeit in Mannenberg begann sich das Konzept weiter auszubreiten. Die Führungspersonen in der Gruppe wurden gebeten, ähnliche Bewegungen in anderen, von Gangs geplagten Gebieten aufzubauen, etwa in Scottsdene, Bridgetown, Hanover Park und anderen. Eine Gefahr dabei war, dass eine solche Bewegung in bloßes Vigilantentum ausartete durch Leute, sich unter einem »legitimen« Deckmantel an Gewaltaktionen beteiligen wollten. Um dem zuvorzukommen, gaben wir der Bewegung eine feste Struktur, ein Regelwerk und klar beschriebene Ebenen der Verantwortlichkeit. Richard Rosenthal half einmal mehr bei der Gründung der Association of Peacemakers, der Vereinigung der Friedensstifter.

Natürlich interessierte sich auch der Staat inzwischen stark für diese Bewegung. Sobald sich Menschen organisieren, werden sie zu einer Kraft, mit der man rechnen muss. Das beunruhigt die Machthaber. Wo die Polizei zuvor noch hilfsbereit gewesen war, wurde sie plötzlich negativ und begann subtil die Gangs zu unterstützen. Sie halfen Gangmitgliedern bei fiktiven Anklagen gegen Friedensaktivisten. Führer wie Phillip Davids wurden gejagt, mussten untertauchen, und Richard Rosenthal wurden viele Steine in den Weg gelegt bei der Verteidigung von willkürlich angeklagten Friedensaktivisten vor Gericht.

Durch die öffentliche Unterstützung des Bus-Boykotts in den 70er- und 80er-Jahren war die Friedensbewegung zu einer Zielscheibe für Polizeiaktionen geworden. Die meisten Führungspersonen mussten in den Untergrund gehen, was die Aufrechterhaltung der Disziplin schwierig machte. Allmählich tauchten die Gangs wieder auf – nicht mehr im Ausmaß von früher, aber dennoch stark genug, um die Atmosphäre von Frieden und Sicherheit zu verderben, die dank der Friedensbewegung entstanden war.

Die Ereignisse in Mannenberg bildeten ein Fundament für künftige Massenaktionen. Die Friedensstifter hatten aktiv die Macht einer nachhaltigen Organisation demonstriert sowie das hohe Maß an kreativem Denken, Disziplin und Einigkeit gezeigt, die notwendig waren, um positive Veränderungen herbeizuführen. Die Disziplin der Bewegung war zu dieser Zeit bemerkenswert. Phillip war an seinem Wohnort zur Führungsperson herangewachsen. So kam er später in unseren engsten Führungskreis, der die Kampagne gegen die Passgesetze und andere Aktionen leitete. Er besaß Integrität, Erfahrung, Führungskompetenz und Charisma, verbunden mit hohem Organisationstalent und der Hingabe an die Sache der Menschenrechte. Nach den Wahlen von 1994 leitete er weiterhin die Abteilung für Entwicklung einer gemeinnützigen Organisation. Er war eine der Führungspersonen, die sich nicht der Jagd auf politische Posten und Privilegien anschlossen.

Viele Jahre später, gegen Ende der 90er-Jahre, wurde ich temporär erneut nach Mannenberg gerufen, um bei der Wiederbelebung der Friedensbewegung mitzuhelfen, denn die Kriminalität hatte wieder zugenommen. Als Erstes suchte ich die einstigen Angehörigen der Führungsgruppe. Tatsächlich fand ich einige von ihnen, darunter Mr. Smith. Voller Freude umarmten wir uns nach so vielen Jahren! Zusammen mit anderen früheren Führungspersonen organisierten wir einen Marsch durch die Gemeinde, um die Menschen aufzurütteln und sie für Wachsamkeit und Aktionen für den Frieden in dieser von Gangs geplagten Gemeinde zu gewinnen.

Der Jazz-Künstler Abdullah Ibrahim, der als *Dollar Brand* weltberühmt geworden ist, hat der Gemeinde mit seinem Stück »Mannenberg« ein musikalisches Denkmal gesetzt.

Richard, der Unterhändler

In diesem Buch taucht mein Freund Richard Rosenthal immer wieder auf. Nur wenige kennen seinen Namen. Doch Südafrika hat ihm viel zu verdanken. Sein Engagement brachte ihn schließlich dazu, in den Jahren von 1987 bis Anfang 1989 geheime Verhandlungen zwischen dem African National Congress ANC im Exil und dem damaligen südafrikanischen Regime zu leiten. Dies war zu einer Zeit wachsender Spannungen, und als die Massenaktionen der Protestgruppen gegen die Apartheid auf ihrem Höhepunkt waren – sowohl national als auch international.

Kennengelernt hatte ich Rosenthal viele Jahre zuvor im Dezember 1974 in einer Lagerhalle im Kenilworth Centre in Kapstadt. Ich kam als Volontär dorthin, um für »Khupugani« Weihnachtspakete zu packen, eine Nicht-Regierungsorganisation NGO, die armen Gemeinden mit Lebensmittelprogrammen half. In einem ehrgeizigen Projekt bat Khupugani große Unternehmen um Lebensmittelpakete für ihre Arbeiter. Im Laufe der Packaktionen genoss ich das Wortgeplänkel mit einem sympathischen anderen Volontär, der sich einfach als Richard vorstellte. Uns war nicht bewusst, in welchem Ausmaß unsere Lebenswege in Zukunft ineinander verschlungen sein sollten – durchsetzt mit vielen Abenteuern, leidvollen Erfahrungen und außerordentlichen persönlichen Herausforderungen.

In einer Pause mit Tee und Sandwiches lernten wir uns ein wenig besser kennen. Richard war nicht nur Mitglied im Vorstand der NGO, sondern auch Rechtsanwalt. Am Ende des Tages lud er mich für eine Woche später zum Abendessen mit seiner Familie ein. Ich lernte seine wunderbare Frau Hilary kennen sowie zwei fantastische Kinder, Caroline und Jonathan. Dieses Essen erwies sich als wichtig, weil wir persönliche Informationen austauschten; wir hatten beide große Wandlungen durchgemacht und eine Wahl getroffen, in welche Richtung es laufen sollte. Richard war als Partner einer der größten und reichsten Rechtsanwaltskanzleien zurückgetreten und hatte damit eine brillante Karriere aufgegeben. Mit den dunklen Realitäten der Apartheid konfrontiert, hatte er sich entschieden, im Land zu bleiben und nicht ein Leben im Ausland zu wählen, das mit glänzenden Aussichten lockte. Er bot seine Hilfe und seinen Rat an, wann immer sie gebraucht würden. Zur gleichen Zeit stellte mir die muslimische Gemeinde Büroräume und Unterstützung zur Verfügung, damit ich mich besser für die Menschenrechte einsetzen konnte – mein Weg war noch unbestimmt, doch ich sah einen Horizont.

Im Frühjahr 1975 bekam ich einen Anruf von Richard. Ich besuchte ihn am folgenden Abend zum Abendessen; wir redeten draußen im Garten, da Richard nicht das Risiko eingehen wollte, über seinen Telefonanschluss abgehört zu werden – es war eine bekannte Methode der Sicherheitspolizei, Unterhaltungen abzuhören, selbst wenn der Hörer fest auf der Gabel lag. Richard berichtete mir damals, ihm sei zu Ohren gekommen, dass City Tramways plane, die Bus-Fahrpreise drastisch zu erhöhen, und es scheine, dass die betroffenen Gemeinden davon keine Ahnung hätten. Dagegen müsse man aktiv werden. Richard hatte die raffinierte Strategie des Unternehmens erkannt, ungerechtfertigte Subventionen einzustreichen, und die personellen Verflechtungen der Profiteure aufgedeckt. Aufgrund seiner Vorarbeit begannen dann die ersten Bus-Proteste (siehe Kapitel »Die Proteste gegen die Bus-Fahrpreise«).

Bei den folgenden Aktionen war Reverend Clive McBride eine Schlüsselfigur, Pfarrer der Anglikanischen Kirche und radikaler Black-Consciousness-Anhänger. An seinem Hauseingang hing dieses Schild: »Die Familie McBride unterstützt Black Consciousness und ist stolz, schwarz zu sein.« Clive nahm eines Tages an einem speziellen Dinner des anglikanischen Erzbischofs von Kapstadt teil und sorgte für einiges Aufsehen. Als alle Platz genommen hatten und nach dem Tischgebet auf das Bankett warteten, zog Clive seinen Stuhl laut vom Tisch weg, ging in die Küche und fragte die Bediensteten, was sie verdienten, worauf er langsam und mit düsterer Miene zu seinem Platz zurückkehrte und mit lauter Stimme in die Stille hinein seiner Frau zurief: »Komm, gehen wir! Ich will kein Essen zu mir nehmen, das mit Sklavenarbeit zubereitet worden ist!«

Die Aktionen gegen die Bus-Fahrpreis-Erhöhung bereitete ein kleiner Think Tank vor, der sich jeweils um 5 Uhr morgens im

Reverend-Haus von Clive McBride traf, so dass alle teilnehmen konnten. Hier planten wir sowohl die rechtlichen Schritte als auch die Strategien des Massenprotests von 1975. Die muslimische Gemeinde mobilisierte ihre ganze Maschinerie. Allies Druckerei druckte fast täglich Hunderttausende von Flugblättern. Insider nutzten die täglichen Frühfahrten der Zeitungstransporter zum geheimen Vertrieb der Flugblätter, direkt unter der Nase der Sicherheitspolizei. In Kirchen, Schulen und an sonstigen Versammlungsorten wurde mobilisiert. Überall traten Redner auf, um die Menschen für den Protest gegen die Fahrpreiserhöhungen zu sensibilisieren. Die Kampagne brachte viele unbekannte Führungspersonen ins Rampenlicht, die später Prominenz erlangen sollten. Beispielsweise Professor Jakes Gerwel, später Leiter der Nelson-Mandela-Foundation in der Nach-Apartheid-Ära oder Dullah Omar, der später Justizminister in der neuen ANC-Regierung wurde und 2004 leider verstorben ist.

Richard Rosenthal trat für uns an den Hearings zum National Transportation Board auf, als einfacher Rechtsanwalt gegen Scharen der bestbezahlten Rechtsanwälte des Landes. An der manipulierten Veranstaltung wurde er systematisch unterbrochen, wenn er Vorwürfe gegen die Transportfirma vorbringen wollte. Und er wurde persönlich angegriffen: Er benutze das Hearing nur für persönliche Fehden und heimliche politische Pläne. Das Ganze erwies sich als Fehlschlag, schenkte uns aber heilsame Lektionen für die großen Proteste ab 1980 und mein späteres Auftreten vor Gericht gegen die Transportfirma.

1976 machten die Schüleraufstände in *Soweto* weltweit Schlagzeilen. Die Kinder und Jugendlichen wehrten sich gegen Afrikaans als Pflichtsprache in allen schwarzen Schulen. Afrikaans wurde als Sprache der Unterdrückung empfunden, die nur in diesem isolierten Teil der Welt überhaupt Verwendung fand. Der Staat schlug die Proteste mit aller Kraft nieder. Seine Vergeltungsschläge waren erschreckend und machten dem Land und der ganzen Welt die Verwerflichkeit der Apartheid erneut bewusst. Aber im Jahr 1976 gab es nicht nur in Soweto Aufstände. In vielen andern Townships wurden in einer anhaltenden Serie von Protesten zahllose Menschen getötet.

Die Aufstände dauerten bis zu den Weihnachtsunruhen von 1976 und führten zu einem berührenden Weihnachtsfest, das weltweit von Kirchen und Gemeinden gefeiert wurde und an dem Menschen aus Solidarität brennende Kerzen in ihre Fenster stellten.

Richard Rosenthal dachte strategisch und nahm erfolgreich geheime Verhandlungen mit dem reichsten Mann Südafrikas auf, mit Harry Oppenheimer, dem Minen-Mogul. Er war Boss der wichtigsten Diamanten- und Goldfirma der Welt, der Anglo American De Beers Diamonds und einer Reihe weiterer Unternehmen, die mehr als zwei Drittel der gesamten Börsenumsätze Südafrikas ausmachten. Richard drängte Sir Harry, die Geschäftswelt aufzurufen, gegen die schlimmen Repressalien der Regierung aufzutreten und einen Weg nach vorn aufzuzeigen. Britische Unternehmen und Firmen von Afrikaanern mussten zusammenarbeiten, damit eine Intervention erfolgreich sein konnte. Die Umsetzung des Plans begann an einem speziellen Geschäftsessen, zu dem die Who's Who der Geschäftswelt von Sir Harry eingeladen wurde. Es gab ein luxuriöses Gala-Dinner mit Goldstaub auf den Weingläsern. Nach Reden von Wirtschaftswissenschaftlern, Geschäftsleuten und aufgeklärten Afrikaaner-Intellektuellen erging ein Aufruf an die Unternehmer, sich in einem Fonds zu engagieren, der die soziale Besserstellung von Schwarzen in Problemgebieten im ganzen Land zum Ziel hatte. Richard konnte den prominenten Gerichtspräsidenten Jan Steyn für den Vorsitz eines Gremiums gewinnen, das Urban Foundation genannt wurde und später den Namen Independent Development Trust trug. Der Trust verfügte über einen gut bestückten Fonds mit Milliarden von Südafrikanischen Rands und spielte auch nach den Wahlen von 1994 im neuen Südafrika eine Rolle. Richard pflegte mit Sir Harry noch einige Jahre lang eine besondere Beziehung.

In den Jahren 1976 bis 1978 fand sich Richard Rosenthal in andauernden Rechtsstreitigkeiten mit der Regierung; es war ein Katz-und-Maus-Spiel. Der Staat war entschlossen, das Western Cape und viele andere so genannte schwarze Flecken im ganzen Land zu säubern – als schwarzer Fleck galt ein Gebiet von schwarzen beziehungsweise farbigen Gemeinden, welche die Stabilität der weißen

Gemeinden gefährdeten, weil sie zu nah bei ihnen lagen. Solche Gemeinden mussten mit Gewalt entfernt werden – in Kapstadt etwa durch die Zerstörung von *District Six* im Herzen der City.

Die Stadtverwaltung Stellenbosch beschäftigte einen Kerl namens Gwem, der als »Buschteufel von Kraaifontein« bekannt war. Dieser Dämon machte Jagd auf hilflose Squatter, die sich im Buschland versteckt hielten, wo sie von der Straße aus nicht zu sehen waren. Er überraschte diese Leute in ihren Hütten, jagte sie fort und nahm an sich, was er brauchen konnte. Er wandte die gleiche Taktik an wie der berüchtigte Slabbert im Western Cape (siehe Kapitel »Ein Denkmal für Anna«). Auch Gwem schlang um die ganze Hütte eine Kette, die er an seinem 4x4-Jeep befestigte. Dann fuhr er los, riss das Bauwerk ein und zündete es danach an. Gwem terrorisierte die Leute. Selbst mit Bestechung gewannen sie nur eine vorübergehende Pause. Mein Team hatte im Verborgenen das Vertrauen einiger Bewohner gewonnen, die eine Beschwerde gegen die Stadtverwaltung einbringen konnten. Wir mussten die Kläger schützen und sie vor Gericht vertreten. Richard bereitete die Anklage beim High Court vor, dem obersten Gericht. Der erfahrene Anwalt Louis Dison hatte mich schon bei der Klage gegen die Bus-Gesellschaft unterstützt (siehe Kapitel »Die Proteste gegen die Bus-Fahrpreise«). Auch diesmal half uns der weise und clevere Jurist entscheidend. Diese Partnerschaft erwies sich bei vielen Gerichtsverfahren als einzigartig und erfolgreich.

Nach den Vorfällen Ende der Woche fand die Verhandlung aufgrund der Dringlichkeit früh an einem Sonntagmorgen (!) vor einem missmutigen Richter statt … Zum Beweis von Gwems Untaten lagen Fotografien für die Verhandlung bereit. Richard hatte mit Dison bis spät in die Nacht gearbeitet, um frühmorgens bereit zu sein. Die Arroganz des Anwaltsteams auf Seiten des Staates half unserer Sache enorm, da sie den Richter erzürnte. Er war zwar selbst ein Afrikaaner, reagierte aber sehr entschieden. Sein Urteil forderte die Stadtverwaltung von Stellenbosch auf, die Häuser der Squatter, die unter grauenhaften Umständen zerstört worden waren, wieder aufzubauen! In den Morgenzeitungen erschienen dramatische Bilder.

Durch diesen Fall wurde Richard eine Art Staatsfeind Nummer eins. Mr. Vivier, der Chef aller Verwaltungen in der Kap-Region, rief eines Tages die Inhaber von Richards Anwaltskanzlei zu sich, um den Fall Rosenthal zu diskutieren. Die Anwälte von Fuller & Moore hatten jahrzehntelang erfolgreich auch für die öffentliche Verwaltung gearbeitet. Vivier stellte klar, dass dies nun zu einer peinlichen Angelegenheit geworden sei, weil sich Rosenthal wie ein Revolver schwenkender Cowboy benehme und die Verwaltung an der Pflicht hindere, die illegalen Siedlungen aufzulösen. Richard wurde vor seine Partner zitiert und gebeten, »sich abzukühlen«. Obwohl seine Aktivitäten ihren Namen in der Öffentlichkeit bekannt machten, gefährdeten sie gleichzeitig ihre finanzielle Sicherheit, da wichtigen Kunden der politische Ton der Menschenrechtsaktionen nicht gefiel.

Richards Reaktion war, mit einer noch größeren Anwaltskanzlei in Verhandlungen zu treten und eine Fusion anzustreben, weil dies größere Sicherheit gegenüber Drohungen des Staates bieten würde. Seine Partner waren zunächst konsterniert, aber schließlich hatte Richard mit seinem Vorschlag Erfolg. Er vernachlässigte keineswegs seine normalen Pflichten als Anwalt und war tatsächlich jener Partner der Kanzlei, welcher der Firma die größten Einnahmen verschaffte – als enger Vertrauter der Oppenheimers hatte er große Kunden gewonnen und konnte mit der Hilfe von Sir Harry durch die Fusion sogar einige der größten Banken ins Geschäft einbringen. So wurde eine neue Firma gegründet, und Richard erhielt größeren Handlungsspielraum in seinen Aktivitäten für die Menschenrechte.

Auch vor der Vertreibung von Tausenden von Familien aus Modderdam hatten Richard und Dison eine Reihe von rechtlichen Schritten unternommen. Als der Staat die Räumung ankündigte und die Bekanntmachungen an jede Blech-, Holz-, Plastik- und Karton-Hütte der Bewohner nagelte, wurde der Fall dem Anwaltsteam vorgelegt. Das Gesetz verlangte ein korrektes Vorgehen vor der Räumung. Eine ordnungsgemäße Kündigung war erforderlich! Sowohl der Grundbesitzer als auch der Eigentümer des Hauses mussten informiert werden und eine Frist für den Umzug war einzuhalten. In seiner Eile und Arroganz kümmerte sich der Staat nicht um seine eigenen Regeln – und so konnte manche Aktion gestoppt oder zumindest verzögert werden. In der Folge erließ das Parlament ein Gesetz, wonach alle Rechte der Squatter aufgehoben wurden. Illegale Wohnungen konnten nun rücksichtslos und ohne Kündigung entfernt werden.

Richard gewann dank einem andern Gerichtsverfahren einen weiteren Aufschub. Das Land, auf dem Modderdam stand, gehörte tatsächlich der Burischen Staatskirche, der Afrikaner Nederduits Gereformeerde Kerk, die damit in eine Zwickmühle geriet. Denn die internationale Aufmerksamkeit unserer Kampagnen war eng mit den Kirchen verknüpft. Doch die Anwälte des Staates hatten auch hier eine Lösung parat: Die Kirche sollte ihr Land an den Staat verkaufen! Normalerweise hätte diese Transaktion Monate gedauert; nun war sie innerhalb weniger Wochen erledigt. Der Weg war frei für die Staatsmaschinerie, mit aller Gewalt zu handeln. Die Gerichte hatten in dieser Sache keine Macht mehr.

In einem letzten verzweifelten Versuch wandte sich Richard wie andere an die Leitung der verantwortlichen *Bantu Affairs*. Der berüchtigte Chef, Frikkie Botha, stand nun im Zentrum der Aufmerksamkeit. Richard wurde mit einer Delegation zu ihm vorgelassen. Doch er erhielt keine Zeit, seine Anliegen vorzubringen. Frikkie hielt einen Non-Stopp-Vortrag: »Ich kenne das Volk der Xhosa seit vielen Jahren, sie sind ein sehr stolzes Volk. Es ist leider so, dass sie durch ihr Verhalten in Modderdam ihre stolze Geschichte mit einem Makel befleckt und das Gesetz gebrochen haben. Sie haben den Staat durch dieses illegale Verhalten in eine peinliche Situation gebracht, das muss nun bestraft werden.«

Nach seinen langatmigen Ausführungen befragte Frikkie Botha Mr. Kewana aus unserer Delegation: »Haben Sie einen Pass? Halten Sie sich legal hier im dem Western Cape auf?« Bei einem Nein hätten die unmittelbare Verhaftung und Gefängnis gedroht, doch Mr. Kewana hatte einen Pass. »Und hat Ihre Frau einen Pass?« Mr. Kewanas Frau stammte aus Lady Frere in der Transkei. Sie versuchte schon lange einen Pass zu bekommen: »Wir kamen hierher, damit wir wie eine Familie zusammenleben können, Sir.« Verärgert kommentierte

Frikkie Botha: »Wie konnten Sie eine Frau heiraten, die illegal hier ist und keinen Pass hat – Sie hätten es besser wissen müssen!«

Letztendlich war das Treffen ein Witz und eine absolute Demütigung. Frikkie Botha räumte den wenigen Personen mit korrekten Dokumenten die Möglichkeit ein, ein legales Bleiberecht zu beantragen. Alle anderen jedoch sollten sofort die Gegend verlassen. Richard war am Boden zerstört! Er wurde Zeuge einer menschlichen Tragödie jenseits jeglicher Vorstellung. Nun rollte die Staatsmaschinerie endgültig, während wir die Evakuierung von Modderdam vorbereiteten. (Siehe das Kapitel »Das Drama von Modderdam«.)

Diese Erfahrungen und die ersten Bus-Proteste verdeutlichten die Notwendigkeit für eine Institution, die in Zukunft den Gemeinden Rechtsbeistand gewähren sollte, ohne dass sich diese um die enormen Kosten für ein Verfahren kümmern müssten. Richard begann ein erstes Legal Resources Centre als Zentrum für Rechtsbeistand aufzubauen. Diese Zentren sollten als Institutionen für Menschenrechte noch eine entscheidende Rolle spielen während des Anti-Apartheid-Kampfes und weit darüber hinaus bis ins 21. Jahrhundert. Erster Direktor wurde Arthur Chaskalson, der spätere Präsident des neuen südafrikanischen Verfassungsgerichts, der Ende 2012 verstorben ist. Er hatte uns bereits bei der Beschwerde gegen die geplanten Erhöhungen der Bus-Fahrpreise unterstützt.

Als im Mai 1980 der massive Bus-Boykott begann, konnte unser geheimes Nachrichtensystem innerhalb von Stunden Hunderttausende von Menschen mobilisieren. Während die Massen über sechs Wochen lang dem Staat, dem Sturm und dem Regen trotzten, wurde ich zusammen mit vielen andern Führungspersonen verhaftet. Ich landete zum zweiten Mal im Gefängnis. Ohne mein Wissen mobilisierte Richard an allen möglichen Stellen – vor Ort, im Land und international – Leute, die sich um die Freilassung von uns allen bemühten. Mit der Hilfe von Bischof Tutu arrangierte Richard Besuche im Gefängnis, um sicherzustellen, dass es mir gut ging. Einmal sah er mich verschämt an und zögerte, mir eine Nachricht zu überbringen. Es stehe ihm rechtmäßig nicht zu, mich zu informieren. Er sei aber gebeten mir mitzuteilen, dass ich bald Vater eines Sohnes werden würde. Betäubt, überrascht und schockiert saß ich in meiner Zelle, weil ich nicht in der Lage war, die Mutter meines Kindes in die Arme zu nehmen. Richard, der Vermittler, war zum Boten guter Nachrichten geworden. Er hatte mich auch im Geheimen über den riesigen Erfolg des Boykotts informiert.

Die positiven Elemente sollten leider bald nahezu erstickt und ausgelöscht werden durch die Flut politischer Rhetorik, großtuerischer Posen, Beschuldigungen, Selbstgerechtigkeit, Rücksichtslosigkeit und Gewalt. Anfang 1985 war die verheerende und dunkle Zeit, wo die berüchtigten Halskrausenmorde begannen. Die generelle Verschlechterung der Zustände veranlasste Richard, sich ernsthaft Gedanken über die Zukunft zu machen. Nur noch sporadisch fanden Massenaktionen statt, die in vielen Fällen – anders als früher – in Gewalt ausarteten. Politik drängte die Menschlichkeit in den Hintergrund.

Während dieser Zeit entschloss sich Richard Rosenthal zu einer persönlichen Aktion. Er schrieb einen Brief an den damaligen Staatspräsidenten *P.W. Botha,* der als politisch weit rechts bekannt war und die Apartheid mit allen Mitteln verteidigte. Immer wieder bekräftigte er die schlimmsten Formen der Unterdrückung. Richards Schreiben war ein einfacher Appell. Er bot seine Hilfe als Vermittler an, in der Hoffnung, dass dadurch ein Klima für ernsthafte Verhandlungen zwischen dem Regime und dem ANC im Exil geschaffen würde. Richard appellierte an die Menschlichkeit des Staatspräsidenten und die Notwendigkeit einer kreativen Lösung. Er schickte den Brief im Lauf des Jahres 1987 ab, nachdem er sich monatelang den Kopf zerbrochen und Gebete zum Himmel geschickt hatte. In Wirklichkeit hatte er wenig Hoffnung auf Erfolg.

Einige Monate lang geschah nichts, doch später im Jahr erhielt er eine erstaunliche Rückmeldung, die den Beginn einer Reihe von Ereignissen signalisierte, die parallel zu einer anderen geheimen Initiative von Nelson Mandela liefen. Bei Richard tauchte ein ungewöhnlicher Besucher auf: Stoffel van der Merwe, Minister in P.W. Bothas Kabinett und Mitglied des Sicherheitsrates, einer Art »Regierung in der Regierung«. Später folgte ein Treffen mit dem Großen Krokodil persönlich, wie Staatspräsident Pieter Willem Botha genannt wurde. Richard musste sich zur absoluten Geheimhaltung verpflichten und erhielt unter gewissen strengen Bedingungen grünes Licht für allfällige Verhandlungen.

Richard informierte mich über diese Situation. Wir besprachen Strategien, wie man innerhalb der strikten Auflagen und Bedingungen vorgehen könnte. Glücklicherweise kannten wir uns sehr gut und hatten bis zu diesem Zeitpunkt eine Reihe von Beziehungen aufgebaut, wobei wir als Erstes für die Aktion Unterstützung finden mussten, die für alle Parteien akzeptabel war. Wir hatten über die Botschaft Beziehungen zur Schweizer Regierung und zogen in Betracht, uns an die Schweiz zu wenden, zumal sie bekannt war für ihre Neutralität und ihre Unterstützung von Friedensinitiativen. Dieser Weg erwies sich als richtig, nachdem die ersten Verbindungen hergestellt waren. Richard fand sich von einem Augenblick zum anderen in den Zustand eines Weltbürgers versetzt, der durch die schnell arrangierte Mitgliedschaft in Schweizer Clubs in einer Klasse von höchster Sicherheit und Privatsphäre reisen konnte. Fast wie ein moderner James Bond flog er mit der Swissair zu geheimen Treffpunkten: Lusaka in Sambia, Basel in der Schweiz, Paris und auch London, wo diese ersten Verhandlungen stattfanden.

Der ANC erbat als Bedingung für die Verhandlungen ein ernsthaftes Zeichen wirklicher Verhandlungsbereitschaft. Schließlich wurde die Freilassung von Mandela und die Aufhebung des Verbots des ANC im Exil verlangt. Man konnte nicht aus der Position eines Gefangenen verhandeln. Ähnliche Verhandlungen waren im Geheimen auch mit Mandela gelaufen, ohne dass der ANC im Exil davon wusste, während auf der anderen Seite Mandela lange keine Kenntnis hatte von den Verhandlungen im Ausland zwischen der Regierung und dem ANC.

Anfang 1989, nach vielem Warten, nach Berichten über Fortschritte und mehrere Treffen vor Ort und im Ausland, waren die Verhältnisse im Land sehr schwierig geworden. P.W. Botha wurde sehr nervös. Er fürchtete, dass etwas über die geheimen Gespräche durchsickern würde in einer Zeit, wo das Land in der Vorbereitung von Parlamentswahlen steckte. Er war auch alarmiert, als Pik Botha, der Außenminister, während einer Reise in die Schweiz zufällig durch eine Panne auf Schweizer Seite von den Verhandlungen erfuhr. P.W. Botha schickte Richard sogleich eine Nachricht, die ihn vor der Fortsetzung der Verhandlungen warnte. Diese wurde ihm durch Neil Barnard, Leiter des Geheimdienstes überbracht, der selbst nichts von der Initiative gewusst hatte. Er war äußerst aufgebracht, da die Absichten in Konflikt standen mit seinem eigenen geheimen Plan, der sowohl informelle Gespräche mit Mandela als auch den Einsatz eines hohen Beamten vorsah, der die Reisen von Afrikaaner-Delegationen zum ANC im Exil ausspionieren sollte.

Richard stand vor einem Dilemma. Die Verhandlungen hatten ein entscheidendes Stadium erreicht und Erwartungen waren geweckt worden. Richard schob die Warnung des Geheimdienstes viele Wochen lang vor sich her und weigerte sich letztendlich, die Nachricht weiterzuleiten. Damit riskierte er Todesdrohungen und das direkte Eingreifen der Staatssicherheit. In der Tat wurde er überwacht; rund um die Uhr standen Autos vor seinem Haus. Da geschah ein Wunder. Im März 1989 erlitt P.W. Botha einen Schlaganfall und erholte sich nicht mehr ausreichend, um die Pflichten des Staatspräsidenten wieder aufzunehmen. Nun schlug die Stunde von Frederik Willem De Klerk, der Botha nachfolgte. Er wurde natürlich über die laufenden Aktivitäten, Aufgaben und unerledigten Geschäfte unterrichtet – die Verhandlungen standen erneut im Mittelpunkt. De Klerks Reaktion war völlige Überraschung und Erschütterung. Seine Größe bestand nicht nur darin, den Prozess fortzuführen, sondern das Risiko einzugehen, diesen Prozess transparent zu machen. Er informierte Richard ordnungsgemäß und dankte ihm für die Initiative. Er wies jedoch darauf hin, dass er nun die Sache selber übernehme und direkt in die Verantwortung der Regierung stelle. Er würde selbst den Vorsitz führen.

Richards Einsatz war beendet. Auf der einen Seite war er dankbar, dass er bei diesem historischen Prozess eine Rolle gespielt hatte und dass die Verhandlungen nun offiziell werden würden. Er hatte im Falle eines Abbruchs der Verhandlungen keine schlimmen

Konsequenzen mehr zu befürchten. Auf der anderen Seite war er schmerzlich enttäuscht, wie er brutal beiseitegeschoben wurde – ohne die geringste Anerkennung und ohne Angebot, im zukünftigen Prozess eine Rolle zu spielen. Hier stand er nun, der wahrscheinlich erfahrenste Unterhändler des Landes. Er besaß tiefe Kenntnisse über die meisten Mitwirkenden und hatte wie kein anderer eine Ebene des Vertrauens geschaffen. Meiner Ansicht nach hatte Richard eine Grundlage gelegt und Zeit gewonnen für die nächste Stufe der konkreten Verhandlungen, wo die »Gespräche über Gespräche« endlich zu entscheidenden offiziellen Veränderungen führen konnten.

De Klerk hatte das Gefühl, dass es für die Afrikaaner richtig wäre, die entscheidende Rolle selber zu spielen und freiwillig den Weg zu bereiten für ihre politische Entmachtung, während sie gleichzeitig den Verhandlungsprozess und den Weg hin zu einer neuen demokratischen Gesellschaftsordnung kontrollierten. Es war in der Tat ein südafrikanisches Wunder, dass eine Gruppe, die viele Jahre lang die eigene Macht mit Gewalt verteidigt hatte, sich freiwillig auf den Weg machte, die Macht abzugeben. Solche Gedanken minderten Richards Gefühl der Kränkung jedoch kaum. Einige Zeit später bat der ANC Richard Rosenthal, während des Verhandlungsprozesses ein Anwaltsteam zu leiten, das neue gesetzliche Bestimmungen aufsetzte, die Schritt für Schritt von den Parteien empfohlen und vereinbart wurden.

De Klerk hatte sich im Glanz des historischen Moments gesonnt und erhielt dafür zusammen mit Nelson Mandela den Nobelpreis. De Klerk führte zwar den Vorsitz der Verhandlungen, ließ aber die Angelegenheit in den Händen von unerfahrenen Unterhändlern. Das Land begann unter dem Zusammenbruch der Autorität zu leiden. Die Polizei war verunsichert, die Gemeinden irritiert – das Ergebnis waren Unruhen, schlechte Polizeiarbeit und ein allgemeines Durcheinander. Ohne das Know-how von Richard Rosenthal verzögerte sich der Verhandlungsprozess. Es gab viele unglückliche Momente. Dazu gehörten auch Mängel bei der Arbeit der berühmten *Wahrheitskommission* und beim Förderprogramm für die Schwarzen, der Black Affirmative Action.

Die Wahrheitskommission untersuchte die politisch motivierten Verbrechen während der Zeit der Apartheid und wurde im Januar 1996 durch Präsident Nelson Mandela eingesetzt. Vorsitzender war der schwarze Erzbischof und Friedensnobelpreisträger Desmond Tutu. Die Kommission, die Verbrechen von Angehörigen aller Volksgruppen unabhängig von der Hautfarbe der Täter aufklären sollte, arbeitete bis 1998. Während Gerichte Menschen eher ermutigen, ihre Schuld zu bestreiten, lud die Wahrheitskommission dazu ein, die Wahrheit zu sagen. Statt Schuldige zu bestrafen, wurden Reuige bei der Wahrheitskommission belohnt und bekamen keine Strafe. Das Ziel war, Opfer und Täter in einen Dialog zu bringen und damit eine Grundlage für die Versöhnung der zerstrittenen Bevölkerungsgruppen zu schaffen. Dank dieser Kommission wurden viele Gräueltaten öffentlich gemacht und die Fratze der Apartheid endgültig an die Öffentlichkeit gebracht.

Die Wahrheitskommission war aber auch ein mit Mängeln behafteter kurzer Prozess – oft einseitig, unvollständig und wenig konsequent. Die Beweise von Gräueln der Apartheid waren detailliert und mit Hunderten von Zeugen belegt, während bei allem, was mit Aktivitäten und unmenschlichen Taten der Befreiungsbewegung zusammenhing, Zeugen extrem zurückhaltend waren aus Angst vor möglichen Repressalien durch die neue Regierung. Aus meiner persönlichen Erfahrung während der Zeit der Halskrausenmorde gab es zahlreiche Namen, die als Täter hätten erscheinen müssen, und auch zahlreiche Zeugen dazu. Aber die deutliche Weigerung, sich zu melden, erschwerte die Arbeit der Kommission sehr.

Das *Affirmative-Action*-Förderprogramm gegen Diskriminierung wurde zur Plattform für eine neue privilegierte Klasse von Schwarzen. Die Rassengesellschaft wurde zu einer Klassengesellschaft. Es wurde eine kleine Minderheit einer schwarzen Elite geschaffen, die politische Beziehungen hatte und in unziemlicher Eile zu Reichtum kam, während die Armen arm blieben. Das Förderprogramm öffnete auch die Tür für gebildete Schwarze, die eine leitende Stellung in der Regierung und bei Unternehmen einnahmen. Große Unternehmen änderten rasch ihre Vorstandsetagen. Dieselben Namen tauchen nun in verschiedenen Aufsichtsräten gleichzeitig auf, was mit beträchtlichen Einkünften einhergeht.

Unscharfe Grenzen und verwirrende Praktiken des Förderprogramms sind auch heute noch ein Ärgernis. Der ANC selbst musste Maßnahmen ergreifen, um seine eigenen Kader davon abzuhalten, ihre einflussreichen Positionen für lukrative Regierungsaufträge zu nutzen – ein Thema für ausgedehnte Debatten und Beschuldigungen. Diese Form der Korruption gilt als eine der Hauptursachen, weshalb bisher so wenig staatliche Leistungen bei den Armen ankommen. Heute fehlen in Südafrika oft echte Vorbilder – wie früher etwa Desmond Tutu. Die Folge davon ist ein verunsichertes Land. Südafrika hat sich noch immer nicht von der Zeit vor den Wahlen erholt, wo in ein paar Jahren ein Vakuum an Autorität entstanden war, bis eine neue Regierung die Macht übernahm. Dieses Szenario hätte durch einen klareren Verhandlungsprozess vermieden werden können, als es nur noch einen vagen Anschein von Recht und Ordnung gab.

Richard Rosenthal demonstrierte seine Fähigkeiten in der Nach-Apartheid-Phase im Umgang mit der Landfrage. Für die Rückgabe von Land an die einst durch die Apartheid Enteigneten arbeitete er einen Gesetzentwurf für die neue Regierung aus. Die darin vorgesehene Möglichkeit des gemeinschaftlichen Landbesitzes wurde nicht nur akzeptiert, sondern als einzigartig und vorausschauend gefeiert. Die neuen Regelungen sehen viele Möglichkeiten der gegenseitigen Kontrolle vor. Das Konzept bezüglich Farmverkäufen und Partnerschaften von Eigentümern und Gemeinden beinhaltet eine kreative Landübergabe durch eine konstruktive und nachhaltige Unternehmensentwicklung. So können die Fähigkeiten des früheren weißen Eigentümers einen Transfer von Werten und Qualifikationen an schlecht ausgebildete, neue schwarze Eigentümer sicherstellen.

Solche Fähigkeiten eines Richard Rosenthal wären in der Transformationsphase von der Apartheid zur Demokratie in Südafrika stärker vonnöten gewesen. Richard selber blieb als Gentleman in seinem Schmerz still und beobachtete die Leute, die für sich beanspruchten, den Durchbruch erzielt zu haben. Bisher ist dieser kreative Unterhändler noch nie dafür gewürdigt worden, was er und seine Frau Hilary jahrelang durchgemacht haben. Viele der hier beschriebenen Geschichten konnte er während der schwierigen Phasen nicht mit seinen Freunden teilen. Die vielen Zeiten des Wartens und der Unsicherheit zu ertragen, war die reinste Hölle. Erst viele Jahre später fasste Richard Rosenthal den Mut, seine Geschichte in seinem Buch »*Mission Improbable* – a piece of the South African story« zu erzählen.

Stille Zeugen

In den Jahren nach den ersten demokratischen Wahlen in Südafrika wurde deutlich, dass ein neuer Kampf anstand. Der Kampf für die Befreiung war mit Opferbereitschaft und Schweiß verbunden. Die damit verknüpften Werte und die notwendige Disziplin zerbrachen. Wo einst Gemeinschaften durch ihren Organisationsgrad, Disziplin und geringe Kriminalität charakterisiert waren, fanden sich nun völlige Zerrüttung von Beziehungen und überall eine hochschnellende Kriminalitätsrate. Der Zustand der Gesellschaft begann in vieler Hinsicht dem zu ähneln, was wir bekämpft hatten – ein Zustand voller Privilegien, Macht und Korruption. Nach 1994 kamen Aktivisten aus Nicht-Regierungs-Organisationen massenhaft zu politischen Posten. Viele gelangten dadurch fast über Nacht zu außerordentlichem Reichtum und zu Privilegien. Das Motto lautete: »Kamerad, die Zeit ist gekommen, um die Früchte des Kampfes zu genießen, komm mit uns und nimm deine rechtmäßige Position ein!« Dieses Anspruchsdenken herrscht weiterhin vor, wobei ärmere Gruppen erwartungsvoll auf Almosen hoffen in Form von Sozialleistungen oder als Bezahlung für jegliche Art von Tätigkeiten, bei der man persönlich etwas einbringt. Es herrscht ein allgemeines Gefühl, dass einem das, was man nicht hat, eigentlich zustehen würde. Die weißen nationalistischen Bonzen von gestern sind heute weitgehend durch schwarze nationalistische Bonzen ausgetauscht worden. Die Korruption geht unvermindert weiter. Die Mentalität des burischen *Broederbond* ist in jedem menschlichen Wesen existent.

Leen van Burg kommentierte diese Entwicklung: »Die schwierigste Zeit in einem Kampf kommt unmittelbar nach der Befreiung. Dort beginnt die Gefahr der Korruption, und man muss sich dagegen wappnen.« Vielen heutigen Projekten steht auch die ANC-Regierung zuerst oft ablehnend gegenüber. Zum Beispiel beim Umgestaltungsprozess der von Kriminalität heimgesuchten Township Mdantsane im Eastern Cape.

Vor einigen Jahren ermöglichte Leen der Fotojournalistin und Künstlerin *Susan Winters* durch ein Stipendium ein Projekt über Aspekte des Freiheitskampfes zu veröffentlichen. Susan ist eine Quäkerin aus Philadelphia, die Südafrika liebt. Sie half mit, die Apartheid in den Medien der USA zu einem Thema zu machen, und wurde für ihre Arbeiten mehrfach ausgezeichnet. Während sie sich in den späten 80er- und frühen 90er-Jahren in den Townships aufhielt, begegnete ihr der stille Tod vieler Menschen, die ihr Leben nicht durch Gewalt verloren. Sie nahm an vielen Beerdigungen von Babys oder kleinen Kindern teil. Sie erkannte den Beginn einer Epidemie – diese Tatsache wurde von der neuen Regierung strikt geleugnet. Selbst ihre Zeitungen in den Vereinigten Staaten erkannten den Ernst der Lage nicht und zögerten, etwas darüber zu veröffentlichen. AIDS wurde zwar 1981 offiziell als Krankheit anerkannt, 1987 begann dann die Weltgesundheitsorganisation WHO mit ihrem AIDS-Programm. Aber in Südafrika brauchte es noch viele Jahre, bis das Thema die Öffentlichkeit angemessen erreichte.

Susan Winters beschloss, auf eigene Faust das Problem HIV und AIDS breiter bewusst zu machen. 1995 veröffentlichte sie die erste Fotodokumentation dazu. Sie konzentrierte sich auf eine Handvoll ländlicher und städtischer Gemeinden im Eastern Cape. In Mdantsane wurden ihre Fotografien als Teil eines Friedensplanes benutzt. In Dörfern wie Rietvlei in der Transkei fotografierte und interviewte sie Frauen, die dahinsiechten, weil ihre Ehemänner an den Orten, wo sie weit entfernt von der Heimat arbeiteten, außereheliche Beziehungen hatten.

Leen ermöglichte die ersten Ausgaben einer Zeitschrift mit dem Titel »Ubomi – Leben«. Das Heft brachte Frauen dazu ihre Geschichte zu erzählen, die Susan mit Fotografien auf dramatische Weise einfing. Susan besuchte die Frauen ganz unten auf der gesellschaft-lichen Leiter, die ohne Bildung die Last von HIV und AIDS trugen – als Ergebnis des Verhaltens ihrer Ehemänner. Viele dieser Frauen mussten völlige Zurückweisung und Ächtung durch ihre Männer und die Gemeinschaft erleiden. Durch Ubomi waren sie in der Lage, ihrer Situation eine Stimme zu verleihen und sich gegenseitig Kraft zu geben.

Susans Arbeit mit AIDS-Überlebenden in Mdantsane und ländlichen Gemeinden wie Rietvlei war mit einem weiteren Projekt in

Mdantsane verbunden, das zuerst auch durch Leen finanziert wurde. Die Township mit ihren über 600'000 Einwohnern liegt etwa 15 Kilometer außerhalb von East London, im ehemaligen Homeland Ciskei. Arbeitslosigkeit und Kriminalitätsrate sind hoch, viele Menschen sehr arm. Die Schulen sind in einem desolaten Zustand und die staatlichen Strukturen funktionieren kaum. Die Polizei ist überfordert, Tausende von Gerichtsfällen warten auf ihre Erledigung. Die Bevölkerung protestiert heute selbst gegen die lokalen ANC-Politiker, weil sie ihre Arbeit nicht tun.

Als Selbsthilfe starteten wir deshalb ein Friedensprogramm. Durch Methoden der Mediation und mit Freiwilligen wird versucht, Konflikte systematisch friedlich zu lösen. Unter Einbezug und Schulung lokaler Behörden, Schulen und den Gemeinden werden drei Bereiche angepackt:

- Gerichte: Freiwillige werden trainiert, in Zusammenarbeit mit den Gerichten Mediations-Zentren einzurichten, die vielen hängigen kleinkriminellen Fälle rasch und kostengünstig zu lösen und die allgegenwärtige Frustration abzubauen.
- Schulen: Durch so genannte »Stille Zeugen« werden Konflikte vermieden, die Gewalt unter den Jugendlichen abgebaut und die Disziplin der Lehrer verbessert.
- Polizei: Bei Polizeistationen werden kleine Opferzentren, Victim Support Centres, eingerichtet, um die Einsatzkräfte zu schulen, zum Beispiel im Umgang mit häuslicher Gewalt. Andererseits kontrolliert man auch die Polizei, um Übergriffe auf Frauen zu verhindern und den Opfern zur Seite zu stehen.

Ein Kernstück dieses umfassenden Plans für Frieden und Stabilität bilden die Stillen Zeugen. Es sind in der Regel Zeuginnen, meist im Ruhestand stehende Frauen, die als Freiwillige in den Schulen arbeiten. Das Konzept ist so einfach wie anspruchsvoll. Sie sind schlicht und einfach präsent und beobachten das Verhalten in Schulgebäuden, auf den Schulhöfen und in der Umgebung. Wenn nötig greifen sie mit ihrer natürlichen Autorität ein, um die Ordnung wieder herzustellen. Sie werden von Schülern und Lehrern gleichermaßen respektiert, dank ihres Alters und ihrer Rolle. Sie sind sogar von den Drogenkönigen gefürchtet, die wissen, dass jeder Versuch, ihr Gewerbe an den Schulen zu betreiben, rigoros verfolgt wird. Wenn ihre Augen zugucken, sinken Übergriffe, Gewalttätigkeiten und Kleinkriminalität dramatisch … Die Präsenz der Stillen Zeugen schafft eine entscheidend verbesserte Atmosphäre.

Das Konzept begann mit einer Gruppe von Freiwilligen, die um Schulen und Polizeistationen herum ohne Genehmigung zu putzen anfing. So gewannen sie Zugang zu diesen Institutionen. Die Aktion ging allmählich vom Saubermachen zur Beobachtung und Unterstützung über. Die Stillen Zeugen starteten ihre Arbeit an ungefähr 65 Schulen in Mdantsane – dabei reinigten über 700 Frauen die Schulen und Polizeistationen ohne Bewilligung. Es ist schwierig, jemanden fortzujagen, der umsonst bei einem aufräumt und sauber macht! Dies waren die einfachen Anfänge einer Strategie mit großer Wirkung. Virgina war etwa 60 Jahre alt, als sie als Stille Zeugin an der Ulwazi Schule in NU2 Mdantsane bei einer Versammlung des Erziehungsdepartements aufstand und ihre Geschichte erzählte. Sie rührte ihre Zuhörer zu Tränen der Freude und Bewunderung. Die Schuldirektorin, Mrs. Kasane, sagte: »Ich kann ohne diese ältere Lady und ihr Team nicht auskommen. Sie bringen unserer Schule Frieden und halten die Drogendealer und Gangster fern.«

Parallel dazu entstanden viele der kleinen Zentren für Opferschutz bei Polizeistationen. Dazu kommt noch das Konzept der Mediation – es war eine gezielte Reaktion auf die extrem hohe Kriminalitätsrate und den riesigen Rückstau an Fällen bei Gericht in Mdantsane, was eine Reihe von Problemen mit sich brachte. Vor allem landen Tausende von vorwiegend jungen Leuten im Gefängnis – nach Mundraub oder kleinkriminellen Aktivitäten. Weil die Gerichte überlastet sind, sitzen sie dann monatelang in überfüllten Zellen und warten auf ein Verfahren wegen ihrer Vergehen. Das bringt etliche von ihnen definitiv auf die schiefe Bahn. Hier setzt die Mediation an. Anstatt vor einem Magistratsgericht zu erscheinen, haben Angeklagte die Option, mit ihren Opfern in einer kontrollierten kleinen Konferenz zusammenzukommen, die von einem ausgebildeten Freiwilligen geleitet wird. Das Ziel ist eine Vereinbarung, bei der der Täter eine Wiedergutmachung leistet. Durch diese Konfrontation sieht oder versteht der Täter oft das erste Mal, wie sich sein Vergehen auf das Opfer oder dessen Familie ausgewirkt hat. Manche erleben auf diese Weise ein echtes Gefühl der Reue.

Als Ergebnis dieses Pilotprogramms beim Gericht in Mdantsane kommen mehr als 2.000 Fälle pro Jahr in die Mediation und ersparen manchen Familien und Nachbarn Konflikte und Kosten für Gerichtsverfahren, ganz zu schweigen von den menschlichen Belastungen. Die Erfahrung, seinem Opfer auf einer menschlichen Ebene in einer geschützten Umgebung auf Augenhöhe zu begegnen, wirkt meistens stärker, als es ein Gefängnisaufenthalt je sein könnte. Viele häusliche Streitigkeiten haben von dieser neu entwickelten Institution profitiert. In Mdantsane ist diese Mediation nun als Teil des Gerichtssystems akzeptiert. Sogar Gerichte in so weit entfernten Städten wie Mthatha, 250 km, haben bestimmte Fälle schon an unser Mediationszentrum verwiesen. Dank Unterstützungsbeiträgen vor allem aus der Schweiz besteht das Programm bis heute trotz Schwierigkeiten bei der Finanzierung. Wir hoffen, dass sich das System weiter verbreitet und eines Tages zu einem Teil des Gerichtswesens in unserem Land wird.

Morgendämmerung einer Demokratie

Auch ich, Rommel Roberts, ein kleines Rädchen im Kampf für Gerechtigkeit, glaubte 1990, dass nach vielen Jahren endlich ein unmöglicher Traum Wirklichkeit geworden war. Nelson Mandela war endlich frei. Die Stimmung kippte bei den einen in Euphorie, bei andern in Furcht vor einer Zukunft aus Chaos und Vergeltung. In der Regierung herrschte totale Verunsicherung. Beamte, Polizei und Armee wussten nicht mehr, welcher Führung sie gehorchen sollten. Es entstand das Gefühl, dass normale gesetzliche Bestimmungen nicht mehr befolgt werden müssten. Gebühren für Dienstleistungen und Ähnliches wurden massenhaft nicht mehr bezahlt. Nicht-Kooperation war der Befehl des Tages. An großen Protestmärschen und Demonstrationen ignorierten die Leute die frühere Autorität der eisernen Faust. Bei jeder Gelegenheit wurde die Polizei verspottet und lächerlich gemacht. Dem eisernen Militär waren die Zähne gezogen worden, da die Führung kleinlaut dastand, nur noch zuschaute und auf Anordnungen von Politikern wartete, die ihre Anweisungen aus den Führungskreisen der Befreiungsbewegung erhielten.

Wo Mandela erschien, versammelten sich Hunderttausende von Menschen. Die nationalen und die internationalen Medien berichteten über die riesigen Versammlungen in der Morgendämmerung der neuen Demokratie. Kapstadt, die »Mother City« wurde zu einem der Hauptversammlungsorte. »ANC! ANC!«, riefen die Massen. Je nachdem, auf welcher Seite man stand, bewirkten die Sprechchöre Energie und Erregung oder Nervosität und Angst.

Manche Initiativen waren schon im Laufe des Jahres 1989 entstanden, als die Apartheid ihrem Zusammenbruch entgegentaumelte. Intensiv wurde der Fahrplan eines friedlichen Übergangs zur Demokratie diskutiert. Große Aufgaben mussten angegangen, Ängste beruhigt, Frustration und Wut beschwichtigt werden. Südafrika wollte eine andere Nation werden als eine typische afrikanische Bananenrepublik – behaftet mit Konflikten und trügerischen Hoffnungen.

Aufgeschlossene weiße Geschäftsleute und Intellektuelle unternahmen Reisen in afrikanische Städte wie Lusaka oder Dakar, um

Führungspersonen im Exil zu treffen. Das war ein Versuch, die ökonomische und politische Richtung des Landes für die Zukunft zu gestalten. Sie suchten auch die Ängste der Afrikaaner zu zerstreuen und zu zeigen, dass die verhassten Terroristen eigentlich menschlich und fähig seien zu echter Kommunikation und gedeihlicher Zusammenarbeit. Aber die Fragen blieben. Würde es eine Verstaatlichung der Vermögen geben? Was bedeutete eine gemischte Wirtschaftsordnung? Welche Rolle spielte der Kommunismus? In welcher Beziehung stand das Konzept des Afrikanischen Sozialismus zu der neuen Ordnung? Gab es für weiße Südafrikaner eine Zukunft? Inmitten der unklaren Antworten wurden die Versprechungen der historischen *Freiheits-Charta* in vielen Reden zitiert. Häufig entstand der Eindruck, dass die Massen ihre Freiheit erlangt hätten und nun die Lieferung von Geschenken erwarten könnten. Hier liegt der Ursprung der heutigen Kritik an der Regierung, sie habe »nicht geliefert«. Die Leute hatten Opfer gebracht und gekämpft – nun wollten sie etwas dafür bekommen. Die Erwartungen stiegen wie Wahlversprechen ins Unendliche.

Alle Institutionen der Apartheid-Ära hingen plötzlich an einem seidenen Faden, obschon die neue Ordnung noch Monate entfernt lag. Für die Beteiligten hingen düstere Zukunftsbilder an der Wand. Die Pseudo-Regierungen der Homelands würden zuerst abgebaut, staatliche Institutionen der Finanzwelt dürfte das gleiche Schicksal ereilen. Arbeitsplätze wären gefährdet. Machtpositionen würden sich drastisch ändern. Im Licht dieser Ängste erstarkte die Inkhata-Freiheitspartei – die Zulu-Bewegung war geprägt von großen Ressentiments gegen den ANC. Regionale Konflikte brachen aus, das Schreckgespenst von Stammesfehden tauchte auf. Die Homelandregierung der Ciskei widersetzte sich ihrer Absetzung. Als Vergeltungsmaßnahme legten ihre Polizisten die Gewehre auf Demonstranten an – ein Marsch für Demokratie in Bisho wurde zum Massaker, wo 200 Menschen erschossen wurden. Im Homeland Bophuthatswana fand ein Putschversuch statt samt umfangreichen Plünderungen, die später als »positives Einkaufen« bezeichnet wurden – man stahl nicht, sondern nahm sich nur von den Reichen, was rechtmäßig den Unterdrückten gehörte … Mit dieser Atmosphäre war das Land in den ersten Monaten von 1994 konfrontiert, als es sich auf die ersten demokratischen Wahlen vorbereitete.

Da ich in Mafeking, der Hauptstadt von Bophuthatswana, aufgewachsen war, wurde ich in diese Gegend gerufen, um bei der Beruhigung der Lage und der Durchführung der Wahlen mitzuhelfen. Im Dezember 1993 traf ich als Freiwilliger in Mafeking ein, um mich mit meiner Schwester zu treffen, die mich zu Hilfe gerufen hatte. Felicia war eben erst aus dem Exil in Dänemark zurückgekommen und hatte die Aufgabe, in dieser Region die Vorbereitung der Wahlen zu leiten. Dies war der Ort meiner Kindheit, wo ich die Leute kannte und wo ich zu einer Familie mit einer wunderbaren Geschichte gehörte. Wir erinnerten uns gemeinsam an unsere Mutter Maureen Roberts, die Florence Nightingale von Mafeking. Und natürlich dachten wir auch an Sister Baptist, Mary O'Neal, von den Barmherzigen Schwestern mit ihrem Spitznamen Oma Maisbrei, »Ouma Pap«, die den Ärmsten zu Nahrung verholfen hatte. Hier anzukommen war eine Heimkehr. Hier waren mir viele Menschen freundlich gesinnt.

Nach dem Putschversuch im Bophuthatswana-Homeland herrschten große Spannungen. Es galt, verschiedene Fraktionen zu einigen im Bemühen um friedliche, freie und faire Wahlen. Die Fronten waren relativ klar, aber es gab eine Menge von Störungen, Beschuldigungen und Beschwerden. Auf der Suche nach einem geeigneten Gelände für Infrastruktur und als Organisation besichtigten wir auch das alte Kloster der Barmherzigen Schwestern, an das ich viele Kindheitserinnerungen hatte. Irgendwie schien es angemessen, dass dieser Hafen des Friedens zum Zentrum für die Wahlen in diesem Teil des Landes wurde. Hier begannen wir mit der Planung und Vorbereitung, während wir auf die Teams warteten, die uns bei der Verwaltung und Überwachung der Wahlen anleiten und beaufsichtigen sollten. Der Leiter unseres Anwaltsteams war Justice Moegeng, der spätere Präsident des südafrikanischen Verfassungsgerichts.

Die Moderation der Zusammenarbeit der verschiedenen Gruppen stellte sich als schwierige Aufgabe heraus. Allein bei den Sicherheitskräften mussten sechs Institutionen unter einen Hut gebracht werden: die South Africa Defense Force SADF, die Bophuthatswana (BOP)

Defense Force des Homelands, die damalige Südafrikanische Polizei, die BOP-Homeland-Polizei, das BOP-Gefängnis-Departement sowie die südafrikanische Gefängnis-Verwaltung. Alle gaben andauernd vor, dass zwischen ihnen alles bestens sei und es vollständige Kooperation gebe – bis die wahren Differenzen während einer Krise auftauchten.

Die SADF-Soldaten hatten allmählich die Langsamkeit der BOP-Polizei satt. Es gab Bombendrohungen, aber die Anforderung von Spürhunden wurde anscheinend ignoriert und stundenlang verzögert. Nach zwei Stunden des Wartens im Feld hatte der Militärkommandant schließlich genug. Er bellte seine Befehle in gewohnter Art und Weise, wie zu Apartheidzeiten: »Bringt diese verdammten Hunde jetzt her! Nicht morgen, sondern jetzt! Los, tut was! Sonst ziehe ich euch das Fell über die Ohren!« Die Reaktion kam unverzüglich. Innerhalb von Minuten erschienen die Hunde, der Job wurde erledigt.

Es kam auch zu einer Gefängnisrevolte und immer wieder zu Konflikten zwischen den Mitgliedern der weißen Widerstandsbewegung AWB (Afrikaner Resistance Movement) und der BOP-Homeland-Polizei. Denn einige von ihnen waren getötet worden, als sie während des Putschversuchs Plünderungen verhindern wollten. Nach Ansicht der Polizei versuchte die AWB Recht und Ordnung wie in der Apartheid wiederherzustellen. Nach Ansicht der AWB hingegen leistete die BOP-Polizei den Diebstählen und anderen Formen der Gesetzlosigkeit Vorschub.

Einen Monat vor den Wahlen im April 1994 erreichten auch internationale Beobachterteams unser Land. Dazu gehörten Leute aus der ganzen Welt, unter anderem aus der Schweiz. Von dort kannte ich alle beteiligten Personen bestens. Immerhin war ich schon oft dorthin gereist und hatte Vorträge gehalten – bis heute bekommen meine Projekte Unterstützung aus der Alpenrepublik. In einem schicken Teil von Johannesburg traf ich die langjährigen engen Freundinnen und Freunde, die ein wichtiger Stützpunkt für viele Aktivisten, Exilierte und die Anti-Apartheid-Bewegung gewesen waren. Manche hatten viel Zeit in Südafrika verbracht, um die Befreiungstheologie im Kontext der Apartheid zu verstehen. Oder sie hatten Parlamentsabgeordnete, Juristen und Journalistinnen mitgebracht, um der Schweizer Gesellschaft die Unmenschlichkeit der Apartheid vor Augen zu führen. Nun konnten wir ein Ereignis feiern, das uns noch vor wenigen Jahren als unmöglich erschienen war – eine Art Höhepunkt nach Jahren des Kampfes, denn hier wurde gerade Geschichte geschrieben. Ich hatte Mühe, die Tränen der Freude und Dankbarkeit zurückzuhalten.

Im ehemaligen Bophuthatswana gab es ständig Beschwerden und Beschuldigungen etwa bezüglich Praktiken der Wahlwerbung. Jedes Wahllokal musste Zugang zu Kommunikationsmitteln wie Telefon, Computersystemen und Faxgeräten haben. Die Leute mussten geschult werden, damit die Erfassung der Daten präzise erfolgen und die Ergebnisse rasch an die zentrale Wahlleitung gesendet werden konnten. Doch in vielen ländlichen Gegenden gab es keine Elektrizität, was weitere Probleme brachte. Alternative Stromquellen verursachten letztendlich noch schwierigere Situationen, da wegen instabiler Stromversorgung oft Computer in entscheidenden Momenten zusammenbrachen.

Einen großen Teil unserer Energie benötigte die Sicherheit bei den Wahllokalen. Vor allem wegen der Stimmzettel entstanden Probleme. Sie wurden an verschiedenen Orten gelagert und mussten am Vorabend der Wahl angeliefert werden. Kontrolleure überwachten jeden Lagerraum und begleiteten die Lieferung zu jedem Wahllokal. Auf dem Papier sah das alles großartig aus. In der Praxis ging in unserem Teil des Landes alles schrecklich schief. Die Wahlunterlagen kamen nicht zum geplanten Zeitpunkt. Die Öffnung der Wahllokale konnte nicht eingehalten werden, da sich die Lieferung der Stimmzettel verzögerte. Und als sie endlich spät am Wahltag ankamen, waren es zu wenige für alle Wahllokale. Im ganzen Land hatten die Wahlunterlagen knapp. Die Spannungen kochten hoch, die Leute waren schon mehr als 24 Stunden geduldig in Warteschlangen verharrt! Die Frist wurde verlängert, damit mehr Stimmzettel gedruckt werden konnten. Ein Armeeflugzeug vom Militärstützpunkt Waterkloof musste in unsere Region geschickt werden, um sie zu bringen. Diese Stimmzettel hatten Fehler und waren formal nicht gültig, aber wir waren dankbar, dass wir welche liefern konnten und sich die angespannte Situation entschärfte.

An diesem Punkt brachen wir als Leiter den Lieferungsprozess ab und forderten zwei Helikopter an, um Stimmzettel zu verteilen und Wahllokale in ländlichen Gebieten zu kontrollieren, wo die Lieferung ein Alptraum war. Ich hätte mir als Friedensaktivist nie träumen lassen, dass ich eines Tages in einem von mir organisierten Armeehubschrauber sitzen würde, um Wahlzettel zu verteilen …

In der Zwischenzeit waren Beschuldigungen von Wahlfälschung, Sabotage und Ähnlichem aufgekommen. Interventionen wurden gefordert. Die Wähler und die Parteifunktionäre hatten ja keine Erfahrung mit Wahlen. Trotz der Schulung wurden die vorgegebenen Abläufe nicht genau befolgt. Alle waren nur auf eine Veränderung im Land bedacht. Trotz Verbot wurde auch während der Wahlen im Wahllokal selber Druck ausgeübt, was Anlass zu großer Besorgnis gab.

Danach ging es um die Sicherstellung der Stimmzettel und den Transport zu den Auszählungsorten, wo alle Parteien und internationalen Wahlbeobachter anwesend sein würden. Frühmorgens erhielt ich einen Anruf von einer Gruppe von besorgten Methodistischen Kirchenältesten und Geschäftsleuten. Sie meldeten sich als Freiwillige zur Stimmenauszählung, nachdem die Frist zum Wählen bereits abgelaufen war. Sie machten sich große Sorgen über die Genauigkeit der Stimmenauszählung. Die Mitarbeiter, die für die Zählung benannt worden waren, hatten sich unter Eid zur Neutralität verpflichtet. Ihre Loyalität lag jedoch meist beim ANC. Das erforderte ein Eingreifen.

Ich traf mich mit den Vertretern der Methodistischen Kirche, die in glänzenden BMWs und Mercedes ankamen und sich gleich in die Arbeit stürzen wollten. Ich warnte sie jedoch vor den großen Spannungen. Es gehe hier nicht nur ums Zählen, sondern um den Umgang mit den verschiedenen Parteien und ihren Anhängern an jedem Auszählungsort. Für sie war die Sache einfach ein Abgleich zwischen den Zetteln und den gezählten Stimmen – ein einfacher Buchführungsvorgang. »Machen Sie sich keine Sorgen«, rief einer der Herren im Nadelstreifenanzug: »Wir haben Buchhalter und Geschäftsführer mit jahrelanger Erfahrung in unserer Mitte, die wohl in der Lage sind, die Situation zu meistern. Alles, was wir brauchen, sind die Wegbeschreibungen zu den Auszählungsorten.«

Einige Stunden später erhielt ich einen verzweifelten Anruf von der Auszählungsstelle in Madibogo. Es gebe eine Krise, ob ich schnell kommen könne. Ich machte mich gleich auf den Weg zu dem etwa 45 Kilometer entfernten Ort und traf eine unglaubliche Szene an: Unsere Methodistischen Mitarbeiter standen auf Tischen und waren von wütenden Parteimitgliedern und Anhängern umringt – die spät berufenen Freiwilligen hatten völlig die Kontrolle verloren. Ich musste sie aus dem Raum hinausgeleiten und den Anschein von Ordnung wiederherstellen. Dies beendete die Einmischung der Geschäftsleute aus der Methodistischen Kirche mit ihrer guten Absicht.

Sobald die Ergebnisse weitergeleitet waren, konnten wir endlich den nötigen Schlaf zulassen, nachdem wir viele Tage lang wie Zombies funktioniert hatten. Die Wahlen waren unter den herrschenden Bedingungen fair und frei abgelaufen. Es war ein Wunder geschehen. Eine neue Regierung mit einer neuen Führung konnte eingesetzt werden. Nelson Mandela, Desmond Tutu und alle, die so viele Jahre lang gekämpft hatten, würden endlich die Früchte ernten. Die Regenbogen-Nation war im Entstehen und wurde Realität.

Ich kehrte zu meiner anderen Arbeit zurück, zu den Projekten zur Unterstützung von Personen, die aus dem Exil heimkehrten. Sie waren während der Apartheid aus dem Land geflohen und hatten sich im Exil der Befreiungsbewegung angeschlossen. Diese Projekte wurden von der Schweizer Agentur für Entwicklung und Zusammenarbeit DEZA finanziell unterstützt. Die Institution hatte mich für die Zeit meiner Mithilfe bei den Wahlen freigestellt. Hier gab es nun auch böse Überraschungen. Männer, die im Exil Frauen aus anderen afrikanischen Ländern geheiratet hatten, waren bei ihren Verwandten in der Heimat nicht einfach willkommen. Sich in einer fremd gewordenen Umgebung zurechtzufinden, war nicht leicht, insbesondere wenn vor Ort große Arbeitslosigkeit herrschte. Es gab Ressentiments zwischen den Leuten: Wer aus dem Exil zurückkam, erwartete, in besonderer Weise behandelt zu werden. Doch die Menschen zu Hause hatten auch gekämpft und waren viele Jahre lang der Apartheid direkt ausgesetzt gewesen. Die Fragen lauteten: »Warum sollten diese Rückkehrer besondere Fürsorge erfahren? Was ist mit uns?« Es wurden Entwicklungsprogramme gefordert, die den Rückkehrern und den Gemeinschaften vor Ort zugute kamen.

Die Rückkehrer hatten hohe Erwartungen und waren rasch frustriert, wenn man sich nicht angemessen um sie kümmerte und sie nicht herzlich und mit offenen Armen empfing. Die hochrangigen *Comrades* bekamen offensichtlich viel Unterstützung – ihre Kinder konnten Privatschulen besuchen. In diesen Fällen spielte Geld anscheinend keine Rolle. Während ich diese Frustration gut verstand, musste ich dennoch an all die Personen denken, die im Land selber gekämpft hatten. Sie hatten allgemeine Wahlen erreicht und Nelson Mandela war nun der neue Präsident. Diese Menschen hatten den Weg zur Demokratie mit großen Opfern geebnet, mit Blut, Schweiß und Tränen. Die Welt würde nie von ihnen erfahren oder sich um sie kümmern. Man würde sich in der südafrikanischen Geschichte eher auf die Idole konzentrieren, auf Symbolfiguren des Kampfes gegen die Apartheid, wie eben Nelson Mandela oder Desmond Tutu.

Der Weg zu unserer jungen Demokratie erschien vor mir als Bild einer langen, sich dahinwindenden Straße. Sie war in vielen Jahren Stein für Stein aufgebaut worden. Ein Weg, auf dem viele ihr Leben gelassen und nie die Früchte ihrer mühevollen Arbeit gesehen hatten. Im Buch »Die Tränen der Lady Ming« beschreibt ein koreanischer Theologe die großartige Chinesische Mauer. Nach einer Legende wurde für jeden großen Stein dieses gewaltigen Baus eine Jungfrau rituell geopfert. Die Tränen von Lady Ming gelten ihrem Wissen, bald geopfert und Teil dieser endlosen Mauer zu werden, wo sie einfach verschwinden würde als eines von Tausenden namenloser Opfer. Die Mauer blieb als außergewöhnliches Symbol bestehen, aber jene Tränen und die Personen, die sie vergossen haben, sind vollständig vergessen.

So kam es, dass der Wunsch in mir auftauchte, solchen Spuren nachzugehen. Deshalb erzähle ich hier als Zeuge einige Geschichten dieser Heldinnen und Helden, mit denen ich selber zusammengearbeitet habe. Sie haben auf außergewöhnliche Art und Weise an der Befreiung Südafrikas mitgewirkt. Ihre Namen sind fest eingewoben in die Geschichte unserer Regenbogen-Nation.

Dank

Ich danke zuerst Jane Mqamelo, die dieses Buch durch ihr wunderbares Engagement möglich gemacht hat. Ohne Karl Johannes Rechsteiner hätte es nie die jetzige Qualität gewonnen und wäre auch nie einem größeren Publikum zugänglich geworden. Christina Stiefel hat in bewundernswerter Arbeit für die Übersetzung ins Deutsche gesorgt. Und meine liebe Frau Robin Roberts hat mir den Rücken nicht nur zum Schreiben frei gehalten.

Viele Personen haben in vielfältiger Weise zu diesem Buch beigetragen. Dankbare Anerkennung lasse ich ganz besonders jenen zukommen, die eng mit mir zusammengearbeitet haben: Leni Altwegg, Dr. Günter Augustini, Helen Baumann, Getrud Beaud, Birgit Beck, Joni Bos, Verena Brunner, Mike Buckle, Josette Cole, Sheila Coltham, Achmat Davids, Prof. George Ellis, Conny Feast, Dr. John Gardener, Martin Girsberger, Cheryl Gordon, Sr. Aine Hardiman, Markus und Waltraud Haas, Sr. Claire Harkin, Prof. Jerry Herman, Albert van de Heuwel, Albrecht Hieber, Pete Johnson, Ari Jongejan, Christoph Jungen, Annette Keller, Tjenny Landman, Wesley Mabuza, Mascha Madörin, Dorothea Magenfeld, Johan Maree, Wallace Mgoqi, David Mkize, Judge Essa Moosa, Barbara Müller, Prof. Harry Nenkwenkulu, John and Janie O›Mally, Allie Parker, Tommy Pearson, Alan Roberts, Paul Rutishauser, Celeste Santos, Charlotte Schläpfer, Delia Scott, Don Sharp, Hans-Ulrich Stauffer, Prof. Wolfgang Thomas, Ben Vavinck, Prof. Michael and Adrienne Whisson, Prof. Francis Wilson, Lark Worth, Markus Wyss, Helen Zille und viele andere, besonders auch meine Freundinnen und Freunde in Europa.

Ich danke den wunderbaren Freiwilligen, all diesen außergewöhnlichen Südafrikanern, die in einer schwierigen Situation großen Mut und Entschlossenheit bewiesen haben, um Freiheit in Südafrika zu schaffen. Ganz speziell verdienen alle Persönlichkeiten, die im Buch vorkommen, meinen großen Dank. Sie haben in besonderer Weise zu meiner eigenen Entwicklung beigetragen.

Gott beschütze Euch! *Rommel Roberts*

Zum Autor

Rommel Roberts wurde 1949 in Durban, Südafrika, geboren. Seine Kindheit verbrachte er in der Stadt Mafeking, damals Hauptstadt von Botswana Die High School besuchte er in Kapstadt. Seine weitere Ausbildung erhielt er am Katholischen Seminar des St. Josephs Theological College in der Nähe von Pietermaritzburg.

In der Zeit als politischer Aktivist lebte er von 1973 an hauptsächlich in Kapstadt. Durch seine Beziehungen zum Südafrikanischen Kirchenrat und die Zusammenarbeit mit Bischof Desmond Tutu reiste er viel, sowohl innerhalb des Landes als auch ins Ausland. Als Entwicklungsbeauftragter von Bischof Tutu musste er sich mit den unmenschlichen Auswirkungen der Apartheid auseinandersetzen. Dazu gehörten die massenhaften Zwangsumsiedlungen und Vertreibungen durch den Staat. Oft kam es zu Zusammenstößen mit der Sicherheitspolizei, wie hier in mehreren Kapiteln beschrieben.

Das Engagement führte dazu, dass Rommel Roberts selber mehrfach inhaftiert wurde. Erstmals 1978 – siehe das Kapitel »Freiheit finden im Gefängnis«. Im Zusammenhang mit den Bus-Boykotten landete er 1980 mehrere Monate im Gefängnis. 1984 wurde er erneut festgenommen, als er wegen der hohen Kindersterblichkeit aufgrund der Homeland-Politik in der damaligen Ciskei ein Projekt startete.

Zu Roberts' Arbeit gehörte es, Kirchenleute, Gäste, Geldgeber und Unterstützer im Land herumzuführen. Dabei machte er sie bekannt mit Aktivisten, die unter Bann standen, mit Organisationen, die Unterstützung verdienten, erschloss Geldquellen für Personen im Untergrund und erläuterte die Perspektiven. Das Ziel war immer, Unterstützung für die Bewegung gegen die Apartheid zu gewinnen. In der hektischen Zeit von 1973 bis 1990 führte Roberts Kampagnen durch, initiierte Aktionen gegen die Apartheid, half bei der Gründung von Dutzenden von Organisationen meist in Kapstadt und im Western Cape. Die Geschichten im vorliegenden Buch geben eine kleine Vorstellung von dieser Rolle und ihrer Wirkung auf viele Personen. Letztlich haben unzählige solcher Aktionen und der Kampf der kleinen Leute entscheidend zum Sieg über die Apartheid beigetragen.

Nach der Freilassung von Nelson Mandela setzte Roberts ab 1990 auf Betreiben der ANC-Führung seine Kraft ein, im Eastern Cape beim Aufbau einer Organisations- und Führungsstruktur mitzuhelfen. Das Ziel war, in den vernachlässigten und unterdrückten ländlichen Gemeinden die Lebensbedingungen der Menschen zu untersuchen und Strategien für eine soziale und ökonomische Entwicklung voranzubringen. Zu dieser Aufgabe gehörte auch die Rückführung von Menschen aus dem Exil und ihre gesellschaftliche und wirtschaftliche Rehabilitierung.

Während der historischen ersten freien Wahlen in Südafrika spielte Rommel Roberts eine führende Rolle dabei, die unabhängige Wahlkommission bei ihrer Tätigkeit mit Freiwilligen zu unterstützen. Zur Vorbereitung der Wahlen kam er in seine Heimatstadt Mafeking zurück. Dort waren nach einem versuchten Putsch bürgerkriegsähnliche Unruhen ausgebrochen zwischen Afrikaaner-Aktivisten der äußersten Rechten und Streitkräften des früheren Homelands. Er konnte seine Fähigkeiten als Friedensvermittler erfolgreich anwenden und unterstützte seine Schwester Felicia Christensen bei der Durchführung der Wahlen.

Roberts‘ bemerkenswerteste Leistung und Vision war die Schaffung des ersten Friedenszentrums in Kapstadt während der 1980er-Jahre, den dunkelsten Jahren der Apartheid. Im Bestreben, ein neues Südafrika vorzubereiten, lancierte er das Quaker Peace Centre in Mowbray – viele erklärten ihn deshalb für verrückt. Doch hier entstanden entscheidende Lösungsansätze für die Zukunft. So bleibt das Engagement für den Frieden das wohl bedeutendste Merkmal von Rommel Roberts – und dauert bis heute an.

Zur Zeit setzt sich Rommel Roberts besonders für Entwicklung, Bildung und Wiederaufbau in ländlichen Gemeinden ein. Er wird unterstützt von Organisationen wie Linux4Afrika aus Freiburg, Deutschland, dem Fonds für Entwicklung und Partnerschaft FEPA aus der Schweiz, dem Schweizer Afrika-Komitee, dem kleinen

Unterstützungsverein der Hilltop-Friends aus der Schweiz sowie von Einzelpersonen und kirchlichen Gruppen.

Das Engagement von Rommel Roberts für den Frieden und seine Kritik an den Mächtigen hält unvermindert an, obwohl er von einigen früheren Comrades eingeladen wurde, sich zu entspannen und die Früchte des Kampfes zu genießen … Wichtig sind ihm die Überwindung der Korruption und eine gute Regierungsführung. Eine seiner Organisationen hat in ländlichen Gebieten Dutzende von Informatik-Zentren geschaffen, beschäftigt viele qualifizierte junge Leute und verschafft damit Tausenden von Menschen Zugang zu Computerkenntnissen, sowohl Schulkindern als auch arbeitslosen Erwachsenen.

Rommel Roberts lebt mit seiner Frau Robin im Dorf Hanover in der Nähe von King Williams Town im Eastern Cape auf einer kleinen Farm, die dem Kirchenrat gehört. Hier ist auch sein Hilltop Empowerment Centre zuhause, von wo aus die beiden ihre vielen Projekte und Programme leiten.

www.hilltop-centre.org

Zeittafel

1899 – 1902: Krieg zwischen Briten und Afrikaanern (Buren)
Die *Afrikaaner* kämpfen um Unabhängigkeit vom britischen Empire. Sie geben erst auf, nachdem die Briten durch ihre Politik der verbrannten Erde Häuser und Farmen der Buren zerstört haben und Tausende von Frauen und Kindern in Konzentrationslagern an Hunger und Krankheiten gestorben sind. Erfahrungen aus dieser Zeit sind der Hintergrund für die Spannungen zwischen Afrikaanern und der englischsprachigen Gemeinde und haben die Entschlossenheit der Afrikaaner bedingt, sich als Volk zu behaupten. Sie haben ihren einseitigen Blickwinkel beeinflusst, der andere Rassen aus ihrer Zukunftsplanung völlig ausschließt und damit Grundlage der *Apartheid* ist.

1910: Bildung der Südafrikanischen Union
Die Union of South Africa wird nach britischem Vorbild und unter britischer Vorherrschaft geschaffen.

1910 – 1947: Einwanderung aus Indien
Aus Indien und Mauritius kommen vor allem Arbeitskräfte für die Zuckerrohrplantagen. Getrennte indische und schwarze Gemeinden entstehen. Das führt später nicht nur zu Spannungen zwischen Schwarzen und Indern, sondern auch zwischen Arm und Reich, da viele gut ausgebildete Inder zu gewissem Wohlstand kommen. In den Unruhen von 1949 führt dies zu blutigen Pogromen gegen Inder. Rassismus ist in den britischen Kolonien immer vorhanden, jedoch nicht streng legalisiert. Erst Mahatma Ghandi (1869–1948; in Südafrika 1893–1914) macht mit seiner Philosophie der Gewaltlosigkeit und seinen Aktionen gegen die Rassentrennung diese Praktiken öffentlich. Er erkennt jedoch, dass er das britische Empire nur von seiner Heimat aus wirklich bekämpfen kann, und kehrt nach Indien zurück.

Ab 1912: Gründung ANC
Bereits 1912 wird der *African National Congress ANC* gegründet. Immer wieder folgen Aktionen gegen die Diskriminierung.

1914 – 1918 und 1939 – 1945: Weltkriege

In den zwei Weltkriegen stellen die Afrikaaner sowie die Gemeinden der Schwarzen und Farbigen ihre Differenzen zurück und kämpfen jeweils auf der Seite und unter der Führung der Briten.

Bis 1948: Buren stärken sich

Bis die Afrikaaner 1948 mit ihrer Nationalen Partei zum ersten Mal wirklich an die Macht kommen, haben sie ihre Position vorbereitet. Es entwickeln sich starke eigene wirtschaftliche Zentren und landwirtschaftliche Kooperativen. Die ökonomische Macht wird zum Beispiel gefördert durch Arbeitsbeschaffungsprogramme für arme Afrikaaner, die Bevorzugung afrikaanischer Geschäftsleute, besonderen Zugang zu Universitäten sowie Kontrolle aller Schlüsselpositionen bei Polizei und Armee. Außerdem wird per Gesetz Afrikaans an allen Schulen als Unterrichtssprache eingeführt.

1948 – 1994: Apartheid

Die *Nationale Partei* der Afrikaaner beginnt ihre Herrschaft durch die Einführung der berüchtigten Apartheidgesetze als Programm der gesellschaftlichen Umgestaltung mit dem Ziel der Selbsterhaltung und Stärkung der eigenen Macht. Durch die *Passgesetze* und den *Group Areas Act* werden Schwarze endgültig zu Bürgern zweiter Klasse mit eingeschränkter Bewegungsfreiheit. Schwarze und farbige Bewohner ganzer Stadtteile werden vertrieben und zwangsumgesiedelt. Alle wichtigen Positionen bleiben Weißen vorbehalten. Die Apartheid durchdringt alle Ebenen der Gesellschaft und des täglichen Lebens.

1955: Frauenproteste

Ein großer Protestmarsch von Frauen führt zu den Union Buildings in Pretoria. *Black Sash* wird gegründet, als Organisation weißer Frauen in Südafrika, die gewaltfrei gegen die Apartheid kämpfen. Sie verhängen die südafrikanische Verfassung mit einer schwarzen Schärpe, um gegen die Rassentrennung zu protestieren.

1960: Sharpeville
Demonstrationen und Proteste gegen die Passgesetze, organisiert durch den *Pan Africanist Congress PAC* unter Robert Sobukwe. Beim Sharpeville-Massaker werden 69 Menschen bei einer Demonstration gegen die Passgesetze durch die Polizei getötet. ANC und PAC werden verboten.

1963 / 1964: Rivonia-Prozess
Verhaftung und Gerichtsverfahren gegen Nelson Mandela und andere ANC-Aktivisten; sie werden zu lebenslanger Haft auf *Robben Island* verurteilt.

Ab 1964: Vertreibungen
Die schwarzen Siedlungen in definierten weißen Gebieten werden zerstört. Es kommt zu massiven Vertreibungen und Umsiedlungen, zum Beispiel muss der gemischtrassige *District Six* in Kapstadt verschwinden. Es entstehen neue »illegale« Siedlungen, zum Beispiel Crossroads.

1969: Schwarzes Bewusstsein
Entstehung der *Black-Consciousness-Bewegung* unter Steve Biko. Beginn der Kampagnen gegen die Zwangsumsiedlungen und die Passgesetze.

1975: Erster Bus-Boykott
Das *Squatter-Camp* Crossroads bei Kapstadt wächst weiter. Bildung von Organisationen, die sich für Squatter und Flüchtlinge einsetzen. Erster Bus-Boykott – siehe Kapitel »Die Proteste gegen die Bus-Fahrpreise«. An High Schools werden Student Representative Councils SRC gegründet. Sie unterstützen Kampagnen, decken Korruption und Verflechtungen zwischen Apartheidstaat und Transportunternehmen auf.

1976: Soweto
Der Schüleraufstand in *Soweto,* zunächst gegen *Afrikaans* als Unterrichtssprache, wird brutal niedergeschlagen. In Kapstadt kommt es zu Weihnachtsunruhen. Schwarze Wanderarbeiter bekämpfen eingesessene Bewohner der Townships.

1977: Modderdam
Erste massive Zerstörung eines *Squatter-Camps.* Aus Modderdam werden 10.000 Menschen vertrieben und ihre Häuser zerstört. Dies ist auch eine Kampagne der Regierung, um Proteststrukturen zu unterdrücken und aus dem Western Cape zu entfernen. Es folgt eine riesige Welle des Protests, national und international. Der Staat verbietet Anti-Apartheid-Organisationen wie das *Christian Institute.* Steve Biko wird im Gefängnis zu Tode gefoltert. Siehe Kapitel »Das Drama von Modderdam«.

Dezember 1977: Vernetzen
Rommel Roberts kann seine erste Auslandsreise unternehmen. Er besucht Unterstützergruppen in Großbritannien, der Schweiz, Deutschland, Holland und Dänemark.

1978: Massenproteste
Wachsende Massenaktionen gegen Passgesetze und Zwangsumsiedlungen. Bischof Desmond Tutu wird Generalsekretär des *Südafrikanischen Kirchenrats.* Rommel Roberts arbeitet bei ihm als Entwicklungsbeauftragter und leitet eine Aktionsgruppe, die Tutu dazu bewegt, die Kampagne zu Crossroads zu unterstützen. Roberts kommt das erste Mal als »Terrorist« ins Gefängnis. Durch die Terrorismusgesetze kann die Polizei zum Beispiel Personen ohne Gerichtsverfahren verhaften und Büros durchsuchen.

1979: Erfolgreiche Kampagnen
Die Zerstörung von Crossroads wird durch massiven Protest verhindert. Rommel Roberts führt erfolgreich sein Gerichtsverfahren gegen das Transportunternehmen und die Regierung. Diesmal beginnt der Bus-Boykott mit intensiver Vorbereitung.

1980: Verhaftung
Rommel Roberts wird erneut verhaftet, zusammen mit vielen ANC-Aktivisten, die später Teil der Regierung werden.

1981 – 1982: Stürzen der Passgesetze
Die Kampagne gegen die Passgesetze wird verstärkt. Hungerstreik in der St. George's Cathedral in Kapstadt, was die Aufhebung der Passgesetze zur Folge hat. 1984 werden sie endgültig aufgehoben.

1983: UDF startet
Bildung der *United Democratic Front UDF* und Gründung der Gewerkschaft der Hausangestellten. Dies führt zur Gründung des COSATU (Congress of South African Trade Unions). Die Massenaktionen gehen weiter.

1985: Friedenszentrum
Seit 1981 gibt es Pläne für ein Friedenszentrum. 1985 kann Rommel Roberts in Kapstadt ein Friedenszentrum errichten, das sich den Herausforderungen eines neuen Südafrikas stellen und Frieden und Versöhnung erreichen will.

1985/1986: Halskrausenmorde
Vermehrte gewaltsame Aktionen gegen so genannte anti-revolutionäre Elemente. Beginn der berüchtigten »*Necklacing*-Ära«. Die Aktionen radikaler Jugendlicher – der »Jungen Löwen« – richten sich gegen traditionelle Gemeinden. Bischof Tutu engagiert sich für friedliche Lösungen, Rommel Roberts agiert als Vermittler. Siehe Kapitel »Die Herrschaft der Gewalt«.

1986: Gespräche über Gespräche
Beginn geheimer Verhandlungen zwischen dem ANC und der südafrikanischen Regierung. Richard Rosenthal engagiert sich als Vermittler und ist eine Schlüsselfigur in dem Friedensnetz, zu dem Gruppen aus der Schweiz, Deutschland und Holland gehören.

1987 – 1989: Free Nelson Mandela
Der gleichnamige Protestsong und weltweite Hit von Jerry Dammers von Special AKA von 1984 gab den Namen für nationale und inter-

nationale Kampagnen »Freiheit für Mandela«. Höhepunkt war ein Konzert vom Juni 1988 im Londoner Wembley-Stadion, wo die weltweite Pop-Elite für die Freilassung von Mandela auftrat: Dire Straits, Sting, Withney Houston, George Michael, Tracey Chapman, UB40, Youssou N'Dour …

1989/1990: Verhandlungen
Nach der Erkrankung von Staatspräsident P.W. Botha kommt F.W. De Klerk an die Macht und kündigt Verhandlungen an. Mandela wird aus dem Gefängnis entlassen.

1991 – 1993: Heimkehr aus dem Exil
Rückführung von Menschen aus dem Exil. Start von CODESA (Convention of a Democratic SA). Dieses riesige Netzwerk von Gruppierungen aus der Opposition und aus dem Exil ist in die Verhandlungen über die Zukunft Südafrikas involviert.

1994: Freie Wahlen
Zur Vorbereitung der ersten Wahlen wird Rommel Roberts nach bürgerkriegsähnlichen Unruhen nach Mafeking geschickt, wo er als Friedensstifter und Koordinator der Wahlen in Boputhatswana arbeitet. Bei den ersten freien und allgemeinen Wahlen von Ende April 1994 feiert der ANC einen haushohen Wahlsieg. Nelson Mandela wird erster Präsident des neuen Südafrikas.

Glossar

Affirmative Action
Positive Diskriminierung als (gesellschafts-) politische Maßnahme, um schwarze und farbige Menschen zu fördern, damit sie nach und nach mehr verantwortungsvolle Stellungen übernehmen können.

Afrikaaner
Weiße Südafrikaner burischer Abstammung, im Unterschied zu den andern Bewohnern Afrikas, den Afrikanern, werden sie als Afrikaaner mit Doppel-A geschrieben.

Afrikaans
Die Sprache der Afrikaaner entstand aus dem Niederländischen des 17. Jahrhunderts und wurde 1925 neben Englisch zur Amtssprache in Südafrika. Vor allem schwarze Jugendliche denunzierten Afrikaans in den Aufständen der 1970er-Jahre als Unterdrückersprache und wehrten sich gegen Afrikaans als Unterrichtssprache.

African National Congress ANC
Die heutige Regierungspartei African National Congress geht zurück auf den 1912 gegründeten South African Native National Congress, die erste Interessenvertretung der schwarzen und farbigen Bevölkerung Südafrikas. Er forderte vollständige Bürgerrechte für alle und organisierte Boykotte, Streiks und Protestmärsche, um den Forderungen Nachdruck zu verleihen. 1960 wurde der ANC verboten, viele Aktivisten gingen in den Untergrund. Im gleichen Jahr erhielt ANC-Führer Albert Luthuli für seinen gewaltfreien Widerstand den Friedensnobelpreis, womit die Auszeichnung erstmals an einen Afrikaner ging. 1961 wurde der bewaffnete Flügel »Umkhonto We Sizwe« (Speer der Nation) gegründet, der mit Terroranschlägen für die Befreiung Südafrikas kämpfte. Der ANC operierte hauptsächlich von afrikanischen Städten im Ausland aus, etwa aus Lusaka oder Nairobi. In Südafrika agierte er im Untergrund weiter. Nach Verhandlungen zwischen dem südafrikanischen Regime und dem ANC kam

Nelson Mandela 1990 frei. 1994 fanden die ersten freien Wahlen für alle Südafrikaner statt. Der ANC gewann haushoch. Seither verfügt er über die Mehrheit im Parlament und stellt die Regierung.

Apartheid

Apartheid ist in Afrikaans der Begriff für die Rassentrennung in Südafrika. Die schwarze und farbige Bevölkerung Südafrikas besaß nie die gleichen Rechte wie die Weißen. Nach dem Sieg der *Nationalen Partei* 1948 wurde die Apartheid durch Gesetzgebung und zunehmend aggressive Maßnahmen institutionalisiert und brutal durchgesetzt. Die Ideologie beinhaltete die Idee der »getrennten Entwicklung«, das heißt, das weiße Südafrika und zugewiesene Stammesgebiete *(Homelands)* der Schwarzen sollten völlig getrennt voneinander bestehen. Hunderttausende von schwarzen Südafrikanern wurden zwangsumgesiedelt und durch die *Passgesetze* von den weißen Gebieten ferngehalten. Die Apartheid endete erst mit den ersten allgemeinen Wahlen und der neuen Regierung 1994 unter *Nelson Mandela.*

Bantu Affairs

Unter Bantu fasste die Regierung alle Eingeborenen und Völker in Südafrika zusammen. Das Department of Bantu Administration and Development entstand aus dem Ministerium für Eingeborenenangelegenheiten und war als Verwaltungsbehörde für die Umsetzung der Apartheidpolitik zuständig. Sie arbeitete ohne parlamentarische Aufsicht und übte eine nahezu vollständige Kontrolle über die schwarze Bevölkerung Südafrikas aus. Wichtige Instrumente dafür waren die *Passgesetze* wie auch der *Land Act.*

Befreiungstheologie

Die Befreiungstheologie ist eine christliche – überwiegend katholische – Richtung der Theologie, die in Südamerika ab den 1960er-Jahren entstand. Als »Stimme der Armen« will sie zur Befreiung von Unrecht und Unterdrückung beitragen. Vertreter der Befreiungstheologie stellten sich oft unter Einsatz ihres Lebens gegen die diktatorischen Regimes in Südamerika. Oscar Romero, der bekannte

Erzbischof von El Salvador, wurde deswegen 1980 erschossen. Die Befreiungstheologie hatte großen Einfluss auf Menschenrechts- und Friedensbewegungen in vielen Teilen der Welt, auch in Südafrika.

Biko, Steve
1946 geborener Gründer der *Black-Consciousness*-Bewegung. Ab 1966 Studium der Medizin, während der Studienzeit aktiver Bürgerrechtler und Kämpfer gegen das Apartheidregime. Er wurde mehrfach mit einem Bann belegt und schließlich verhaftet. 1977 wurde er durch Schläge und Folter im Gefängnis in Port Elizabeth so schwer verletzt, dass er an den Folgen starb. Seine gewaltsame Tötung führte zu einem internationalen Eklat. Biko wurde zu einem Symbol der Widerstandsbewegung gegen die Apartheid. Die südafrikanische Regierung belegte infolge der Ereignisse eine Reihe von Personen und Organisationen mit einem Bann, darunter auch den Journalisten Donald Woods, der die Umstände von Bikos Tod mit aufgedeckt hatte. Der UN-Sicherheitsrat reagierte mit einem Waffenembargo gegen Südafrika.

Black Consciousness
Diese Bewegung engagierte sich ab anfangs der 1970er-Jahre für ein »Schwarzes Bewusstsein« in Südafrika. *Steve Biko* gründete sie als Studentenorganisation, die gegen das Apartheidsystem kämpfte. Beeinflusst durch die Black-Power-Bewegung in den USA stand das Selbstbewusstsein der Schwarzen im Vordergrund. Die jungen Schwarzen wehrten sich gegen die weiße Vorherrschaft im eigenen Land.

Black Sash
Black Sash war eine Organisation weißer Frauen in Südafrika, die seit 1955 gewaltfrei gegen die Apartheid kämpften. Ihr Erkennungszeichen war gemäß ihrem Namen eine schwarze Schärpe. Sie unterstützten Menschenrechtsgruppen, besonders im Kampf gegen die *Passgesetze* und bei den Zwangsumsiedlungen von Schwarzen, organisierten oft medizinischen und rechtlichen Beistand und machten Unrecht und Unterdrückung des Apartheidregimes öffentlich.

Botha, Pieter Willem

Der 1916 geborene Botha war seit den 40er-Jahren für die Nationale Partei aktiv und ein strikter Verfechter der Apartheid. Ab 1958 war er Minister in verschiedenen Ressorts. 1978 wurde er Ministerpräsident von Südafrika und war gleichzeitig Parteivorsitzender. Diese Ämter hatte er bis 1989 inne, als er aus Gesundheitsgründen abtreten musste. Unter seiner Führung wurden die Apartheid rigoros durchgesetzt und wichtige Gesetze zur strikten Rassentrennung erlassen. Seiner Ansicht nach waren die Schwarzen keine wirklichen Bürger von Südafrika, sondern sollten in ihren eigenständigen *Homelands* leben. Das »Große Krokodil« verstarb 2006.

Braai

Braai bedeutet Braten und bezeichnet in Südafrika das Grillen. Braais haben eine lange Tradition und meinen nicht nur das Braten auf offenem Feuer, sondern umfassen das Ganze als gesellschaftliches und kommunikatives Ereignis.

Broederbond

Der *Afrikaner Broederbond* (Brüderbund) war eine nationalistische Organisation der afrikaanssprachigen Südafrikaner, der *Buren*. Er agierte fast wie ein Geheimbund, war eng mit der Nationalen Partei verflochten und stützte die Apartheid.

Buren

Buren steht holländisch für »Bauern«. Sie stammen von den hauptsächlich niederländischen Siedlern ab, die sich seit 1652 in der Kolonie der Ostindien-Kompanie am Kap der Guten Hoffnung niederließen. Dazu gehörten auch französischsprachige Hugenotten, die nach ihrer Vertreibung aus Frankreich eine neue Heimat suchten. Nachdem die Briten zu Beginn des 19. Jahrhunderts die Kapkolonie annektiert hatten, zog ein Teil der Buren ins Landesinnere und gründete dort eigene Republiken, die ihre Unabhängigkeit jedoch verloren – bis zum Zweiten Burenkrieg von 1899 bis 1902. Die Buren waren bis 1945 vor allem Farmer und Viehzüchter. Viele von ihnen sind Calvinisten. Ihre fast vierhundertjährige Verwurzelung in Afrika drückt sich in der Selbstbezeichnung als *Afrikaaner* aus. Anders als bei den Briten hat sich ihr Bezug zum europäischen Mutterland trotz der engen sprachlichen Verwandtschaft bereits im 19. Jahrhundert verloren.

Cape Flats
Sandiges, flaches Land südöstlich von Kapstadt, in das Schwarze und Farbige ab den 1950er-Jahren umgesiedelt wurden, nachdem man sie aus dem Stadtzentrum vertrieben hatte.

Christian Institute
Das von Christian Friedrich Beyers Naudé gegründete und geleitete Christian Institute war ein wichtiger Teil des südafrikanischen Widerstands. Naudé stammte aus einer prominenten Burenfamilie, war jüngstes Mitglied des *Broederbond* und machte als Theologe Karriere in der *Niederländisch-Reformierten Kirche*. Nach dem Massaker von Sharpeville 1960 entwickelte er sich zum Gegner der Rassentrennungspolitik. Wegen seines Engagements im gemischtrassigen ökumenischen Christian Institute wurde er aus seiner Kirche ausgeschlossen. Wegen Verstoßes gegen Apartheidgesetze kam er vor Gericht und wurde von 1977 bis 1985 von der Regierung als erster Weißer unter Bann gestellt. Ihm war der Besuch öffentlicher Veranstaltungen untersagt, er durfte Johannesburg nicht verlassen und nur jeweils einen Gast empfangen. Naudé stand in engem Kontakt zu jungen schwarzen Theologen und zur Black-Consciousness-Bewegung und wurde nach Desmond Tutu ebenfalls Generalsekretär des *Südafrikanischen Kirchenrates*. Bei den Verhandlungen von 1990 gehörte er zur Delegation des ANC. Später engagierte er sich gegen die Korruption. Er starb 2004.

Comrades
Kameraden, Genossen, Kampfgenossen – so nannten sich die Aktivisten gegen die Apartheid in Südafrika. Die jungen städtischen Comrades beanspruchten Mitte der 1980er-Jahre die Macht in den

Townships und versuchten ihre Ansprüche mit den grausamen Halskrausenmorden, dem *Necklacing,* durchzusetzen.

Crossroads
Die illegale Siedlung in der Nähe von Kapstadt wurde durch ihren Widerstand gegen die Apartheid weltberühmt. Das einstige Township ist heute ein Stadtteil von Kapstadt. Näheres zu seiner Geschichte findet sich beispielsweise im Kapitel »Aunt Sue, die kleine große Frau«.

District Six
Früherer multikultureller Stadtteil von Kapstadt, südöstlich des Zentrums. 1966 wurde dieser sechste Bezirk aufgrund des *Group Areas Act* zur Zone »Nur für Weiße« erklärt. Etwa 60.000 Bewohner – Schwarze, Farbige und Asiaten – mussten den Stadtteil verlassen und wurden in ethnisch separierte Townships zwangsumgesiedelt.

Dollar Brand
1934 wurde Adolph Johannes Brand in Kapstadt geboren. Der bedeutende Jazzmusiker und Komponist nennt sich seit seinem Übertritt zum Islam 1960 nun Abdullah Ibrahim. Sein Song »Mannenberg« ist ein klassisches Stück Cape-Jazz, das erstmals 1974 aufgenommen wurde. Das Titelstück »Is Where It‘s Happening« lebt besonders von einem Saxophon-Solo von Basil »Manenberg« Coetzee, der dadurch seinen Spitznamen erhielt. Diese Hommage ans Township Mannenberg wurde zu einem Hit und zu einer Hoffnungshymne des Widerstands gegen die Apartheid. Dollar Brand lebte wie andere südafrikanische Musikgrößen von Miriam Makeba bis Huch Masekela wegen der Apartheid jahrzehntelang im Exil.

Florence Nightingale
Die 1820 in Florenz geborene Florence Nightingale starb 1910 in London. Sie wurde bekannt durch ihre aufopfernde Krankenpflege bei der Betreuung britischer Soldaten und gilt als eine Begründerin der Pflegetheorie und des modernen Pflegewesens. Sie steht als Symbol für selbstlose Pflege.

Freiheits-Charta
Die Freedom Charter von 1955 ist das wichtigste historischen Manifest gegen die Apartheid und gehört bis in die Gegenwart zu den politischen Grundlagen des ANC. Zur Charta gehören Forderungen nach Demokratie und Gleichberechtigung unabhängig von ethnischer Zugehörigkeit, Hautfarbe oder Geschlecht sowie die Respektierung der Menschenrechte wie Meinungsfreiheit, Versammlungsfreiheit, Religionsfreiheit und Reisefreiheit. Die zentrale Aussage des Dokuments lautet: »The People Shall Govern! – Das Volk soll regieren!«

Group Areas Act
Mit diesem natürlich nur vom »weißen« Parlament verabschiedeten Gesetz wurden 1950 jeder ethnischen Gruppe (Schwarze, Farbige, Asiaten) getrennte Wohngebiete zugeteilt und so die Politik der räumlichen Rassentrennung festgeschrieben. Aufgrund dieses Gesetzes wurden viele Menschen aus den Städten vertrieben und in Townships zwangsumgesiedelt.

Homelands
Als »Heimatländer« wurden geographisch definierte Gebiete der Schwarzen bezeichnet, in denen eine vorwiegend schwarzafrikanische Wohnbevölkerung lebte. Die künstlich geschaffenen und oft völlig zersplitterten Gebiete sollten aus der Sicht des Apartheidregimes als eigenständige Länder alle schwarzen Südafrikaner aufnehmen. Die Apartheid-Ideologie fasste die Homelands unter dem Begriff Bantustan zusammen. Damit erhielten die Segregation und Isolierung der schwarzen Bevölkerung eine räumlich-administrative Struktur. Zu den Homelands gehörten beispielsweise KwaZulu-Natal, Bophuthatswana, die Transkei oder die Ciskei, die von schwarzen Marionettenregierungen ohne demokratische Legitimation geführt wurden.

ICCO
Die Entwicklungsorganisation ICCO (Inter church organisation for development cooperation) entstand in den Niederlanden und setzt

sich für die Verbesserung der Lebensbedingungen in Asien, Afrika, Lateinamerika und anderen Ländern ein.

Koelis, Koeli meid
Kulis sind asiatische Tagelöhner. In Südafrika ist »Kuli« ein abwertender Begriff für Menschen indischer Abstammung. Eine nicht-weiße Pflegefachfrau und weit und breit die einzige medizinisch ausgebildete Person als »Kulimädchen« zu bezeichnen, zeugt von der rassistischen Betrachtungsweise vieler Weißer gegenüber der schwarzen Bevölkerung während der Apartheid.

Land Act
Das Landgesetz von 1913 hatte verheerende Konsequenzen und Auswirkungen für die schwarze Bevölkerung. Die Schwarzen wurden damit sämtlicher Landrechte beraubt. Sie wurden zu Arbeitskräften für die Minen degradiert. Rekrutierungsagenturen überall im Land verpflichteten Männer mit Jahresverträgen und schickten sie in die Bergwerksstädte und Siedlungen. Dort waren sie in Wohnheimen für alleinstehende Männer untergebracht, elende Baracken mit dürftigen sanitären Anlagen. Diese entwickelten sich gewöhnlich zu Brutstätten für asoziales Verhalten und hatten später schlimme Auswirkungen auf umliegende Gemeinden und ihre Familien, die bis heute nachwirken. In Kapstadt entstanden Männerwohnheime etwa in Langa und Nyanga und anderen Orten.

Mafeking
Das heutige Mahikeng wurde im Burenkrieg 1899 während 217 Tagen von den Buren belagert. Auf britischer Seite stand der Kommandant Baden-Powell, der später die Pfadfinderbewegung gründete. Das damalige Mafeking war Hauptstadt des britischen Protektorats Betschuanaland, das als Botswana 1965 unabhängig wurde – heute gehört die Stadt zu Südafrika.

Mandela, Nelson
Der legendäre Führer der Befreiungsbewegung wurde 1918 in der

Transkei geboren. Er war ab Mitte der 1940er-Jahre aktiv im ANC und wurde zu einer der bedeutendsten Leitfiguren. Er studierte an der Fort Hare University und führte zusammen mit dem späteren ANC-Präsidenten Oliver Tambo eine Rechtsanwaltskanzlei in Johannesburg. Nach der Gründung des bewaffneten Arms des ANC wurde Mandela 1962 verhaftet und im *Rivonia-Prozess* zu lebenslangem Gefängnis verurteilt, von 1964 bis 1982 auf Robben Island, später auf dem Festland. Er wurde zum Symbol des Widerstands, plädierte jedoch immer für eine Versöhnung. 1990 wurde er freigelassen. Er war Teil der Verhandlungen mit dem südafrikanischen Regime; diese führten schließlich zu freien Wahlen und der Umgestaltung des Landes. 1993 erhielt er zusammen mit F.W. de Klerk den Friedensnobelpreis. Mandela amtete nach den Wahlen von 1994 bis 1999 als Staatspräsident des neuen Südafrika. Am 5. Dezember 2013 starb der südafrikanische Freiheitsheld im Alter von 95 Jahren.

Mission Improbable
»Unmögliche Mission« lautet der Titel des 1998 im Verlag David Philip bisher nur in englischer Sprache erschienenen Buches von Richard Rosenthal. In diesem »Stück südafrikanischer Geschichte« schildert er die Hintergründe, die zu den erfolgreichen Verhandlungen zwischen dem weißen Regime und dem ANC geführt haben und mit Nelson Mandelas Freilassung 1990 und den ersten freien Wahlen in Südafrika 1994 endeten. Siehe Kapitel »Richard, der Unterhändler«.

Modderdam
Modderdam war eine der illegalen Siedlungen oder *Squatter-Camps*, die um Kapstadt herum entstanden. Modderdam wurde 1977 im Auftrag der Regierung vollständig zerstört und die Bewohner vertrieben – sie sollten in ihre Homelands zurückgeschickt werden. Im Kapitel »Das Drama von Modderdam« wird dieses Ereignis genauer beschrieben.

Muslim Assembly
Die »Muslimische Versammlung« am Westkap ist eine 1967 gegründete Vereinigung mit religiösen, sozialen und Bildungs-Zielen. Sie

engagierte sich immer wieder auch politisch für Gleichberechtigung und die Bürgerrechte aller Menschen. Während des Kampfes gegen die Apartheid und auch danach arbeitete die Muslim Assembly immer wieder eng mit christlichen Gruppierungen zusammen.

Nationale Partei
Diese weiße, von Buren gegründete und geführte Partei regierte Südafrika von 1948 bis 1994. Ihre Ideologie war die Apartheid. Unter ihrer Regierung wurden die Gesetze zur Rassentrennung erlassen und durchgeführt.

Necklacing
Der englische Begriff für »Halskette« bezeichnete eine grausame Form der Lynchjustiz, die in den 1980er-Jahren gegen vermeintliche Spitzel und politische Gegner in den Townships angewandt wurde. Dem Opfer wurde beim »Necklacing« ein mit Benzin getränkter Autoreifen um den Hals gehängt und angezündet, so dass es qualvoll starb. Diese Halskrausenmorde sind Thema im Kapitel »Die Herrschaft der Gewalt«.

Niederländisch-Reformierte Kirche
Die ersten Siedler aus den Niederlanden brachten seit Mitte des 17. Jahrhunderts auch ihren reformierten Glauben nach Südafrika. Die Nederduitse Gereformeerde Kerk nahm anfangs auch bekehrte Einheimische und farbige Kinder aus Mischehen auf. Soziale und sprachliche Unterschiede sorgten für Konflikte und so fiel 1857 die Entscheidung, für Schwarze und Farbige jeweils eine eigene Kirche zu gründen, ein Jahrhundert später gaben sich auch die Indischstämmigen eine eigene Kirche. Die Apartheid wurde nun durch religiöse Argumente legitimiert. Diese Theologie ging von einer fixen Einteilung der Menschen in Völker und Nationen in der göttlichen Schöpfungsordnung aus. Die weißen Angehörigen sollten unter sich bleiben. Die reformierten Kirchen der Nichtweißen verstärkten ihren öffentlichen Widerstand nach den Massakern von 1960 in Sharpeville und 1976 in Soweto. 1982 verurteilte der Reformierte Weltbund die

Apartheid als Sünde und schloss die reformierte Kirche der Weißen aus. Apartheid ließ sich nicht mehr theologisch rechtfertigen. Christinnen, Christen und viele Kirchen wurden zu wichtigen Stimmen gegen die Apartheid.

Ökumenischer Rat der Kirchen
Der World Council of Churches ist eine weltweite Gemeinschaft von um 350 Kirchen von 120 Ländern aus allen Kontinenten mit Sitz in Genf und wird wegen seiner globalen Ausrichtung auch mit der Römisch-Katholischen Kirche verglichen, die ihm nicht angehört. Seit 1968 liegt ein programmatischer Schwerpunkt bei der Bekämpfung des Rassismus. Da in Südafrika die Apartheid auch theologisch gerechtfertigt wurde, forderte dies den Weltkirchenrat besonders heraus. Mit seinem Programm zur Bekämpfung des Rassismus unterstützte er gezielt den Widerstand gegen die Apartheid im Südlichen Afrika – es wurde ihm deshalb etwa im deutschen Sprachraum vorgeworfen, er unterstütze terroristische und kommunistische Gruppen. Auch heute engagiert er sich weiterhin gegen Rassen-, Geschlechts- und Klassendiskriminierung.

Pan Africanist Congress PAC
Der Pan Africanist Congress wurde 1959 als südafrikanische Befreiungsbewegung gegründet. Er spaltete sich als Organisation für die Schwarzen vom ANC ab und vertrat eine radikalere Politik gegen die Apartheid. Zum ersten Vorsitzenden wurde Robert Sobukwe gewählt. Der PAC wurde wie der ANC 1960 verboten. Heute ist der PAC eine unbedeutende politische Partei.

Passgesetze
Die Passgesetze aufgrund des *Group Areas Acts* und andere Erlasse diskriminierten Schwarze systematisch. Schwarze sollten grundsätzlich in den *Homelands* leben. In der Nähe der Städte waren Schwarze, Coloureds und Asiaten in Townships zwangsumgesiedelt worden. Sie durften sich nur begrenzte Zeit in den weißen Städten aufhalten und mussten immer einen Pass bei sich tragen. Dieser war regelmäßig

zu erneuern. Wurde jemand ohne Pass angetroffen, musste er ein Bußgeld bezahlen und wurde in ein Homeland zurückgeschickt. Die Passgesetze wurden 1984 als Folge des großen Widerstands abgeschafft – siehe auch Kapitel »Das No Name Camp, der Hungerstreik und die Passgesetze«.

Pondo-Aufstände

1960 bis 1962 kam es im Eastern Cape und in der Transkei zu Aufständen, in denen sich die Bewohner – die Pondo, die ethnische Gruppe amaXhosa – gegen die Gesetze wehrten, die die Isolierung der Bevölkerung in den Homelands entsprechend der Apartheid-Ideologie festschrieben.

Quaker Peace and Service

Diese Organisation der Quäker in Großbritannien wurde 1927 als Friends Foreign Mission Association gegründet. Sie engagiert sich für soziale Aufgaben und internationale Friedensarbeit. Seit 1981 lautet ihr Name Quaker Peace and Social Witness.

Rivonia-Prozess

In Pretoria standen 1963/64 führende ANC-Mitglieder wegen Hochverrats vor Gericht. Neben vielen andern prominenten Häftlingen war Nelson Mandela der Angeklagte Nr. 1. Angeklagter Nr. 2 war Walter Sisulu, der nicht nur ein begabter ANC-Organisator war, sondern auch im Zentralkomitee der südafrikanischen Kommunistischen Partei saß. Der Prozess wurde nach Rivonia, einem Vorort von Johannesburg benannt, wo viele der angeklagten Aktivisten auf einer Farm im Untergrund gelebt hatten und verhaftet worden waren. In diesem Prozess wurden neben Mandela und Sisulu sechs weitere Weggefährten zu lebenslangem Gefängnis auf der Zuchthausinsel Robben Island vor Kapstadt verurteilt.

Robben Island

Die Insel liegt in der Tafelbucht im Atlantik, etwa zwölf Kilometer von Kapstadt entfernt. Schon im 16. Jahrhundert war die Insel eine

Sträflingskolonie gewesen. Dem Apartheidstaat diente sie ab 1961 wieder als Gefängnisinsel, vor allem für politische Gefangene. Die Lebensbedingungen waren schlimm. Die Gefangenen mussten im Steinbruch auf der Insel arbeiten und wurden schlecht behandelt. Viele ANC-Aktivisten wie Nelson Mandela verbrachten ihre Haftstrafen auf Robben Island. Seit Mitte der 1990er-Jahre ist Robben Island eine Gedenkstätte und Museum.

Samosa
Die Teigtaschen stammen ursprünglich aus dem Iran, aus Indien oder Pakistan. In den traditionellen Weizenteig werden gut gewürzte gekochte oder gegarte Speisen gefüllt, zum Beispiel Gemüsecurry, Hackfleisch oder Fisch. Zu Dreiecken zusammengelegt frittiert man sie in siedendem Fett. Serviert werden sie meist als Vorspeise oder Fastfood auf der Straße.

Sobukwe, Robert
Der 1924 geborene Robert Sobukwe studierte am Fort Hare College, der damals einzigen Universität für Schwarze, und wurde dort Studentenführer. Er trat auch dem ANC bei. Nach seinem Studium wurde er Lehrer, aber wegen politischer Aktionen entlassen. Er war Mitbegründer des PAC und dessen erster Vorsitzender. 1960 kam er bis 1969 ins Gefängnis. Danach wurde er mit einem Bann belegt, der ihn in seiner Bewegungsfreiheit einschränkte. Sobukwe erlebte die Befreiung seines Landes nicht mehr. Er starb 1978 und hinterließ im PAC ein Machtvakuum, das sich danach nie wieder auffüllte wie unter seiner charismatischen Führung.

South African Council of Churches
Der Südafrikanische Kirchenrat ist die Dachorganisation zahlreicher christlicher Kirchen Südafrikas und vertritt gut die Hälfte der Christen des Landes. Er spielte eine entscheidende Rolle im Widerstand gegen die Apartheid; heute steht er dem regierenden ANC ab und zu auch kritisch gegenüber. Zu seinen Generalsekretären zählten in den letzten Jahren des weißen Regimes der anglikanische Bischof

Desmond Tutu (siehe Vorwort) und auch Beyers Naudé, der sich in seinem *Christian Institute* engagierte. Apartheid-freundliche Kirchen wie die Niederländisch-Reformierte Kirche waren nicht im Kirchenrat vertreten, wurden aber nach dem Ende der Apartheid aufgenommen.

Soweto

Das South Western Township (Soweto) ist mit seinen über eine Million Einwohnern das größte Township des Landes und liegt bei Johannesburg. Hier begann 1976 eine Revolte der Jugend, zunächst gegen die Einführung von Afrikaans als Unterrichtssprache. Sie weitete sich aber aus gegen das gesamte Apartheidregime. Der Aufstand wurde brutal niedergeschlagen, was weltweit Aufsehen erregte. Soweto wurde zum Symbol des Widerstands gegen die unmenschliche Rassentrennung.

Squatter, Squatter-Camps

Als Squatter, als Besetzer, wurden die Menschen bezeichnet, die sich in informellen Siedlungen niederließen, nachdem sie aus den Stadtzentren vertrieben worden waren oder die keine Wohnungen fanden, wenn sie auf der Suche nach Arbeit in die Nähe der Städte zogen. Vom Staat wurden sie als illegal betrachtet, da sie nach der Ideologie der Apartheid in den *Homelands* zu wohnen und in Südafrika offiziell kein Bleiberecht hatten. Diese Menschen bauten sich mit einfachsten Mitteln Hütten auf freiem Gelände. Rund um Kapstadt entstanden viele solcher riesiger Squatter-Camps.

Township

Townships waren die ethnisch getrennten Wohnsiedlungen für die schwarze, die farbige oder die indische Bevölkerung in Südafrika – separate Gebiete für die Nicht-Weißen gemäß *Group Areas Act*. Dazu gehören heutige Großstädte wie Soweto bei Johannesburg oder Mdantsane bei East London, wo Rommel Roberts heute noch arbeitet.

Tswana

Die Batswana oder Tswana sind eine Ethnie im südlichen Afrika und leben hauptsächlich in Botswana, Südafrika, Simbabwe und Namibia.

Ihre Gesamtzahl wird international auf rund 4,5 Millionen geschätzt, davon etwa eine Million in Botswana und 3,3 Millionen in Südafrika. Ihre Sprache ist Setswana.

Tutu, Desmond
Der 1931 in Südafrika geborene Desmond Tutu beendete 1958 seine Arbeit als Lehrer aus Protest gegen die »Bantu-Erziehung«, die für nicht-weiße Kinder eine schlechtere Ausbildung vorsah. Tutu wurde anglikanischer Priester und erwarb in London einen Master in Theologie – danach lehrte er in Südafrika und in London. 1976 wurde er Bischof in Lesotho und 1978 Generalsekretär des *South African Council of Churches,* des Südafrikanischen Kirchenrats, wo Rommel Roberts als Entwicklungsbeauftragter für ihn arbeitete. Tutu prangerte die Ungerechtigkeit des Apartheidsystems an und setzte sich für einen friedlichen Wandel ein. 1984 erhielt er für sein Engagement den Friedensnobelpreis. 1985 wurde er Bischof von Johannesburg und 1986 Erzbischof des Erzbistums Kapstadt. 1986 veröffentlichte die Jazzmusiklegende Miles Davis das Album »Tutu«, welches ihm gewidmet ist. Nach der Umgestaltung Südafrikas wurde er 1995 Vorsitzender der Wahrheits- und Versöhnungskommission zur Aufarbeitung der Gräuel der Apartheid. Seither engagiert er sich vielfältig für mehr Gerechtigkeit auf der Erde.

United Democratic Front UDF
Die Vereinigte Demokratische Front war in den 1980er-Jahren das wichtigste legale Oppositionsbündnis in Südafrika. Natürlich außerhalb des Parlaments, da dort die Schwarzen gar nicht vertreten waren. Die UDF übernahm teilweise die Rolle des verbotenen ANC und übernahm auch dessen Freiheits-Charta als politische Grundlage und setzte sich für die Freilassung der inhaftierten ANC-Politiker ein. Die UDF war aber formell nie mit dem ANC verknüpft und beteiligte sich auch nicht an dessen bewaffnetem Widerstand.

Witdoeke
Mit dem Begriff wurden die Wanderarbeiter bezeichnet, die aus ländlichen Gebieten in die Townships um Kapstadt gezogen waren. Das aus dem Afrikaans stammende Wort Witdoeke bezieht sich auf die weißen Tücher, die als Erkennungszeichen auf dem Kopf oder am Arm getragen wurden. Mitte der 1980er-Jahre waren die Witdoeke eine Art Bürgerwehr, um sich gegen die jungen städtischen *Comrades* zu abzugrenzen, deren Machtansprüche die aus traditionellen Strukturen stammenden Arbeitsmigranten nicht akzeptierten.

Xhosa
Die Xhosa sind ein Volk, das ursprünglich im Eastern Cape in Südafrika zu Hause war. Aufgrund der Arbeitsmigration während der Apartheid leben heute jedoch überall im Land Xhosas. Ihre Sprache ist heute eine der elf Amtssprachen Südafrikas.